EXKOMMUNIKATION ODER KOMMUNIKATION?

QUAESTIONES DISPUTATAE

Begründet von
KARL RAHNER UND HEINRICH SCHLIER

Herausgegeben von
PETER HÜNERMANN UND THOMAS SÖDING

236
EXKOMMUNIKATION ODER KOMMUNIKATION?

Internationaler Marken- und Titelschutz: Editiones Herder, Basel

EXKOMMUNIKATION ODER KOMMUNIKATION?

DER WEG DER KIRCHE NACH DEM II. VATIKANUM UND DIE PIUS-BRÜDER

HERAUSGEGEBEN VON
PETER HÜNERMANN

HERDER
FREIBURG · BASEL · WIEN

© Verlag Herder GmbH, Freiburg im Breisgau 2009
Alle Rechte vorbehalten
www.herder.de
Umschlaggestaltung: Finken & Bumiller, Stuttgart
Satz: Barbara Herrmann, Freiburg
Herstellung: fgb · freiburger graphische betriebe
www.fgb.de
Gedruckt auf umweltfreundlichem, chlorfrei gebleichtem Papier
Printed in Germany
ISBN 978-3-451-02236-4

Inhalt

I. Einleitung 7
Peter Hünermann

II. Exkommunikation – Kommunikation
Schichtenanalyse der Fakten – Theologische Beurteilung –
Wege aus der Krise 13
Peter Hünermann

III. Die Priesterbruderschaft St. Pius X. (FSSPX) und ihr
politisch-geistesgeschichtlicher Hintergrund 69
Wilhelm Damberg

IV. Die Theologie des Pascha-Mysteriums im Widerspruch
Bemerkungen zur traditionalistischen Kritik katholischer
Liturgietheologie 123
Benedikt Kranemann

V. Die kulturelle und politische Relevanz des II. Vatikanischen
Konzils als konstitutiver Faktor der Interpretation 153
Massimo Faggioli

VI. Joseph Ratzinger/Benedikt XVI. und die Moderne 175
Magnus Striet

Ein persönliches Schlusswort 206
Peter Hünermann

I.
Einleitung

von Peter Hünermann

Die Aufhebung der Exkommunikation für die vier Bischöfe der Priesterbruderschaft und die darauf folgenden Ereignisse stellen – gemessen an bisherigen historischen Maßstäben – wohl eines der gravierendsten und das Leben der katholischen Kirche belastendsten Vorkommnisse dar. Der Grund dafür liegt in der zeichenhaften, die Orientierung der Kirche vorgebenden Bedeutung. Die seit rund fünfundzwanzig Jahren schwelende Auseinandersetzung um die Rezeption des II. Vatikanischen Konzils ist hier – wie in einem Brennpunkt – zur Entzündung gekommen. Von der Lösung dieses aufgeflammten Streites wird es abhängen, welchen Weg die katholische Kirche in den nächsten Generationen nehmen wird. Diese These scheint eine hochgegriffene Behauptung zu sein. Aber dieses Urteil gründet auf zwei wichtigen Fakten. Zum einen wird das II. Vatikanum zu Recht als das größte religiöse Ereignis des 20. Jahrhunderts bezeichnet, weil es in einer Art geschichtlicher Revision nicht nur die Epoche der gegenreformatorisch geprägten Kirchen- und Theologiegeschichte beendet, sondern – in einem weiteren Sinne – auch die konstantinische Ära der Kirche abgeschlossen hat. Die Kirche betritt mit diesem Konzil und seiner Neuaneignung der Glaubenstradition den Raum der Moderne.

Zum anderen ereilt das Konzil mit den Ereignissen vom Januar 2009 offenbar jenes Geschick, das in Politik und Gesellschaft mit moralischer Gewissheit eintritt: „Nach aller historischen Erfahrung endet jeder Reformzyklus mit Enttäuschung, Reformmüdigkeit, Tendenzen der Gegenreform ... Es gehört zum Begriff der Reform, dass sie nach ihrer Einführung zunächst als gescheitert gilt"[1].

Der Papst bestätigt diese allgemein gehaltene Prognose mit seiner Reflexion: „Bilanz der Nachkonzilszeit – Misserfolge, Aufgaben, Hoffnungen", die er zum Epilog seiner theologischen Prinzipienlehre macht.[2] Der Text entfaltet in programmatischer Form die Grund-

---
[1] Ralph Bollmann, Reform. Ein deutscher Mythos, Berlin 2008. Der Verfasser erhärtet seine soziologische Studie mit zahlreichen Beispielen aus der deutschen und österreichischen Geschichte. Von daher erklärt sich der Untertitel.
[2] Joseph Ratzinger, Theologische Prinzipienlehre. Bausteine zur Fundamentaltheologie, München 1982, 383–395.

lagen, die der Präfekt der Glaubenskongregation seinem römischen Wirken gibt. Der Kardinal leitet seine Ortsbestimmung von Kirche und Theologie mit einem Zitat des Eusebius von Cäsarea ein, der am Konzil von Nikaia 325 teilgenommen hat und die Hochstimmung am Beginn des Konzils rühmt. Rund fünfzig Jahre nach Nikaia antwortet Gregor von Nazianz im Jahr 382 auf eine Einladung des Kaisers zur Synode: „Um die Wahrheit zu sagen, so halte ich dafür, dass man jedes Konzil der Bischöfe fliehen sollte, da ich einen glücklichen Ausgang noch bei keinem Konzil erlebte; auch nicht die Abschaffung von Übelständen ... immer dagegen Ehrsucht oder Zank ums Vorgehen"[3]. Sowohl das Konzil von Nikaia wie die Synoden von Konstantinopel 381 und 382 seien – so der Kardinal – zwar auf die Länge der Zeit „Leuchttürme der Kirche" geworden, für die Zeitgenossen aber hätten sie sich als „Erschütterungen des Gleichgewichts, als Faktoren der Krise" ausgewirkt.[4]

Was zeigt sich dem Kardinal im Rückblick auf das II. Vatikanums? Es sind aus diesem Konzil zwei „schwerwiegende und in hohem Maß beunruhigende negative Faktoren" hervorgegangen. Diese die Kirche bis in die Fundamente erschütternden negativen Faktoren hängen zwar mit der „globalen geistigen Krise der Menschheit, mindestens der westlichen Welt" zusammen, die sich am Ende der sechziger und zu Beginn der siebziger Jahre ausbreitet. Ratzinger charakterisiert die Unruhen von 1968 als „Mischung aus Liberalität und marxistischem Dogmatismus".[5] Die nachkonziliare kirchliche Krise ist aber nach Ratzinger nicht einfach Auswirkung dieser kulturellen und gesellschaftlichen Phänomene. Das Konzil war vielmehr „einer der Faktoren, die in die weltgeschichtliche Entwicklung hineingehören. Wenn ein so tief in den Seelen verwurzeltes Gebilde wie die katholische Kirche in seinen Grundfesten erschüttert wird, dann reicht das Erdbeben in die ganze Menschheit hinein"[6]. Der erste zerstörerische Faktor ist nach Ratzinger die neurotische „Leidenschaft der Selbstanklage, die – erwachsen aus der ernsthaften Gewissenserforschung der katholischen Kirche im Konzil – zur Unsicherheit über die eigene Identität" und zu einem „gebrochenen Verhältnis gegenüber der eigenen Geschichte" geführt hat.[7] Der zweite zerstörerische Faktor ist die „Vorstellung einer Stunde Null", „in der alles neu beginne und nun endlich alles das gut gemacht werde, was bisher falsch

---
[3] Vgl. a. a. O. 383f.
[4] A. a. O. 385.
[5] Vgl. a. a. O. 387.
[6] A. a. O. 388.
[7] Ebd.

gemacht worden war. Der Traum der Befreiung, der Traum des Ganz Anderen"[8]. Die Herausbildung dieser beiden zerstörerischen Wirkmächte bezeichnet Ratzinger als den „Prozess des Konzilsgeistes", der eine „radikale Zerfallenheit mit sich selbst", „ein Wüten gegen sich selbst und damit zugleich auf eine von Menschen her ausgehende Neukonstruktion setzt".[9] – Schärfer kann man „Tendenzen der Gegenreform" nicht formulieren.

Unter der Überschrift: „Was ist zu tun?" entwickelt der Präfekt der Glaubenskongregation dann sein Programm. Ausgehend vom Satz, dass das Konzil ein Beratungs – und Beschlussorgan ist, welches das christliche Leben fördern soll, weist er den „Traum" zurück, das ganze Leben zu einer „Diskussionsveranstaltung" zu machen. Er erläutert dann an zwei Leitworten des Konzils, dass die „richtige Konzeption des Konzils" trotz der zurückliegenden Jahre noch gar nicht begonnen habe.

Erstes Beispiel: Die Kollegialität.[10] Der Kardinal listet auf, was an Gremien in der nachkonziliaren Zeit entstanden ist, durch die auch „mancherlei Gutes ins Werk gesetzt wurde", kritisiert aber dann massiv die „unsinnigen Papierwolken", den „Leerlauf", „bei dem die besten Kräfte sich in uferlosen Diskussionen verbrauchen". Er spricht von „papierenem Christentum", der „Reform der Kirche durch Papiere".

Zweites Beispiel: Einfachheit, ein Grundwort der Liturgiekonstitution, im Sinne einer „Durchsichtigkeit" und „Offenheit auf das Verstehen der Menschen". Das Konzil habe sich damit „in die Linie der europäischen Aufklärung gestellt", die daraus resultierenden „Phänomene der Auflösung" hielten noch immer an. „Bei den einen ist es mehr eine exklusive und darin blinde Rationalität, die das Mysterium verdünnt und auslaugt; bei den anderen ist es die politische und soziale Leidenschaft, die den Glauben zu einem Katalysator revolutionären Handelns degradiert".[11]

Abschließend stellt der Kardinal die Frage, ob das Konzil zu einer positiven Kraft werde oder „am Ende nur ein großes Umsonst" dastehe. Die Beantwortung hänge nicht von den Texten ab, sondern es sei entscheidend, „ob es Menschen gibt – Heilige –, die mit dem unerzwingbaren Einsatz ihrer Person Lebendiges und Neues erwirken". „Was wir bis jetzt sagen können, ist dies, dass das Konzil auf der einen Seite Wege eröffnet hat, die aus mancherlei Abzweigun-

---

[8] Ebd.
[9] A. a. O. 389.
[10] A. a. O. 392.
[11] A. a. O. 394.

gen und Vereinseitigungen wirklich in die Mitte des Christlichen weisen. Auf der anderen Seite müssen wir auch selbstkritisch genug sein, um anzuerkennen, dass der naive Optimismus des Konzils und die Selbstüberschätzung vieler, die es trugen und propagierten, die finsteren Diagnosen früherer Kirchenmänner über die Gefahr von Konzilien auf eine erschreckende Weise rechtfertigen"[12]. Wird die Entscheidung, die kleine traditionalistische Splittergruppe zurück zu gewinnen, in diesem Kontext nicht zur Richtungsentscheidung über den kommenden Weg der Kirche?

Die Theologie würde zum weltfernen Glasperlenspiel entarten, wenn sie sich solchen schicksalsschweren Fragen nicht stellen würde; die Theologen würden ihrer Verantwortung für die Ratio fidei, für die innerkirchliche wie öffentliche Rechenschaft für den Glauben einzustehen, entsagen, wenn sie sich damit nicht auseinandersetzten. Aus dieser Fragestellung ist die vorliegende Quaestio disputata und disputanda entstanden. Die leitende Intention der Autoren ist es, mit allem schuldigen Respekt vor den kirchlichen Autoritäten, durch nüchterne theologische Arbeit zu einer Unterscheidung der Geister in der gegenwärtigen Krise der Kirche einen Beitrag zu leisten und zu einem vernünftigen und theologisch begründeten Urteil über die Ereignisse vom Januar 2009 beizutragen, Ereignisse, in denen sich die tieferschwelenden Probleme gebündelt haben. Diese Intention forderte eine strikte Konzentration, um so am konkreten Fall die schwierigen und weitreichenden Fragen in concreto und mit der nötigen Präzisierung behandeln zu können: Im Mittelpunkt steht so die Aufhebung der Exkommunikation der vier Bischöfe der Piusbruderschaft, und zwar in allen Beiträgen.

Warum trägt die vorliegende Quaestio disputata den Titel „*Exkommunikation oder Kommunikation?*"? Weil es im Blick auf die Piusbruderschaft wesentlich um die Frage nach der umfassenden Kommunikation der Kirche mit der Welt geht, die das II. Vatikanum eröffnet hat. Diese Kommunikation wird von der Piusbruderschaft entschieden abgelehnt. Dass Papst Benedikt XVI. – wie Paul VI. und Johannes Paul II. – die Intention hat, diese Splittergruppe in die Kommunikation der Kirche zurückzuholen, entspricht der Hirtensorge des römischen Bischofs. Dass die Kommunikation der Kirche mit der Welt, der Menschheit, den Christen und Katoliken den unaufgebbaren, vom Konzil vorgegebenen Rahmen bilden muss, soll mit dem Titel unterstrichen werden.

Der Artikel von Peter Hünermann trägt die Überschrift, die dem Sammelband zugleich den Titel gibt: „Exkommunikation –

---

[12] A. a. O. 395.

Kommunikation". Zur Kennzeichnung der besonderen Sichtweise ist der Untertitel hinzugefügt: „Schichtenananlyse der Fakten – Theologische Beurteilung – Wege aus der Krise". Dieser Beitrag stellt die wesentlich erweiterte und vertiefte Fassung von Reflexionen dar, die der Verfasser zuerst in der Herder-Korrespondenz[13] umrissen hat.

Wilhelm Damberg steuert mit seinem Artikel: „Die Piusbruderschaft und ihr politisch-geistesgeschichtlicher Hintergrund" zur Erhellung der Grundmotive dieser Traditionalistenbewegung bei. In einem ersten Teil analysiert er einlässlich Marcel Lefebvres politisch-ideengeschichtliche Einbindung wie die dominante Bedeutung, die diese Orientierung seinen theologischen Ansichten aufprägt. In seinem zweiten Teil untersucht er anhand von Franz Schmidbergers in mehreren Auflagen vorliegender Erörterung: „Die Zeitbomben des II. Vatikanischen Konzils", wie die Weiterentwicklungen dieser stark ideologisch geprägten Theologie und ihre Geschichtsdeutung in einem nicht-französischen Umfeld Gestalt gewinnen. Den Abschluss bildet eine differenzierte Einordnung der Lefebvre-Bewegung in die zeitgenössische Fundamentalismusszene.

Neben der von Schmidberger zusammengefassten Auseinandersetzung mit dem II. Vatikanischen Konzil stellt die Studie der Priesterbruderschaft zur Liturgiereform ihr zweites großes Lehrdokument dar. Benedikt Kranemann unterzieht diese liturgische Studie einer kritischen Sichtung, ordnet sie forschungsgeschichtlich ein und beurteilt sie in theologischer Hinsicht. Angesichts des Befundes und seiner Unvereinbarkeit mit Grundpositionen des II. Vatikanischen Konzils erweist sich die These, das Verlangen nach der „traditionellen Liturgie" sei durch eine „Sehnsucht" nach den alten vertrauten Formen motiviert, als Illusion. Zugespitzt formuliert: Die Piusbruderschaft benutzt die Frage der traditionellen Liturgie, um ihre ungeschichtlichen, ideologisch verhärteten Doktrinen wirksam zur Geltung zu bringen.

Massimo Faggioli geht die Freignisse vom Januar 2009 aus einer neuen Perspektive an: In der öffentlichen Empörung über die Aufhebung der Exkommunikation, insbesondere über die Begnadigung von Bischof Williamson, manifestiert sich die kulturelle und politische Relevanz des II. Vatikanischen Konzils, die sich als konstitutiver Faktor jeder Interpretation aufdrängt. Die vom Konzil vorgenommene Deutung von Offenbarung Gottes, Glaube, kirchlichem Leben im Raum der Moderne verleiht dem Corpus der Konzilsdokumente den Charakter konstitutioneller Texte.

---

[13] Herder-Korrespondenz 63 (2009) 119–125.

Faggioli entwickelt diese Einsicht durch eine sorgfältige Analyse der Diskussion um die Hermeneutik des Konzils, eine Phänomenanalyse der öffentlichen Reaktionen sowie der Konsequenzen, die sich daraus ergeben.

Die römischen Stellungnahmen zum Konflikt mit der Piusbruderschaft zeigen – seit der Berufung zum Präfekten der Glaubenskongregation – deutlich die Handschrift Joseph Ratzingers. Magnus Striet untersucht deswegen im abschließenden Beitrag die Deutung der Moderne und die daraus resultierende Sicht des II. Vatikanischen Konzils im Rahmen von Joseph Ratzingers Theologie. Im Mittelpunkt steht dabei der Begriff von der Würde des Menschen, seiner philosophischen und theologischen Bestimmung sowie die daraus entspringenden Auswirkungen auf die Gewissens- und Religionsfreiheit und die damit gegebenen weiteren Fragen.

Die Verfasser hoffen mit dieser Quaestio Disputata und Disputanda einen Impuls zu geben für eine vertiefte theologische Auseinandersetzung, eine Auseinandersetzung mit den großen Fragen um den Weg der Kirche der Zeit. Johannes Paul II. hatte in seiner Antrittsenzyklika gesagt: „Der Weg der Kirche ist der Weg der Menschen".

„Der Hauptweg der Kirche ist Jesus Christus. Derselbe ist unser Weg ‚zum Vater' und der Weg zu jedem Menschen. Auf diesem Weg aber, der von Christus zum Menschen führt, auf diesem Weg, auf dem Christus mit den einzelnen Menschen verbunden ist, kann die Kirche von niemandem aufgehalten werden. Dies erfordert das zeitliche Heil des Menschen und sein ewiges Heil. Um Christi und seines Geheimnisses willen, in dem das Leben der Kirche selbst besteht, kann die Kirche weder von all dem unbewegt bleiben, was zum wahren Wohl des Menschen beiträgt, noch außer Acht lassen, was eben diesem Wohl schadet" (DH 4643).

„Da also dieser Mensch der Weg der Kirche ist, der Weg ihres täglichen Lebens und Erlebens, ihrer Sendung und Arbeit, ist es nötig, dass sich die Kirche unserer Zeit stets erneuert, eingedenk der Situation, in der sich jener befindet; sie soll nämlich seine Möglichkeiten kennen, die sich je nachdem, welche stets neue Richtung sie einschlagen, so zeigen. Die Kirche muss ebenso die Gefahren wahrnehmen, die dem Menschen drohen. Sie muss in gleicher Weise all das erkennen, was hinderlich ist, dass ‚das Leben des Menschen von Tag zu Tag menschlicher wird' und dass alles, woraus dieses Leben besteht, der wahren Würde des Menschen angepasst wird. Kurz: sie soll alles kennen, was diesem Prozess widerstreitet" (DH 4645).

Gilt dieses Wort Johannes Pauls II. noch?

II.
Exkommunikation – Kommunikation
Schichtenanalyse der Fakten – Theologische Beurteilung – Wege aus der Krise [1]

von Peter Hünermann

Die Meldungen über die Krise in der katholischen Kirche aus Anlass der aufgehobenen Exkommunikation der vier Bischöfe der Pius-Bruderschaft, der Gründung von Erzbischof Lefèbvre, haben sich in den Monaten Januar bis März 2009 überschlagen. Die kritischen Berichte über die Einzelheiten des Verfahrens und der verwickelten Personen stellten den Vatikan bloß. Die Stellungnahmen von Bischöfen und Bischofskonferenzen, die Irritationen zahlreicher Christen, die jüdischen Reaktionen über die Begnadigung eines Holocaust-Leugners, die Belastung der Beziehungen zwischen den beiden großen Religionsgemeinschaften, aber auch des ökumenischen Klimas sind ein Index für die Tiefe der Krise.

Inzwischen hat sich die Medienöffentlichkeit anderen Themen zugewandt. Die Erregungen sind abgeklungen. Ist die Angelegenheit damit erledigt? Der Brief Benedikt XVI. vom 10. März 2009 an den Weltepiskopat, geschrieben nicht aus der Amtsperspektive des römischen Pontifex, sondern weitgehend aus dem Blickwinkel der persönlichen Betroffenheit, hat Aufsehen erregt.[2] Benedikt spricht gleich zu Beginn von einer „für mich nicht vorhersehbaren Panne". Die Aufhebung der Exkommunikation sei vom Fall Williamson überlagert worden. „Der leise Gestus der Barmherzigkeit erschien plötzlich als etwas ganz anderes: als Absage an die christlich-jüdische Versöhnung, als Rücknahme dessen, was das Konzil in dieser Sache zum Weg der Kirche erklärt hat".

Zugleich erklärt der Papst gegen Ende des Briefes, dass die bislang zuständige päpstliche Kommission „Ecclesia Dei" mit der Glaubenskongregation verbunden werden soll: „Damit soll deutlich

---

[1] Der folgende Beitrag stellt die überarbeitete und erweiterte Fassung zweier Artikel dar, die in der Herder-Korrespondenz, 63 (2009) 119–125 und in der Schweizerischen Kirchenzeitung 177 (2009) 297–300; 328–330 erschienen sind.
[2] Zitiert nach: Wolfgang Beinert, Vatikan und Pius – Brüder, Freiburg 2009, 249–256.

werden, dass die jetzt zu behandelnden Probleme wesentlich doktrinärer Natur sind, vor allem die Annahme des II. Vatikanischen Konzils und des nachkonziliaren Lehramtes der Päpste". Kann man folglich nicht in Ruhe zur Tagesordnung übergehen? Drei Probleme zeichnen sich deutlich ab: Bei einer solchen Erschütterung bedarf es zum Ersten einer nüchternen Faktenanalyse. Die Schärfe und Vielfalt der Reaktionen, der Verlust an Glaubwürdigkeit der katholischen Kirche und ihrer zentralen Institutionen verlangt dies gebieterisch. Es soll eine Schichtenanalyse vorgelegt werden, weil es sehr unterschiedliche Aspekte zu unterscheiden gilt. Nur so gewinnt man ein einigermaßen transparentes Bild.

An die Analyse soll sich als zweites Element eine theologische Beurteilung anschließen. Sie soll ebenso kanonistische wie systematische, von der Dogmatik und der Moraltheologie her erfolgende Wertungen umfassen, da es sich um eine höchst komplexe Angelegenheit handelt. Eine solche Beurteilung ist erforderlich, weil die bereits vorliegenden Proteste, Statements von Seiten der theologischen Fakultäten und Professoren, der verschiedenen fachlich orientierten Presseorgane zwar in der Regel treffende, summarische Urteile vorlegen, was aber bislang weitgehend fehlt, sind einlässliche und umfassende argumentative Begründungen. In der Medienöffentlichkeit dominieren stark emotional eingefärbte Stellungnahmen, die zum Teil von merkwürdigen Allianzen Zeugnis geben und vielfach polarisieren.

Ein dritter Teil muss sich mit der Frage nach Wegen beschäftigen, um aus der misslichen Lage herauszufinden. Es herrscht eine Ratlosigkeit vor. Konkrete römische Schritte sind bislang nicht vollzogen worden. Die Piusbruderschaft beharrt auf ihren ablehnenden Positionen. Immer häufiger wird von engagierten Katholiken die Frage nach dem Weg der katholischen Kirche gestellt. Von daher die Frage: Welche konkreten Schwierigkeiten stellen sich und bedürfen einer Abklärung? Welche Momente sind bei Lösungen zu beachten?

I. Schichtenanalyse der Fakten

Es geht um die Aufhebung der Exkommunikation der vier, durch Erzbischof Lefèbvre illegitim geweihten Bischöfe der Piusbruderschaft. Wir stellen folglich an den Anfang eine kirchenrechtliche Vorklärung der Exkommunikation und ihrer Aufhebung und zeichnen dann die wesentlichen Schritte nach, die zur Exkommunikation und zu ihrer Aufhebung führten.

1. Eine kirchenrechtliche Vorklärung

Weiht ein ordinierter katholischer Bischof ohne Auftrag des Papstes irgendjemanden zum Bischof, so werden die Weihenden und der/die Geweihte/n mit der Exkommunikation bestraft. „Ein Bischof, der jemanden ohne päpstlichen Auftrag zum Bischof weiht, und ebenso, wer von ihm die Weihe empfängt, zieht sich die dem apostolischen Stuhle vorbehaltene Exkommunikation – ‚latae sententiae' – als Tatstrafe zu."[3] Die Exkommunikation schließt den Exkommunizierten von der Möglichkeit aus, irgendeinen Dienst bei der Feier der Heiligen Messe oder anderen gottesdienstlichen Feiern zu übernehmen, Sakramente oder Sakramentalien zu empfangen oder zu spenden, kirchliche Dienste, Ämter, Aufgabe zu erlangen oder auszuüben.

Die Exkommunikation stellt in einer gewissen Weise eine Analogie zum Verlust grundlegender Rechte dar, die einen legitim Verurteilten, der zu einer Freiheitsstrafe verurteilt ist, belasten. Auch er behält seine Staatsbürgerschaft, genauso wie der Exkommunizierte grundsätzlich Mitglied der Kirche bleibt. Beide aber können zahlreiche Rechte und Aufgaben, die an sich mit der Staatsbürgerschaft bzw. der Mitgliedschaft in der Kirche gegeben sind, nicht wahrnehmen.

Der theologische Grund für diese Regelung im kanonischen Recht ist die Absicherung der Einheit der Kirche in öffentlicher und rechtlicher Hinsicht. Die Bischöfe sind als Nachfolger der Apostel mit der Wahrnehmung des öffentlichen Lehr- und Leitungsamtes in der Kirche betraut. Angesichts der Sendung in alle Welt sind die zentrifugalen Kräfte unerhört stark. Dem wird durch diese Regelung entgegengewirkt.

Die Aufhebung einer Exkommunikation setzt einen ersten reumütigen Akt der Umkehr der betreffenden Bischöfe, des zwar gültig, aber illegitim Weihenden und des zwar gültig, aber illegitim geweihten Bischofs voraus. Dieser reumütige Akt ist als erster Schritt wesentlich. „Eine Beugestrafe kann nur einem Täter erlassen werden, der gemäß can. 1342, § 2 die Widersetzlichkeit aufgegeben hat; einem solchen aber kann der Nachlass nicht verweigert wer-

---
[3] CIC, can. 1382. Zitate aus dem CIC von 1983 sind der offiziellen lateinisch-deutschen Ausgabe entnommen: Codex des kanonischen Rechtes [Auctoritate Johannis Pauli PP. II. promulgatus]. Hrsg. im Auftrag der Deutschen und Berliner Bischofskonferenz ... Die deutsche Übersetzung und die Erarbeitung des Sachverzeichnisses besorgte im Auftrag der Deutschen Bischofskonferenz die folgende, von ihr berufene Übers.-Gruppe: Winfried Aymans ... – Lat.-dt. Ausg. 3. Verb. u. vermehrte Aufl. Kevelaer: Butzon und Bercker 1989.

den"⁴. Der Grund dieser Voraussetzung ist theologischer Natur. Eine Exkommunikation – d. h. der Ausschluss vom sakramentalen Lebensfluss der Kirche – darf überhaupt nur verhängt werden, wo jemand in schwerwiegender Weise die Einheit dieses Lebensflusses verletzt bzw. blockiert. Die Erklärung der Exkommunikation hat den Charakter einer öffentlichen Feststellung dessen, was der Exkommunizierte selbst und von sich aus bereits vollzogen hat. Das gilt insbesondere von der Exkommunikation „latae sententiae". Aufhebung der Exkommunikation setzt folglich von Seiten des Exkommunizierten eine Umkehr, einen reumütigen Akt voraus. Ist dieser gegeben, kann und soll die Aufhebung der Exkommunikation nicht verweigert werden. Diese kirchenrechtlichen Bestimmungen setzen die apostolische Praxis des Paulus fort.⁵

Diesem reumütigen Akt und der Aufhebung der Exkommunikation folgt in aller Regel eine eigene Verhandlung, in welcher die Position des oder der Betreffenden in der Kirche neu bestimmt wird. Der oder die betreffende/n Bischöfe können also wieder die Sakramente und Sakramentalien empfangen. Es muss aber geregelt werden, welche Dienste, Ämter, Aufgaben etc. sie künftig ausüben können bzw. sollen. Es fehlt den illegitim geweihten Bischöfen ja die päpstliche Zuweisung eines „Arbeitsfeldes", in dem sie ihre bischöflichen Kompetenzen ausüben sollen. In Bezug auf den bereuenden Bischof, der die illegitime Weihe vorgenommen hat, muss geregelt werden, ob und in welcher Form er weiterhin als Bischof amtieren soll. Aufhebung der Exkommunikation bedeutet also eine Anerkennung als zurückgekehrter Gesprächspartner, der Reue über sein Delikt zu erkennen gibt. Der Betreffende bzw. die Betreffenden sind grundsätzlich in die sakramentale Gemeinschaft der Kirche wieder aufgenommen. Sie bleiben aber solange von der Ausübung von bischöflichen Rechten und Diensten suspendiert, bis diese Verhandlungen abgeschlossen sind.⁶

Dem Dekret der Bischofskongregation vom 21. Januar 2009⁷, die auch das Exkommunikationsdekret ausgefertigt hatte, ist zu entnehmen, dass auf Grund eines Briefes vom 15. Dezember 2008, gerichtet an Kardinal Castrillon Hoyos, Präsident der päpstlichen

---

⁴ CIC, can. 1358, § 1.
⁵ Vgl. 1 Kor 5, 1–13; 2 Kor 2, 5–11.
⁶ Stephan Otto Horn hat mir in seinem Artikel: „Der Papst, das Konzil und die Hermeneutik", in: Frankfurter Allgemeine Zeitung, Nr. 93, 22. 4. 2009, S. N 4, in Bezug auf mein Verständnis von Exkommunikation einen „schwerwiegenden Irrtum" vorgeworfen. Es ist mir nicht ersichtlich, worin der Irrtum bestehen soll.
⁷ Im Folgenden zitiert nach Wolfgang Beinert (Hg.), Vatikan und Pius-Brüder – Anatomie einer Krise, Freiburg i. Br. 2009, 232–233.

Kommission „Ecclesia Dei", Monsignore Fellay, Superior der Pius-Bruderschaft, auch im Namen der anderen drei am 30. Juni 1988 geweihten Bischöfe um die Aufhebung der Exkommunikation ersucht hat, die für die Bischöfe am 1. Juli 1988 formal ausgesprochen worden war. Das Dekret zitiert den erwähnten Brief: „Wir sind vom festen Willen bestimmt, katholisch zu bleiben und alle unsere Kräfte in den Dienst der Kirche unseres Herrn Jesus Christus zu stellen, welche die römisch-katholische Kirche ist. Wir nehmen ihre Lehren mit kindlichem Geist an. Wir glauben fest an den Primat des Petrus und alle seine Vorrechte und deshalb lässt uns die aktuelle Situation sehr leiden". Es heißt dann weiter, dass der Papst im Blick auf diesen Brief – und offensichtlich vorauf gegangene Kontakte – entschieden habe, die Strafe der Exkommunikation aufzuheben, die offenen Fragen „gründlich durchzugehen", um so bald zu einer „vollen und zufrieden stellenden Lösung des ursprünglichen Problems gelangen zu können". Es wird die Hoffnung ausgedrückt, „dass diesem Schritt die bald mögliche Verwirklichung der vollen Gemeinschaft der gesamten Bruderschaft St. Pius X. mit der Kirche folgt". Der Satz von der „Verwirklichung der vollen Gemeinschaft" hat offensichtlich nicht allein die vier Bischöfe im Blick, sondern zielt auf die Pius-Bruderschaft als Institution. Die Bruderschaft besteht aus Priestern und Theologiestudenten, nämlich Priesteramtskandidaten. Da die Priester der Piusbruderschaft von illegitim konsekrierten Bischöfen geweiht sind, gilt für die Priester der can. 1383: „Einem Bischof, der gegen die Vorschrift von can. 1015 einen fremden Untergebenen ohne die rechtmäßigen Weiheentlassschreiben geweiht hat, wird für ein Jahr verboten, eine Weihe zu spenden. Wer aber eine Weihe so empfangen hat, ist ohne weiteres von der empfangenen Weihe suspendiert". Wer trotz illegitim empfangener Weihe priesterliche Akte setzt, wird „irregulär".[8]

Ebenso gehört zur kirchenrechtlichen Ausgangslage, dass die Piusbruderschaft keine Institution der katholischen Kirche ist.[9] Unbeschadet dessen sind die Priester der Piusbruderschaft persönlich Katholiken, Mitglieder der katholischen Kirche, ebenso die Priesteramtskandidaten.

---

[8] Vgl. Can. 1041; 1044; 1047; 1048.
[9] Vgl. die Ausführungen dazu im nächsten Abschnitt.

2. Das „Glaubensbekenntnis" und die Suspension von Erzbischof Lefebvre.

Geistig im antidemokratischen und antirepublikanischen Milieu im Umfeld der Action française verwurzelt[10], wird der emeritierte Erzbischof und Generalsuperior der Spiritaner von Johannes XXIII. in die Vorbereitungskommission des II. Vatikanischen Konzils berufen. Er wurde zu einem der Vorkämpfer der Minorität.[11] Kernpunkte der Auseinandersetzungen sind die Gewissensfreiheit und Religionsfreiheit, der ökumenische und der interreligiöse Dialog, das gemeinsame Priestertum der Gläubigen, das Verhältnis Papst-Bischöfe und der Kollegialität, die Liturgiereform. Erzbischof Lefebvre hatte das Konzil und seine Dokumente bis auf zwei am Ende gebilligt, und zwar trotz seiner Einwendungen[12]. Er ist nach dem Konzil als Generalsuperior seiner Ordensgemeinschaft zurückgetreten, als diese sich auf der Generalversammlung von 1968 das II. Vatikanische Konzil und dessen Orientierungen zu eigen macht.

Erzbischof Lefebvre versucht zunächst in Freiburg/Schweiz mit Erlaubnis des dortigen Bischofs ein Theologenkonvikt aufzubauen (Juni 1969). Ein Jahr später, am 1. November 1970, folgt die Gründung der Priesterbruderschaft „St. Pius X.", und zwar als Pia Unio nach can. 707 § 1 CIC von 1917, wiederum mit Einverständnis des Bischofs. Parallel dazu eröffnet Lefebvre 1970 in Ecône mit Zustimmung des Bischofs von Sitten/Schweiz ein „Noviziat" für Theologiestudenten, die angeblich später in Freiburg studieren sollten. Ohne bischöfliche Zustimmung baut Lefebvre dieses Haus sehr schnell zu einem Priesterseminar aus. Schon 1971 finden Priesterweihen statt, ohne die rechtlichen Voraussetzungen zu respektieren. Die Geweihten sind – entsprechend dem geltenden Kirchenrecht – suspendiert und durch die Missachtung der Suspension irregulär.[13]

Auf Grund dieser Vorkommnisse finden 1973 Gespräche zwischen dem apostolischen Stuhl und den beiden involvierten

---

[10] Vgl. insbesondere den folgenden Beitrag von Damberg.
[11] Vgl. Luc Perrin, Il „Coetus Internationalis Patrum" e la minoranza conciliare, in: Maria T. Fattori; Alberto Melloni, L'evento e le decisioni, Testi e ricerche di scienze religiose, nuova seria 20, Il Mulino 1997, 173–187.
Luc Perrin weist detailliert die differenzierten Verbindungen zwischen den Sympathisanten und dem organisierenden Kern nach. Er charakterisiert die Schwierigkeiten der Gruppe, zu übereinstimmenden Positionen und Aktionen im Konzil zu kommen. Theologisch gesehen dürfte das signifikanteste Dokument der Gruppe ein nicht veröffentlichtes compendium de ecclesia sein. Vgl. a. a. O. 182f.
[12] Vgl. de Mallerais.
[13] Vgl. can. 237 des CIC/1917 sowie can. 985, 7 CIC/1917.

schweizerischen Bischöfen statt. Es wird 1974 eine Kardinalskommission gegründet, die eine Visitation in Ecône durchführen lässt.[14] Auf die Aufforderung, das Seminar zu schließen, antwortet Lefebvre am 21. November 1974 mit einem öffentlichen Glaubensbekenntnis. Daraufhin entzieht der Bischof von Freiburg/Schweiz am 6. Mai 1975 der Bruderschaft die Approbation als Pia Unio und löst sie so kirchenrechtlich auf. Die Auflösung betrifft nicht nur das Seminar von Ecône/Schweiz, sondern auch die inzwischen gegründeten oder in Gründung befindlichen anderen Institutionen der Priesterbruderschaft, u. a. zwei Priesterseminare. Diese Entscheidung erfolgte in Absprache mit dem Heiligen Stuhl. Lefebvre antwortet mit einem Rekurs an die Apostolische Signatur gegen die Entscheidung von Bischof Mamie von Freiburg/Schweiz und einer Bittschrift um Wiederaufnahme seines Prozesses vor der Kongregation für die Glaubenslehre. Der Rekurs und die Bittschrift werden abgelehnt.

Das erwähnte öffentliche Glaubensbekenntnis vom 21. November 1974[15] formuliert sehr klar die Einstellung Lefebvres zum II. Vatikanischen Konzil und zu den dort beschlossenen Dokumenten. Dieses Glaubenbekenntnis bildet die Grundlage der weiteren Entwicklung der Pius-Bruderschaft, und es ist entscheidend für das Verständnis der folgenden Vorgänge.

„Wir hängen mit ganzem Herzen und ganzer Seele am katholischen Rom, der Hüterin des katholischen Glaubens und der für die Erhaltung des Glaubens notwendigen Traditionen, am ewigen Rom, der Lehrerin der Weisheit und der Wahrheit.

Wir lehnen es hingegen ab und haben es immer abgelehnt, dem Rom der neo-modernistischen und neo-protestantischen Tendenzen zu folgen, die klar im II. Vatikanischen Konzil und nach dem Konzil in allen Reformen, die daraus hervorgingen, zum Durchbruch kamen. Alle diese Reformen haben in der Tat dazu beigetragen und wirken weiter an der Zerstörung der Kirche, dem Ruin des Priestertums, an der Vernichtung des heiligen Mess-

---

[14] Die Visitation wird von Mgr. Albert Descamps, Sekretär der Bibelkommission, und Mgr. Guillaume Onclin, Sekretär der Kommission für die Neufassung des Kirchenrechts durchgeführt. In seiner Biographie Lefebvres vermerkt der Verfasser Tissier de Mallerais, die beiden Visitatoren hätten während der dreitägigen Anhörung der Patres und der Seminaristen „theologisch irrige Äußerungen" von sich gegeben. (Vgl. a. a. O. 508). Die Atmosphäre muss frostig gewesen sein. Der Bericht wird Erzbischof Lefebvre am 13.2.1975 mitgeteilt, d. h. nach Veröffentlichung des „Glaubensbekenntnisses". Am 3.3.1975 findet die abschließende Unterredung in Rom statt. Neben dem Bericht der Visitatoren steht Lefebvres „Glaubensbekenntnis" im Mittelpunkt der Auseinandersetzung mit der Kardinalskommission.
[15] Im Folgenden zitiert nach Jean Anzevui, Das Drama von Ecône, Sitten 1976, 90f.

opfers und der Sakramente, am Erlöschen des Ordenslebens, am naturalistischen und teilhardistischen Unterricht an den Universitäten und den Priesterseminaren, in der Katechese, einem Unterricht, der aus dem Liberalismus und dem Protestantismus hervorgegangen und schon etliche Male vom Lehramt der Kirche feierlich verurteilt worden ist.

Keine Autorität, selbst nicht die höchste in der Hierarchie kann uns zwingen, unseren Glauben, so wie er vom Lehramt der Kirche seit neunzehn Jahrhunderten klar formuliert und verkündet wurde, aufzugeben oder zu schmälern ... Ist es nicht das, was uns der heilige Vater heute ins Gedächtnis ruft? Und wenn zwischen seinen Worten und Taten sich ein gewisser Widerspruch ergab, so wie bei den Akten der Dikasterien, so wählen wir das, was immer gelehrt wurde, und wir stellen uns taub gegenüber den zerstörerischen Neuerungen in der Kirche.

Man kann nicht tief greifende Veränderungen auf dem Gebiet der lex orandi vornehmen, ohne damit die lex credendi zu verändern. Der neuen Messe entspricht ein neuer Katechismus, ein neues Priestertum, neue Seminare, neue Universitäten, eine charismatische, pentekostalische Kirche, lauter Dinge, die der Rechtgläubigkeit und dem Lehramt aller Zeiten entgegengesetzt sind.

Da diese Reform vom Liberalismus und Modernismus ausgeht, ist sie völlig vergiftet. Sie stammt aus der Häresie und führt zur Häresie, selbst dann, wenn nicht alle ihre Akte direkt häretisch sind! Daher ist es jedem wachen und treuen Katholiken unmöglich, diese Reform anzunehmen und sich ihr, in welcher Weise auch immer, zu unterwerfen. Die einzige Haltung der Treue gegenüber der Kirche und der katholischen Lehre besteht um unseres Heiles willen in der kategorischen Weigerung der Annahme der Reform.

Deshalb setzen wir unser Werk der priesterlichen Ausbildung fort, ohne jegliche Bitterkeit, ohne Auflehnung, ohne Groll unter dem Stern des Lehramts aller Zeiten, überzeugt, dass wir der heiligen katholischen Kirche, dem Papst und den zukünftigen Generationen keinen größeren Dienst erweisen können.

Daher halten wir an allem fest, was von der Kirche aller Zeiten und vor dem modernistischen Einfluss des Konzils geglaubt und im Glauben praktiziert wurde: in der Sittenlehre, im Kult, im Katechismusunterricht, in der Priesterausbildung, in den kirchlichen Institutionen und in allem, was in den Büchern kodifiziert niedergelegt wurde. So warten wir darauf, dass das wahre Licht der Tradition die Finsternis verscheuche, welche den Himmel des ewigen Roms verdunkelt.

Indem wir mit der Gnade Gottes und der Hilfe der allerseligsten Jungfrau Maria, des heiligen Josef und des heiligen Papstes Pius X. so handeln, sind wir überzeugt, der römisch katholischen Kirche sowie allen Nachfolgern Petri treu zu bleiben und so ‚fideles dispensatores mysteriorum Domini nostri Jesu Christi in Spirito Sancto' zu sein. Amen. Rom am 21. November 1974, dem Fest Mariä Opferung, Marcel Lefebvre"[16].

Dieses Glaubensbekenntnis spiegelt sich hinsichtlich Position und Argumentationsweise in den späteren Stellungnahmen Lefebvres und der Piusbruderschaft deutlich wider.

1. Es wird am Anfang das „katholische", „ewige" Rom beschworen, die Lehrerin der Weisheit und Wahrheit, Hüterin des katholischen Glaubens und der „für die Erhaltung des Glaubens notwendigen Traditionen". Diese Bekenntnisformel und ihr Stil finden sich bis hin in die jüngsten Erklärungen der Pius-Bruderschaft wieder. So wird etwa von der tridentinischen Messe als „ewiger Messe" gesprochen etc. Die betonte Differenzierung zwischen „katholischem Glauben" und „Traditionen, die für die Erhaltung des Glaubens notwendig" sind, verdeutlicht, dass der Glaube nicht wie in der Offenbarungskonstitution Dei Verbum des II. Vatikanums als geschichtliches Überlieferungsgeschehen, nämlich als „lebendige Überlieferung" in den Blick kommt, sondern als insichständige Wahrheit, die von einer Reihe von Traditionen umgeben ist, die für die Wahrung des Glaubens notwendig sind.

2. Es werden die „neomodernistischen" und „neoprotestantischen" Tendenzen im 2. Vatikanischen Konzil, in den nachkonziliaren Reformen und in den involvierten Päpsten und Bischöfen angeprangert. Den Modernismus sieht Lefebvre grundgelegt in der französischen Revolution mit ihrer Parole: Freiheit, Gleichheit, Brüderlichkeit. Dieser Modernismus manifestiert sich in der Kirche in Lehren, die durch den Syllabus Pius IX. verurteilt werden. Dagegen öffnet sich Leo XIII. dieser Moderne ein wenig und lässt sie ansatzweise in die Kirche ein. Pius X. bekämpft sie machtvoll, insofern ist er der Patron der Kirche in der Moderne. Dieser Modernismus stellt eine späte Auswirkung des Protestantismus dar: in ihm wurzeln der neuzeitliche Individualismus, die Ablehnung der Autorität, der Tradition sowie – im allgemeinen Priestertum – das moderne Gleichheitsaxiom. Anstelle von Modernismus-Neoprotestantismus gebraucht Lefebvre ebenso das Wortpaar Liberalismus und Protestantismus. Er greift damit den

---

[16] Zitiert nach: Jean Anzevui, Das Drama von Ecône, Sitten, 1976, 90f.

Kampfbegriff auf, der in der Konfrontation liberaler Ideen mit den traditionellen Positionen der Kirche im 18. Jahrhundert aufkommt, sich seit der Erklärung der Menschenrechte 1789 vertieft, im Kampf um den Kirchenstaat neuen Zündstoff erhält und bis in den Modernismus hineinwirkt.

3. Lefebvre argumentiert ganz vorwiegend mit dem Ungeist, der im II. Vatikanischen Konzil geherrscht habe, um dann pauschale Urteile über das Konzil zu fällen. Dies gestattet ihm, das Konzil im Ganzen in Frage zu stellen und zugleich bei der Beurteilung von Einzelheiten des Konzils vorsichtiger zu formulieren: „Da diese Reform vom Liberalismus und Modernismus ausgeht, ist sie völlig vergiftet. Sie stammt aus der Häresie und führt zur Häresie, selbst dann, wenn nicht alle ihre Akte häretisch sind".

4. Ausgehend von diesem „Ungeist des Konzils" wird jeweils die Zerstörung der gesamten Kirche, aller ihrer geistlichen Einrichtungen und Traditionen angesagt. Auch dies wird zu einem sich durchhaltenden gemeinsamen Topos bis in die jüngsten Stellungnahmen der Pius-Bruderschaft hinein.

5. Lefebvre selbst stellt sich und die Priesterbruderschaft demgegenüber als die wahren Zeugen des Glaubens und die Hüter der Tradition hin. Von diesem Standpunkt aus werden alle Veränderungen, die „neue" Messe, der „neue" Katechismus, das „neue" Priestertum, „neue" Seminare, „neue" Universitäten, eine charismatische, pfingstlerische Kirche als Glaubensabfall charakterisiert. Aus dieser „Glaubenshaltung" leitet Lefebvre seine Sendung und den Auftrag der Priesterbruderschaft her, an allem festzuhalten, was „von der Kirche aller Zeiten", „vor dem modernistischen Einfluss des Konzils" geglaubt und praktiziert wurde, um so den künftigen Generationen „unter dem Stern des Lehramts aller Zeiten" jenen Dienst im Glauben zu erweisen, auf den sie einen Anspruch haben.

Auf die zahlreichen römischen Bemühungen, Monsignore Lefebvre zum Einlenken zu bewegen, antwortet der französische Erzbischof ablehnend. Er bekräftigt diese Ablehnung nachdrücklich, indem er am 29. Juni 1976 wiederum in illegitimer Weise eine Priesterweihe vornimmt.[17] Daraufhin wird ihm am 6. Juli 1976 von Rom aus mitgeteilt, dass er „sich nicht nur die im kanonischen Recht vorgesehene Strafe der Suspension von der Vollmacht, Weihen zu spenden,

---

[17] Vorausgegangen war eine zweimalige Mahnung des Staatssekretariats „de mandato speciali Summi Pontificis", die geplanten Priesterweihen zu unterlassen. Am 24. Mai 1976 hatte Paul VI. in seiner Ansprache im Konsistorium (vgl. den deutschen Text bei Yves Congar, Der Fall Lefebvre, Freiburg 1977, 104–109) den „Fall Lefebvre" ausführlich behandelt, nachdem er ihm am 8. Sept. 1975 eigenhändig geschrieben hatte.

für ein Jahr ipso facto zugezogen habe, sondern dass der apostolische Stuhl den formellen Ungehorsam Lefebvres gegenüber dem ausdrücklichen päpstlichen Verbot dieser Weihen prüfe".[18] Lefebvre erhält eine Frist von zehn Tagen, um den Beweis einer Umkehr zu erbringen. Am 22. Juli 1976 erfolgt daraufhin die Suspensio a divinis nach can. 2279 § 2 CIC 1917. Es wird dem Erzbischof damit verboten, irgendeinen Akt der Weihegewalt, der Potestas ordinis, zu setzen. Als Gründe für die Verhängung dieser verschärften Suspension werden genannt: *„Die Ablehnung der Beschlüsse des II. Vatikanischen Konzils, die Missachtung des Leitungsamtes des Papstes und der Verstoß gegen die Einheit der Kirche"*.[19]

3. *Römische Gespräche und die Exkommunikation von 1988*

Nach der Suspension nehmen die Bemühungen Pauls VI. und der römischen Kurie um eine erneute Integration von Erzbischof Lefebvre und seiner Priesterbruderschaft nochmals zu. Paul VI. empfängt ihn und schreibt ihm mehrfach persönliche Briefe. Es kommt zu einem Gespräch mit Johannes Paul II. kurz nach der Papstwahl und zu langen Verhandlungen in der Glaubenskongregation.[20] Als ein Ergebnis der zahlreichen Kontakte und Auseinandersetzungen in der Kirche wird 1984 durch ein Indult unter gewissen Auflagen der Gebrauch der alten Messformulare gestattet.[21] Gleichwohl spitzt sich die Auseinandersetzung zu, denn Erzbischof Lefèbvre verurteilt scharf die Antrittsenzyklika „Redemptor hominis" Johannes Pauls II.[22], das Interview Kardinal Ratzingers „Warum der Glaube in einer Krise steckt"[23], die ökumenische Arbeit, die in der

---

[18] Vgl. Ludger Müller, Der Fall Lefebvre. Chronik eines Schismas, in: Reinhild Ahlers/Peter Krämer, Das Bleibende im Wandel. Theologische Beiträge zum Schisma von Marcel Lefebvre (FS Heribert Schmitz), Paderborn 1990, 24.
[19] Ebd. Vgl. ferner L'Osservatore Romano 26./27. Juli 1976.
[20] Vgl. Tissier de Mallerais, Lefebvre, 540f.
[21] Man versprach sich dadurch römischerseits offensichtlich eine Beruhigung der Situation. Diese Entscheidung hängt mit der Gesamtbeurteilung der Lefebvre-Bewegung zu Beginn des Pontifikats Johannes Pauls II. zusammen. Vgl. unten S. 30 f.
[22] Die Ausführungen in „Redemptor hominis" Nr. 11 und 14 erregen seinen besonderen Widerspruch: Die Texte stellten „eine völlig neue Auffassung vom Christentum dar. Das ist ein Humanismus ganz nach der Art eines Teilhard de Chardin". Zitiert nach Tissier de Mallerais, Lefebvre, 561.
[23] Die scharfe Ablehnung bezieht sich auf Ratzingers Feststellung zum II. Vatikanischen Konzil: „Die Aufgabe der 60er Jahre war es, sich die besten Werte aus zwei Jahrhunderten liberaler Kultur anzueignen. Dies sind in der Tat Worte, die, selbst wenn sie außerhalb der Kirche geboren sind, ihren Platz – gereinigt und richtiggestellt – in der Sichtweise finden können, die die Kirche von der Welt hat. Das ist es, was getan wurde. Es ist wahr, das Ergebnis hat bestimmt, vielleicht unüberlegte Hoffnungen enttäuscht. Deshalb ist es notwendig, ein neues Gleichgewicht zu fin-

Kirche wächst, ebenso wie das neue Kirchenrecht – der nachkonziliare Codex wird 1983 veröffentlicht[24] –, er prangert das interreligiöse Gespräch und das Treffen von Assisi an. Diese Entwicklung treibt einem Höhepunkt zu, als Lefebvre auf Grund seines Alters und zwecks Erhaltung seiner Priesterbruderschaft über seine Lebenszeit hinaus die Möglichkeit von Bischofsweihen in der Priesterbruderschaft ins Auge fasst. Diese Entscheidung wird wesentlich vorangetrieben durch Auseinandersetzungen Lefebvres mit Kardinal Ratzinger. Lefebvre reicht im Oktober 1985 neununddreißig „Dubia" (bezweifelnde Anfragen) betreffend die Religionsfreiheit und die Lehre Pius IX. bei der Glaubenskongregation ein.[25] Kardinal Ratzinger antwortet mit einem 50seitigen Schreiben (März 1987), dessen Argumentationen Lefebvre in einem Antwortbrief, einer Publikation und bei einer Unterredung in der Glaubenskongregation am 14. Juli 1987 zurückweist.[26]

---

den". Die Kritik Lefebvres: Hier werde die Kirche mit der Revolution vermählt. Die Folgerung: „Wir können uns nicht einer Autorität unterstellen, deren Denken liberal ist und die uns nach und nach, durch den Druck der Umstände, dazu verurteilen würde, uns dieses Denken und seine Konsequenzen anzueignen, als erstes die neue Messe". (Conférences spirituelles de Msgr. Lefebvre à Ecône, zitiert nach Tissier de Mallerais, Lefebvre, 565f.

[24] In einem offenen Brief an den Papst lehnt Lefebvre den CIC von 1983 ab. Er enthalte sechs grundlegende Irrtümer:
„1. einen ‚latitudinaristischen' und ökumenischen Begriff von der Kirche ohne Einheit im Glauben, der speziell durch den Syllabus Nr. 18 (DH 2918) verurteilt wurde (*Lumen gentium, Unitatis redintegratio* des II. Vatikanums und *Catechesi tradendae* von Johannes Paul II.);
2. eine kollegiale Regierung und eine demokratische Ausrichtung der Kirche, besonders verurteilt durch das Erste Vatikanische Konzil (DH 3055; *Lumen gentium* des Zweiten Vatikanums und das neue Kirchenrecht);
3. einen falschen Begriff der Naturrechte des Menschen, welcher deutlich in dem Dokument über die Religionsfreiheit zutage tritt; er wurde speziell durch *Quanta cura* (Pius IX.) und *Libertas praestantissimum* (Leo XIII.) verurteilt (*Gaudium et spes* und *Dignitatis humanae* des Zweiten Vatikanums, *Redemptor hominis* von Johannes Paul II.);
4. eine irrige Auffassung von der Gewalt des Papstes, welche als absolut angesehen wird, während sie doch der göttlichen Macht untergeordnet ist, wie sie in der Überlieferung, in der Heiligen Schrift sowie in den bereits veröffentlichten Bestimmungen des kirchlichen Lehramtes zum Ausdruck kommt (DH 3116);
5. die protestantische Auffassung des heiligen Messopfers und der Sakramente, verurteilt durch das Konzil von Trient (Sess. XXII);
6. schließlich ganz allgemein die freie Verbreitung der Häresien, die durch die Abschaffung des Heiligen Offiziums ermöglicht ist." Zitiert nach Tissier de Mallerais, Lefebvre, 563.
[25] Marcel Lefebvre, Mes doutes sur la liberté religieuse. Etampes [Clovis] 2000. Das Vorwort, das Inhaltsverzeichnis und die Einleitung des rund 150 Seiten starken Manuskripts sind veröffentlicht: Marcel Lefebvre, Damit die Kirche fortbestehe, Priesterbruderschaft St. Pius X. (Hg.), Stuttgart 1992, 636–642.
[26] Bei der Publikation handelt es sich um eine Ausarbeitung von Vorlesungen in Ecône. „Der Zweck dieser Vorlesungen war, diese künftigen Priester über die schlimmste

Trotz dieser Stellungnahmen antwortet Kardinal Ratzinger im Brief vom 28. Juli 1987 mit dem Vorschlag, einen Kardinalvisitator zu ernennen, der die Rechtgläubigkeit der Lehre und den kirchlichen Geist verbürgen müsste, dann könne die Pius-Bruderschaft eine angemessene rechtliche Struktur erhalten, ein Hilfsbischof könne ernannt, das Messbuch von 1962 bewilligt, die Seminare und Priesterweihen könnten fortgesetzt werden.

Lefebvre stimmt nach Bedenken der Visitation zu: Kardinal Eduard Gagnon, Vorsitzender des Päpstlichen Rates für die Familie, besucht zusammen mit Msgr. Perl eine große Anzahl der Häuser und Priorate, der Schulen und Noviziate und nimmt zum Abschluss am Pontifikalamt des suspendierten Erzbischofs teil. Sein Urteil teilt er dem Erzbischof und der Pius-Bruderschaft gleich in einer Eintragung im Goldenen Buch des Seminars mit: „Möge die Unbefleckte Jungfrau unsere innigen Gebete erhören, damit das in diesem Haus wunderbar vollbrachte Werk der Ausbildung seine ganze Strahlkraft für das Leben der Kirche findet"[27]. Dieses Wort scheint auf eine vorbehaltlose Gutheißung

---

und schädlichste Irrlehre der neueren Zeit aufzuklären und ihnen so die Möglichkeit zu geben, über alle Folgen des atheistischen Liberalismus und des liberalen Katholizismus ein Urteil zu fällen, das der Wahrheit und dem Glauben entspricht (Vorwort). Den Zeitbezug stellt Lefebvre im Vorwort gleichfalls mit aller Deutlichkeit heraus: „Und gerade während diese Arbeit (an der Publikation, d. Verf.) ihrem Ende entgegen ging, hat sich in Assisi die abscheulichste Darbietung des liberalen Katholizismus abgespielt, als greifbarer Beweis dafür, dass der Papst und die, die ihm beipflichten, eine falsche Auffassung vom Glauben haben, eine modernistische Auffassung, durch die das ganze Gebäude der Kirche ins Wanken gerät. In seiner Ansprache vom 22. Dezember 1986 an die Mitglieder der Kurie verkündet der Papst dies selbst". Das Vorwort wurde am 13. Januar 1987 von Lefebvre geschrieben. Das Buch stützt sich in seiner Argumentation ganz auf die Tradition der Action française. Es enthält im dritten Teil eine ausführliche, oft ausfällige Kritik des II. Vatikanums und der nachfolgenden Reformen. Die Kapitelüberschriften mögen hier genügen:
Kap. 24: Wahre oder falsche Religion?
Kap. 25: „Recht" der irrigen Religionen?
Kap. 26: Recht oder Toleranz?
Kap. 27: Nichtintervention des Staates zu Gunsten des wahren Glaubens?
Kap. 28: Kirche und Staat – die freie Kirche im freien Staat?
Kap. 29: Nichtanerkennung der Grundsätze der wahren Religionen – ein „normaler" Zustand?
Kap. 30: Freiheit aller Kulte das beste Regierungssystem?
Kap. 31: Eine von der religiösen Wahrheit unabhängige Rechtsordnung?
Kap. 32: Die Religionsfreiheit: welche „gerechten Grenzen"?
Eine Entfaltung seiner Argumentation bildet die Publikation: Marcel Lefebvre, Sie haben ihn entthront. Vom Liberalismus zur Apostasie. – Die Tragödie des Konzils, Stuttgart (Priesterbruderschaft St. Pius X.), 1988; die französische Ausgabe wurde 1987 veröffentlicht.
[27] Tissier de Mallerais, Lefebvre, 585. Nach „30 Giorni", Ausgabe Februar 1988, enthält der Visitationsbericht folgende statistische Einschätzungen: „Mindestens 80 %

des Werkes von Lefebvre hinzudeuten. Das Urteil des Kardinals war aber differenzierter. 1991 hat Kardinal Eduard Gagnon seine Eindrücke von der Visitation in Ecône in einem Zeitungsinterview mitgeteilt:
1. „Ich habe immer an der Möglichkeit einer echten Aussöhnung gezweifelt. Wenn ich Lefebvre darauf ansprach, antwortete er: ‚Wir wollen keine Aussöhnung, sondern eine Anerkennung', ... sie wollten als die wahre Kirche anerkannt werden."
2. Auf die Frage nach der möglichen Rückkehr von Lefebvre-Anhängern antwortet er: ... „kurzfristig weist nichts darauf hin ... Während meiner Mission wurde mir bewusst, dass viele, die auf der Seite Lefebvres stehen, seine Ansichten keineswegs teilen. Sie folgen ihm nur, weil sie in seiner Gemeinschaft eine geistliche Praxis finden, die es anderswo nicht mehr gibt".
3. Bestehen in Fragen der Kirchenlehre Gründe für die Exkommunikation? „Nein. Auch wenn sich da manche Fragen der Lehre stellen, betraf das Urteil nur den schweren Fall der Bischofsweihen. Aber das ist keine eigentliche Frage der Doktrin. Das heißt, Lefebvre hat seine Aussage: ‚Ich habe in dieser Frage die Handlunsvollmacht' nicht zur Wahrheit erhoben".[28]

Es ist – aufgrund der zitierten eindeutigen schriftlichen Stellungnahmen Msgr. Lefebvres – nicht ersichtlich, wie Kardinal Gagnon zu seinem Urteil über die Lehre Lefebvres gekommen ist. Zweifellos hat sein Urteil einen erheblichen Einfluss auf das weitere römische Verhalten gehabt.

Trotz der unglaublichen Annäherung von Seiten Roms bleibt Erzbischof Lefebvre skeptisch und fasst Termine für eine Bischofsweihe ins Auge. Um eine solche Verhärtung der schismatischen Situation zu verhindern, wird auf römische Initiative hin im Frühjahr 1988 eine Verhandlungskommission um Erzbischof Lefebvre und Kardinal Ratzinger gebildet. Auf Seiten Lefebvres nimmt unter anderem einer der vier später geweihten Bischöfe teil: Tissier de Mallerais, der Biograph Lefebvres, ferner Patrice Laroche. Auf

---

der der Tradition verbundenen Gläubigen wünschen den Frieden und die Eintracht mit Rom, mehr als die Hälfte nehmen vor allem Ärgernis an den liturgischen Missbräuchen und nur 15 % stammen aus den politischen und akademischen Kreisen, die von den Einflüssen der Action française geprägt sind. Die meisten der Anhänger und Wohltäter des Prälaten sind kleine Leute, aber der Erzbischof läuft Gefahr, von den „Unnachgiebigen" seiner Bewegung überrannt zu werden". Tissier de Mallerais spricht von einer „phantasievollen Berechnung von Monsignore Perl", a. a. O. 585.
[28] Zitiert nach Stefano M. Paci, Eduard Gagnon: Begegnung – Der Inspektor seiner Heiligkeit, in: 30 Tage, März 1991, 60–63; hier: 62.

Seiten Kardinal Ratzingers arbeitet unter anderem der jetzige Kardinalstaatssekretär Bertone mit, ferner Fernando Ocariz vom Opus Dei. Die Moderation des Gesprächs liegt bei Benoît Duroux OP, der Vorsitz bei Kardinal Ratzinger. Die Verhandlungen finden im April 1988 in Rom statt. Sie führen zu einer Erklärung, die Monsignore Lefebvre am 5. Mai 1988 unterzeichnet:
„Ich, Marcel Lefebvre, emeritierter Erzbischof – Bischof von Tulle, sowie die Mitglieder der von mir gegründeten Priesterbruderschaft St. Pius X.:
1. versprechen der katholischen Kirche und dem Bischof von Rom, ihrem obersten Hirten, dem Stellvertreter Christi, dem Nachfolger des heiligen Petrus in seinem Primat und als Oberhaupt der Gesamtheit der Bischöfe, immer treu zu sein;
2. erklären die in Nr. 25 der dogmatischen Konstitution Lumen gentium des II. Vatikanischen Konzils enthaltene Lehre über das kirchliche Lehramt und die ihm geschuldete Zustimmung anzunehmen;
3. hinsichtlich gewisser, vom II. Vatikanischen Konzil gelehrter Punkte oder gewisser nach dem Konzil erfolgter Reformen der Liturgie und des Kultes, die uns mit der Tradition schwer vereinbar erscheinen, verpflichten wir uns, eine positive Haltung des Prüfens und des Austausches mit dem heiligen Stuhl einzunehmen und jede Polemik zu vermeiden;[29]
4. wir erklären außerdem die Gültigkeit des Messopfers und der Sakramente anzuerkennen, die mit der Intention, das zu tun, was die Kirche tut, und nach den Riten zelebriert werden, die in den von den Päpsten Paul VI. und Johannes Paul II. promulgierten offiziellen Ausgaben des römischen Messbuches und des Rituale für die Sakramente enthalten sind.
5. Schließlich versprechen wir, die allgemeine Disziplin der Kirche und die kirchlichen Gesetze zu achten, insbesondere jene des von Johannes Paul II. promulgierten kirchlichen Gesetzbuches, unbeschadet der der Bruderschaft durch ein besonderes Gesetz eingeräumten Sonderdisziplin."

Im zweiten Teil des Protokolls mit der Überschrift „Rechtsfragen" wird von Kardinal Ratzinger die Anerkennung der Priesterbruderschaft, die Weihe eines Bischofs aus der Bruderschaft und die Einsetzung einer römischen Kommission mit einem Kardinal als Vorsitzenden zugesagt. Von den fünf Mitgliedern der Kommission

---
[29] Dieser Passus wurde auf Druck von Erzbischof Lefebvre in den Text aufgenommen. Vgl. Tissier de Mallerais, Lefebvre, 586f.

sollen zwei aus der Bruderschaft sein. Dies ist die römische Gegenleistung.[30]

Zusätzlich zu diesem Protokoll wird Msgr. Lefebvre der römische Entwurf eines Briefes an den Papst ausgehändigt, in dem er um die Inkraftsetzung der Übereinkunft zum Wohl der Bruderschaft und der Kirche bittet. Es fehlt jeder Bezug auf das II. Vatikanum, die nachkonziliaren Reformen der Kirche und das (nicht anerkannte) Magisterium. Völlig allgemein heißt es: „Heiliger Vater, es war ja eben dieses Wohl der Kirche, um das ich mich die vergangenen Jahre unter vielen Leiden mit ehrlichem Gewissen vor Gott bemühen wollte. Indessen weiß ich, dass man selbst in restlos gutem Glauben Irrtümer begehen kann. So bitte ich in aller Demut, alles zu vergeben, was an meinem Verhalten und jenem der Bruderschaft den Stellvertreter Christi und der Kirche verletzen konnte, ebenso wie ich meinerseits von ganzem Herzen vergebe, was ich oftmals zu erleiden hatte."[31]

Die Formulierung des Protokolls, insbesondere von Nr. 3 wie des Entwurfes für den Papstbrief, erscheint – nach der voraufgehenden Erklärung Lefebvres im Brief vom 14. April 1985[32], nach der Vorlage der „Dubia" sowie den vergeblichen Überzeugungsversuchen Kardinal Ratzingers[33] etc. – mehr als merkwürdig.

Die geleistete Unterschrift zieht Erzbischof Lefebvre am 6. Mai 1988 zurück. Die Gründe, welche Lefebvre bestimmten, die gegebene Unterschrift zu widerrufen, laufen nach Ausweis der Biographie[34] zusammen im Misstrauen, durch die Übereinkunft die Schärfe der grundsätzlichen Stellungnahme zum II. Vatikanum und zur Entwicklung der Kirche durch das Konzil zu beeinträchtigen: etwa durch das Bestehen Roms auf zu weihenden Bischöfen, die nicht das nötige Rückgrat hätten, durch die Minderheitssituation der Vertreter der Pius-Bruderschaft in der geplanten römischen Kommission, durch eine mögliche Verzögerungs- und Verschleppungspolitik Roms.[35]

Die Tage vor der Bischofsweihe sind nochmals geprägt von hektischen Bemühungen Roms, Erzbischof Lefebvre von der Bischofsweihe abzuhalten. Man entschließt sich sogar, einen Wagen mit

---

[30] Der gesamte Text des Protokolls findet sich in: Marcel Lefebvre, Damit die Kirche fortbestehe, 714–717. Vgl. auch Tissier de Mallerais, Lefebvre, 586–589.
[31] Vgl. Marcel Lefebvre, Damit die Kirche fortbestehe, 718.
[32] Vgl. oben.
[33] Vgl. Anm. 25 und 26.
[34] Vgl. Tissier de Mallerais, Lefebvre, 589–590.
[35] Vgl. dazu die Briefe Lefebvres an Johannes Paul II. vom 20. Mai 1988 und 2. Juni 1988 sowie den Brief Johannes Pauls II. an Lefebvre vom 9. Juni 1988.

Chauffeur nach Ecône zu senden, um Lefebvre zu Gesprächen nach Rom zu holen. Im Hintergrund steht die Vermutung, dass er von seiner Umgebung unter Druck gesetzt werde. Am 17. Juni wird er von Rom schriftlich gemahnt, die Weihe zu unterlassen. Am 30. Juni 1988 weiht Erzbischof Lefebvre zusammen mit Bischof De Castro Mayer, dem emeritierten Bischof von Campos, Brasilien, einem engen Gesinnungsgenossen und Mitstreiter, vier Bischöfe aus der Priesterbruderschaft: Bernard Tissier de Mallerais (geb. 1945), Richard Williamson (geb. 1940), Alphonso de Galarreta (geb. 1957) und Bernard Fellay (geb. 1958). In welchem Geist und mit welchem Anspruch die Bischofsweihe erfolgte, belegte der Beginn der Zeremonie. Auf die in der Liturgie vorgesehene Frage: „Haben Sie ein apostolisches Mandat?" antwortete Lefebvre: „Wir haben es von der heiligen römischen Kirche, welche den von den Aposteln empfangenen heiligen Traditionen immer treu ist und uns vorschreibt, dass wir diese Traditionen, das heißt das Glaubensgut, allen Menschen zum Heil ihrer Seelen treu übermitteln.

Da nun seit dem Zweiten Vatikanischen Konzil bis zum heutigen Tag die Autoritäten der römischen Kirche vom Geist des Modernismus beseelt sind und so, gegen die heiligen Traditionen handelnd, „die gesunde Lehre nicht ertragen und das Gehör von der Wahrheit abwenden, den Fabeln sich dagegen zuwenden" wie der heilige Paulus in seinem zweiten Brief an Timotheus sagt (4, 3, 4), erachten wir alle von diesen Autoritäten verhängten Strafen und Zensuren für null und nichtig.

Aber auch ‚ich nehme ab und die Zeit meiner Auflösung steht bevor'. Ich höre Stimmen, die zu mir rufen, dass ihnen das Brot des Lebens, das Christus ist, gegeben werde. Deshalb, da ich mich über die Menge erbarme, ist es mir die ernsteste Aufgabe, meine Bischofsgnade diesen teuersten Priestern weiterzugeben, damit auch sie vielen und heilig lebenden, gemäß den Traditionen der heiligen katholischen Kirche unterrichteten Klerikern die Priestergnade verleihen können.

Gemäß diesem Auftrag der allzeit treuen und heiligen römischen Kirche erwählen wir diese hier gegenwärtigen Priester zu Bischöfen der heiligen römischen Kirche als Auxiliarbischöfe der Priesterbruderschaft St. Pius X.:
Reverendum Patrem Bernardum Tissier de Mallerais
Reverendumg Patrem Ricardum Williamson
Reverendum Patrem Alphonsum de Galarreta
Reverendum Patrem Bernardum Fellay"[36].

---

[36] Marcel Lefebvre, Damit die Kirche fortbestehe, 745 f.

Ganz ähnlich antwortet Bischof De Castro Mayer in seiner Erklärung.[37]

Im unmittelbar auf die Bischofsweihe folgenden Exkommunikationsdekret vom 1. Juli 1988, das vom damaligen Präfekten der Bischofskongregation unterzeichnet ist, wird die illegitime Bischofsweihe als „schismatischer Akt" bezeichnet.

In Verbindung mit diesem Exkommunikationsdekret veröffentlicht Johannes Paul II. am 2. Juli 1988 das Motu proprio „Ecclesia Dei". Nachdem der Papst in Nr. 1 dieses Motu proprio das Faktum der illegitimen Bischofsweihe vom 30. Juni angesprochen und auf die zahlreichen Versuche hingewiesen hat, in den zurückliegenden Jahren zu einer Regelung zu kommen, und „Geduld und Nachsicht übte, soweit es nur irgend möglich war"[38], stellt der Papst fest: *„In sich selbst ist ein derartiger Akt Ungehorsam gegenüber dem römischen Bischof in einem äußerst schwerwiegenden Fall von höchstem Gewicht für die Einheit der Kirche gewesen; von dieser Art ist die Bischofsweihe, durch die ja die apostolische Nachfolge sakramental bewahrt wird. Deshalb bewirkt ein derartiger Ungehorsam, der eine tatsächliche Zurückweisung des römischen Primats mit sich bringt, einen schismatischen Akt."* (actum schismaticum efficit). Dazu verweist der Papst auf CIC/1983, can. 751 mit der kanonistischen Definition des Schismas.[39]

In Artikel 4[40] wird die lehrmäßige Wurzel des schismatischen Aktes charakterisiert: „Es ist ein in sich widersprüchlicher Begriff von Überlieferung, der nicht ausreichend den lebendigen Charakter derselben Überlieferung berücksichtigt, wie es das II. Vatikanische Konzil aufs deutlichste lehrt." Die interne Widersprüchlichkeit des Überlieferungsbegriffs von Lefebvre bzw. seiner Priesterschaft wird darin gesehen, dass sie sich zum einen auf das Lehramt der Kirche berufen, auf der anderen Seite aber: „die Verknüpfung und Bindung zu dem abschneidet, dem Christus in der Person des Apostel Petrus selbst den Dienst für die Einheit in seiner Kirche anvertraut hat, nämlich den amtierenden Päpsten". In den folgenden Ausführungen[41] mahnt der Papst die Gläubigen, sich um eine Aneignung des II. Vatikanischen Konzils zu bemühen und fordert insbesondere die Theologen auf, das Konzil noch gründlicher zu erforschen und den Zusammenhang mit der Glaubensüberlieferung der Kirche herauszuarbeiten. „Aus diesem Nachdenken heraus nämlich sind alle auf wiederholte

---
[37] Vgl. a. a. O. 743f.
[38] DH 4820.
[39] DH 4821.
[40] DH 4826.
[41] DH 4823.

und auf wirksame Weise davon zu überzeugen, dass der Glaube durchaus weiter entfaltet und gemehrt werden muss, nachdem falsche Auslegungen wie willkürliche und unrechtmäßige Erweiterungen in Angelegenheiten, die die Lehre, die Liturgie und die Lebensordnung betreffen, beseitigt worden sind." Hier wird ausdrücklich sowohl von Reinigung der Tradition wie von der Weiterentfaltung der Tradition gesprochen. Mit diesen Worten bekräftigt Johannes Paul II., dass die Neupositionierung der Kirche, die auf dem Konzil stattgefunden hat, unter der Führung des Geistes geschehen ist. Abschließend wird nochmals festgestellt, dass alle, die diesem Schisma formal zustimmen, der Exkommunikation als Tatstrafe nach CIC/1983, can. 1364 verfallen. Damit ist der Gesamtvorgang nochmals als die Entstehung eines förmlichen, auf der Ablehnung des Konzils gründenden Schismas charakterisiert. Diese Ablehnung besteht primär nicht in der Verwerfung einzelner Lehren, sondern des vom Konzil gelehrten Begriffs einer „lebendigen Überlieferung", die die Verstehensvoraussetzung der Konzilsdokumente ist.

4. Die kirchliche Integration von Gruppen der Piusbruderschaft

Vom Juni 1988 ab finden Kontakte zwischen Priestern der Priesterbruderschaft und damit verbundenen Gruppen, die Erzbischof Lefebvre nicht ins formelle Schisma folgen wollen, mit der Glaubenskongregation wie dem Präsidenten der päpstlichen Kommission „Ecclesia Dei", Kardinal Mayer, statt. Diese Kommission war im Zusammenhang mit der Exkommunikation durch das Motu proprio offiziell errichtet worden. Sie sollte für die Angelegenheiten zuständig sein, die mit Erzbischof Lefebvre und der Piusbruderschaft zusammenhingen. Noch im Juli 1988 gründet eine Gruppe von Priestern der Piusbruderschaft im Beisein des Sekretärs der Kommission „Ecclesia Dei", Msgr. Camille Perl, die Petrusbruderschaft, welche am 18. Oktober 1988 bereits als „Klerikergemeinschaft des apostolischen Lebens päpstlichen Rechts" anerkannt wird.[42] Die Basis dieser Anerkennung bildet die Unterzeichnung des Versprechens, welche Erzbischof Lefebvre zunächst unterzeichnet und dann wiederum verworfen hat.[43]

---

[42] Zur Rechtsstellung der Petrusbruderschaft vgl. Heribert Schmitz, Sondervollmachten einer Sonderkommission, kanonistische Anmerkungen zum „Rescriptum ex Audientia SS.mi" vom 18. Oktober 1988 der Päpstlichen Kommission „Ecclesia Dei", in: Af KKR 159 (1990) 36–59; Roland Scheulen, Die Rechtsstellung der Priesterbruderschaft „St. Petrus", Eine Kritische Untersuchung auf dem Hintergrund der geltenden Struktur und Disziplin der Lateinischen Kirche, BzMK 30, Essen 2001.
[43] Vgl. Roland Scheulen, a. a. O., 82–85.

Es wird keine formelle Zustimmung zum II. Vatikanum verlangt, abgesehen von der Akzeptanz von LG 25 und dem Versprechen, die schwer mit der Tradition zu vereinbarenden Texte zu studieren und Kontakt zum Hl. Stuhl zu wahren. Persönlich haben von der Petrusbruderschaft ausgebildete junge Geistliche mir gegenüber die von Erzbischof Lefebvre genannten und bestrittenen Lehren als häretisch bezeichnet. Die beiden jungen Priester erzählten stolz, dass sie von Kardinal Mayer selbst in Rom die Weihe empfangen hätten. Es wird in der jetzigen Darstellung der Geschichte der Petrusbruderschaft das Motu proprio von Johannes Paul II. „Ecclesia Dei" zitiert.[44] Eine formale Aufhebung der oben zitierten Vereinbarung und die formale Anerkennung des II. Vatikanischen Konzils ist nicht erfolgt. Die Deutsche Bischofskonferenz, welche über die zugrunde liegende Treueformel nicht informiert worden war, lehnt damals, 1988, einstimmig, inklusive des damaligen Erzbischofs Dyba von Fulda, eine Übernahme der dort ausgebildeten Priester in die Seelsorge der Diözesen ab.

Ein Gleiches gilt für die Anerkennung der zum Lefebvre – Kreis gehörigen Mönchsgemeinde in Le Barroux unter Dom Gérard Calvet. Es werden keine Auflagen hinsichtlich der Anerkennung des II. Vatikanischen Konzils gemacht. Die Gruppe ist lediglich – wie in dem unterschriebenen Text bezeugt – zu einem prüfenden Studium der ihnen schwer mit der Tradition zu vereinbarenden Texte des II. Vatikanums verpflichtet. So erklärt Dom Gérard Calvet vom Kloster Sainte Madeleine Le Barroux unter dem Datum vom 18. August 1988 in einer Pressemitteilung: „Wir haben die Unterschrift unter die Vereinbarung (mit Rom, der Vf.) unter zwei Bedingungen geleistet: 1. dass dieses Ereignis keine Misstrauensbekundung für die Person von Msgr. Lefebvre bedeutet: dies wurde mehrmals im Verlauf der Gespräche mit Kardinal Mayer gesagt, der dem zugestimmt hat ... 2. dass keine lehrmäßige oder liturgische Gegenleistung verlangt wird und dass unserer antimodernistischen Verkündigung kein Schweigen auferlegt wird"[45]. Was Gérard Calvet, am 18. 6. 1989 zum ersten Abt des Klosters von Kardinal Mayer selbst geweiht, unter antimodernistischer Verkündigung versteht, wird durch seine Ankündigung der Abts- und Kirchenweihe dokumentiert: „Die Vorsehung hat es gewollt, dass die Konsekration unserer Kirche mit dem Zweihundert – Jahresgedächtnis der Revolution von 1789 zusammenfällt. Wir können

---

[44] Scheulen verweist auf parallele Vorgänge in anderen deutschen Diözesen: a. a. O. 84f.
[45] Zitiert nach Golias 27/28, Herbst 1991, 115.

nicht anders, als darin einen Aufruf zu sehen, in dieser Feier ein Werk der Wiedergutmachung zu sehen. Wiedergutmachung natürlich für die Verbrechen und Sakrilege der Revolution – denken wir an die Brandstiftungen von Kirchen, die Massaker an Priestern, den Völkermord in der Vendée, die Hinrichtungen der 210.000 Zivilisten während der Kriege im Westen, darunter die 4.800 Ertränkten in Nantes, die Vernichtung eines Drittels der Bevölkerung in der Vendée durch die teuflischen Kolonnen, ohne von den 300.000 an Kälte und Hunger verstorbenen Personen zu sprechen. – *Wiedergutmachung vor allem für die satanische Zerstörung des Glaubens, der Werke des Glaubens, ersetzt durch Menschenrechte ohne Gott, deren bösartige Auswirkungen wir auch nach 200 Jahren Abstand noch verspüren*".[46]

Bezeichnenderweise ist die oben erwähnte Veröffentlichung Calvets über die Verhandlungen mit Rom und das Fehlen jeder lehrmäßigen Auflagen in der rechtsextremistischen Zeitung „Présent" erfolgt, die von seinem Freund Jean Madiran geleitet wird. In dieser Zeitschrift hat Calvet regelmäßig mitgearbeitet. Ebenso unterhält er enge Beziehungen zu Bernhard Antony, einem führenden Mitglied im „Front National".

Diese Praxis der päpstlichen Kommission hält sich in der Folge durch. Es genügt jeweils die Anerkennung von *Lumen gentium* 25. Alle diese Institutionen von ehemaligen Gliedern der Priesterbruderschaft oder ihr verbundener Gruppen sind der Aufsicht der Bischöfe entzogen, aber auch der Aufsicht der entsprechenden römischen Dikasterien. Sie sind lediglich der päpstlichen Kommission Ecclesia Dei zugeordnet.

Diese Praxis führt dahin, dass in Brasilien, in der Diözese Campos, dem ehemaligen Bistum von Bischof de Castro Mayer der Vianney-Gruppe ein eigener Bischof mit eigener Kathedrale und Priesterseminar zugestanden wird. Er ist zuständiger Oberhirte der bei ihm registrierten Gläubigen mit dem Recht, neue Pfarreien in der Diözese einzurichten.

Zur Vorgeschichte: Nach der unfreiwilligen Emeritierung von Bischof de Castro Mayer war es zu einer Spaltung in der Diözese Campos und der Bildung einer Bruderschaft Saint Jean-Marie Vianney gekommen, die sich dem rechtmäßigen Nachfolger de Castro Mayers widersetzten. Der gewählte Obere wurde von drei Bischöfen der Priesterbruderschaft zwei Monate nach dem Tod

---

[46] Zitier nach Golias a. a. O.

von Bischof de Castro Mayer (25.4.1991) in der Nachfolge de Castro Mayers zum Bischof konsekriert (28.7.1991). Erzbischof Lefebvre hatte sich – kurz vor seinem Tod – in einer Note vom 20. Februar 1991 für das Recht der Gläubigen von Campos ausgesprochen, einen Bischof zu postulieren, „um ihrer Seelen und der Seelen ihrer Kinder willen"[47]. Nach dem inzwischen auch erfolgten Ableben von Bischof de Castro Mayer veröffentlichten die vier Bischöfe der Priesterbruderschaft am 27. Juni 1997 ihren Entschluss, den Oberen der Gruppe in Campos/Brasilien zum Bischof zu weihen. Sinn und Ziel dieses Aktes sind wie folgt beschrieben: „Sein Ziel ist nichts anderes, als die ‚Operation Überleben' für den katholischen Glauben fortzusetzen, eine Operation, die Erzbischof Marcel Lefebvre vor drei Jahren mit der Konsekration der vier Weihbischöfe der Priesterbruderschaft St. Pius X. in Ecône in der Schweiz eingeleitet hat.

Seit dieser Zeit hat Rom sich als unfähig erwiesen, den zahlreichen Gläubigen, die der Priesterbruderschaft St. Pius X. folgten, einen Bischof zu geben, der den katholischen Glauben predigen würde und der dessen Schutz und das Überleben durch die Sakramente der Priesterweihe und der Firmung gewährleisten würde, die ja nur ein Bischof gültig verwalten kann.

Dieses Mal sind es Zehntausende von Gläubigen der Diözese Campos, deren katholischer Glaube in Gefahr ist, wenn der Bischof, der sie im Glauben aller Zeiten herangebildet hat und der am vergangenen 25. April gestorben ist, Bischof de Castro Mayer, nur von einem vom heutigen Rom ernannten Bischof ersetzt wird.

Denn als 1981 Bischof de Castro Mayer von seinem Amt als Bischof von Campos ausscheiden musste, entfesselte sein unmittelbarer Nachfolger, Don Carlos Navarro, eine Verfolgung der glaubenstreuen Priester, das heißt nahezu des gesamten Diözesan-Klerus, der dem katholischen Glauben und dem heiligen Messopfer treu geblieben war. Bis zum Tod war Bischof de Castro Mayer die Seele des heroischen Widerstandes der gläubigen Herde. Jetzt ist er nicht mehr.

Ebenso wie 1988, Bischof de Castro Mayer als katholischer Bischof in die Schweiz gekommen ist, um mit Erzbischof Lefebvre die vier Bischöfe der Priesterbruderschaft St. Pius X. zu konsekrieren, werden sich jetzt, 1991, diese vier Bischöfe nach Brasilien begeben und zwar als katholische Bischöfe, um den einstigen Gläubigen und Priestern von Bischof Castro de Mayer zu ermöglichen, ihr Leben im unversehrten katholischen Glauben, den dieser ih-

---

[47] Vgl. Marcel Lefebvre, Damit die Kirche fortbesteht, 932f,

nen überliefert hat, fortzusetzen"[48]. Mit dieser Erklärung bekräftigen die vier Bischöfe der Piusbruderschaft mit allem Nachdruck sowohl das Schisma mit der katholischen Kirche wie die Begründung des Schismas durch den Vorwurf an die Kirche, den „Glauben aller Zeiten" verraten zu haben.

Bei der Reintegration in die katholische Kirche wird die entstandene Situation in der Diözese Campos unverändert übernommen. Der schismatische Bischof soll mit dem Ortsbischof vertrauensvoll zusammenwirken. Im päpstlichen Schreiben heißt es: „Mit diesem Dokument wird eure Vereinigung kirchenrechtlich als apostolische Personaladministration errichtet, die dem apostolischen Stuhl direkt unterstellt sein und ihr Territorium in der Diözese Campos haben wird. Die Jurisdiktion wird *dabei zusammen* mit der des Ortsordinarius ausgeübt. Die Leitung der Vereinigung wird Dir, ehrwürdiger Bruder, anvertraut und Deine Nachfolge wird gewährleistet".[49] Der Bischof wird zum Apostolischen Administrator ernannt, d. h. zu einem Bischof, der im Auftrag und an Stelle des Papstes in der Diözese Campos seine Aufgaben wahrnimmt. Die rechtlichen Strukturen und die damit gegebenen Problemfelder dieser Konstruktion hat Peter Krämer im zitierten Artikel einlässlich hinsichtlich des kirchlichen Verfassungsrechtes analysiert, ohne allerdings auf die Vorgeschichte einzugehen und sie in die Beurteilung des Falles mit einzubeziehen.

Neben anderen reintegrierten Gruppen stellt die – unter der Bezeichnung „Institut vom Guten Hirten" – 2006 wieder in die katholische Kirche eingegliederte Gruppe um Pfarrer Laguérie ebenfalls einen besonderen Fall dar.

Laguérie, in Frankreich bekannt wegen der Kirchenbesetzung in Paris und unflätiger Beleidigungen u. a. des Kardinals von Paris,[50] wird 2002 zum Pfarrer in Bordeaux ernannt, wo es wiederum eine Kirchenbesetzung gibt. Er gerät wegen Kritik an den Verhältnissen in Econe im Priesterseminar im Wallis in einen großen

---

[48] Vgl. a. a. O. 945f.
[49] Zitiert nach Peter Krämer, Die Personaladministration im Horizont des kirchlichen Verfassungsrechts, Archiv für katholisches Kirchenrecht 172 (2003) 99.
[50] Zu seinem Bild gehört, dass er öffentlich Le Pen wegen der Holocaustleugnung in Schutz nimmt und Paul Touvier, Polizeichef in Lyon, eine entscheidende Figur bei den französischen Judendeportationen, der von Mitgliedern der Piusbruderschaft versteckt wurde, nach seinem Tod im Gefängnis feierlich beerdigt und in seiner Ansprache als feinsinnig herausragenden Menschen würdigt. Vgl. Témoignage Chrétien, 16. Sept. 2004.

Streit mit Msgr. Fellay, seinem Superior, und wird ausgeschlossen. Mit einigen Sympathisanten der Piusbruderschaft wird er am 8. Sept. 2006 mit Rom versöhnt und direkt zum Oberen der von ihm gegründeten „Gesellschaft des Apostolischen Lebens ‚Institut du Bon Pasteur'"[51] päpstlichen Rechtes" ernannt. Diese Gesellschaft richtet mit römischer Zustimmung ein traditionalistisches Priesterseminar ein, eröffnet ein weiteres in Chile, das inzwischen wieder geschlossen ist und hat eine Niederlassung in Rom. Kardinal Ricard von Bordeaux protestierte vergeblich in Rom. Die Diözese war ursprünglich gerichtlich gegen Laguérie vorgegangen. Laguérie hat u. a. zur Wahl für Le Pen aufgerufen, arbeitete an der Integristen – Zeitung „Pacte" mit, die „wegen rassistischer Diffamation" und „Anstiftung zum Rassenhass"[52] gerichtlich belangt wurde. Ein solcher Mann wird von Rom als Superior päpstlichen Rechtes mitsamt seinen Seminaren der Jurisdiktion des Erzbischofs von Bordeaux entzogen. Alfred Grosser bemerkt zu diesem Ereignis: „Nun hat der jetzige Papst die Einrichtung des Institut du Bon Pasteur bei Bordeaux bewilligt, das von den härtesten Traditionalisten geleitet wird, dies mit dem Recht, Priester auszubilden und zu weihen'"[53].

Laguéries Institut wird im römischen Errichtungsdekret das Zugeständnis gemacht, die tridentinische Messe und das Pontifikale Romano in der tridentinischen Fassung als ihren „eigenen Ritus" zu gebrauchen. Bereits bei der Gründung der Petrus-Bruderschaft stellten sich eine Fülle kanonistischer und theologischer Fragen, da mit der Nutzung der liturgischen Bücher von 1962 zahlreiche bedeutsame Fragen verknüpft sind. Der CIC von 1917 enthält Generalklauseln, die ganz auf die Messopfer-Theologie und das Sakramentenverständnis der gegenreformatorischen Zeit zugeschnitten sind. Sie stimmen mit den Grundbestimmungen des II. Vatikanums zur Liturgie, zur Amtstheologie, zur Stellung des Volkes Gottes in der Liturgie nicht überein, ebenso wenig wie mit grundsätzlichen Bestimmungen des CIC von 1983. Hinzu kommen zahlreiche differente Einzelbestimmungen: Man denke etwa an die Einrichtung des

---

[51] Vgl. Artikel „Institute of the Good Shepherd" bei *Wikipedia* [http://en.wikipedia.org/wiki/Institute_of_the_Good_Shepherd] (eingestellt am 11. März 2009). Ebenso die Website des Instituts: http://institutdubonpasteur.org/
[52] Témoignage Chrétien 16. Sept. 2004; Archives du journal: http://www.temoignagechretien.fr/journal/ar_article.php?num=3122&categ=Croire (Zugriff am 8.02.09).
[53] Alfred Grosser, Katholische Kirche in Frankreich, in: Benedikt Kranemann, Myriam Wijlens (Hg.), Religion und Laïcité in Frankreich (Erfurter Theologische Schriften 37), Würzburg 2009, 63.

ständigen Diakonats, die kanonischen Möglichkeiten der Sakramentenspendung an nicht-katholische Christen, die Regelungen für Paten bei Taufen.[54] Werden bei der Priesterbruderschaft St. Petrus die Grundrechte der Ortsbischöfe insofern respektiert, als sie die Erlaubnis für Tätigkeiten von Angehörigen der Bruderschaft geben müssen, so wird der Bruderschaft von Bordeaux mit der Zuerkennung eines eigenen „Ritus" ein wesentlich unabhängigeres Arbeitsfeld eröffnet, das zugleich qualitativ neue Perspektiven für eine eigene Theologie, Spiritualität und Disziplin eröffnet.[55] Wird hier der Weg zu einer Ecclesia sui iuris gebahnt?

In der von Rom approbierten Satzung steht darüber hinaus, dass die Gesellschaft verpflichtet sei, daran „zu arbeiten, die Authentizität der Lehre (der Kirche, der Vf.) herzustellen". In dem offiziellen Kommuniqué zur Vorstellung dieser neuen Gesellschaft schreibt der Superior: „Im Übrigen bekennt jedes Gründungsmitglied persönlich, ‚das authentische Lehramt' des Heiligen Stuhls in ‚einer vollständigen Treue zum unfehlbaren Lehramt der Kirche (Statuten II § 62)' anzuerkennen. Darüber hinaus sind die Mitglieder verpflichtet, so weit es an ihnen ist, durch eine ‚ernsthafte und konstruktive Kritik des II. Vatikanischen Konzils dem Heiligen Stuhl zu ermöglichen, eine authentische Interpretation zu geben'".[56] Das Institut verfügt inzwischen über eine Niederlassung in Rom, wo der erste von Kardinal Hoyos geweihte Priester als Studienleiter für den zweiten Zyklus des Theologiestudiums eingesetzt wurde.

5. Die Aufhebung der Exkommunikation vom Januar 2009

Die Aufhebung der Exkommunikation für die Bischöfe der Piusbruderschaft ordnet sich in diese Linie der bisherigen Praxis ein. Auch hier geht eine Reihe von Kontakten voraus. So übersendet die Piusbruderschaft 2001 dem Papst eine theologische und liturgische Studie[57], indem sie, ausgehend von dem Messdekret des Trienter Konzils, Kriterien aufstellt, die erweisen sollen, dass das

---

[54] Vgl. Die eingehenden Analysen bei Roland Scheulen, Die Rechtsstellung der Priesterbruderschaft „St. Petrus", 51–92.
[55] Vgl. a.a.O 89–91.
[56] Vgl. Dialogue entre Rome et les traditionalistes premier acquis http://La.revue.item.frifr/communiqué du bon pasteur htm (Zugriff am 8. Februar 2009).
[57] Fraternité sacerdotale St. Pie X, Le problème de la réforme liturgique – la messe de Vatican II et de Paul VI, Clovis Etampes 2001. Fast zeitgleich erschien die deutsche Fassung: Priesterbruderschaft St. Pius X., Das Problem der Liturgiereform: Die Messe des II. Vatikanum und Pauls VI, Eine theologische und liturgische Studie, Stuttgart 2001.

Verständnis der Heiligen Messe, wie es auf dem II. Vatikanum und von Paul VI. vertreten wird, einen Bruch mit der dogmatischen Tradition der Kirche darstellt.[58]

Pater Franz Schmidberger veröffentlicht ergänzend eine eingehende Analyse des Ökumenismusdekretes des II.Vatikanums, der dogmatischen Konstitution über die Kirche, der Erklärung über die nichtchristlichen Religionen, der Erklärung über die Religionsfreiheit und der Pastoralkonstitution über die Kirche in der modernen Welt, *Gaudium et spes*. Auch hier wird die „zweitausendjährige Tradition der Kirche" als Kriterium präsentiert. Die These Schmidbergers lautet: Ein größerer Teil der umfangreichen Texte befinde sich im Einklang mit der Tradition, „andere Textstellen erweisen sich als zweideutig", sie bedürften der „Klarstellung und Erläuterung". Schließlich gibt es nach Schmidberger Texte, „die mit der Tradition nicht in Einklang gebracht werden können, folglich ausgeschieden werden müssen ohne Wenn und Aber".[59]

Beiden Publikationen kommt eine große Bedeutung zu, da die Kontaktgespräche mit der römischen „Ecclesia Dei" – Kommission sich intensiviert haben und eine Reintegration in Aussicht steht. So zieht Bischof Fellay mit etwa 5000 Pilgern im August 2000 in Abstimmung mit der Kommission durch die Hl. Pforte in den Petersdom ein und trifft im Dezember 2000 mit Papst Johannes Paul II. zusammen.[60]

Dieser Bekräftigung der eigenen lehrmäßigen Positionen – Schmidberger war lange Jahre Generaloberer der Piusbruderschaft – werden zwei Konditionen hinzugefügt. Die erste Kondition: Verhandlungen über eine Integration der Piusbruderschaft in die römisch-katholische Kirche, setzt voraus, dass römischerseits der „alte Ritus" in der Kirche für alle wieder erlaubt werde. Mit Befriedigung wird dann festgestellt, dass Benedikt XVI. dieser Forderung entsprochen habe. Als zweite Kondition wird die Aufhebung der Exkommunikation verlangt. Erst dann könne man in ein Gespräch über das II. Vatikanum und die strittigen Punkte zwischen der Priesterbruderschaft und der römisch-katholischen Kirche eintreten. Bischof Fellay hatte 2006 einen „Rosenkranzkreuzzug" proklamiert, um die Erfüllung der ersten Vorbedingung für Verhandlungen mit Rom zu erlangen: „Die Wiedereinsetzung der heiligen Messe, der Messe aller Zeiten, in ihre Rechte in der

---

[58] Vgl. im Folgenden den Beitrag von Bernhard Kranemann.
[59] P. Franz Schmidberger, Die Zeitbomben des II. Vatikanischen Konzils, Priesterbruderschaft St. Pius X., Stuttgart [4] 2008.
[60] Vgl. Ludwig Ring-Eifel, Der Papst und die Traditionalisten, in: W. Beinert (Hg.), Vatikan und Piusbrüder, 23.

Kirche". Im Jahr 2008 verkündet Bischof Fellay einen Rosenkranzzug zur Erfüllung der zweiten Rom gestellten Vorbedingung: „Die Rücknahme des Exkommunikationsdekrets". Bis Weihnachten 2008 sollten eine Million Rosenkränze gebetet werden, um sie dem Heiligen Vater zu überreichen. Zur Begründung fügt Bischof Fellay hinzu: „Wenn wir diese Rücknahme fordern, dann aus zwei Gründen, die allerdings nicht ganz denselben Stellenwert haben. Der erste Grund ist im Vergleich zum zweiten weniger wichtig. Wie Sie wissen, wird das Schlagwort ‚Exkommunikation' sehr häufig von den, sagen wir ‚Progressisten', gebraucht, um von vornherein jeder Diskussion auszuweichen, um den objektiven Gehalt dessen nicht hören und nicht sehen zu müssen, was zu sagen uns so unter den Nägeln brennt. Die essentiellen Fragen, die wir aufwerfen, wischen sie einfach vom Tisch, indem sie apodiktisch feststellen: ‚Ihr seid exkommuniziert!'

Mehr Gewicht hat der zweite Grund, aus dem wir die Rücknahme fordern. Die Exkommunikation hat nämlich nicht so sehr die betroffenen vier Personen exkommuniziert, oder die sechs Personen, wenn man Erzbischof Lefebvre und Bischof de Castro Mayer mitrechnet. Vielmehr verkörperte unser Gründer eine Haltung, die, katholisch bis ins Mark, vor allem in seinem Festhalten am überlieferten Glaubensgut bestand, in seinem Festhalten an dem, was der Kirche von unserem Herrn anvertraut und von Generation zu Generation weiter gegeben wurde, nämlich an der Tradition".[61]

Das Schreiben, mit dem Bischof Fellay im Dezember 2008 um Aufhebung der Exkommunikation bittet, ist von den hier skizzierten vorauf gehenden Fakten geprägt: Das Aufhebungsdekret der römischen Bischofskongregation vom 21. Januar 2009 zitiert lediglich den Eingangstext des Briefes von Fellay: „Wir sind immer vom festen Willen bestimmt, katholisch zu bleiben und alle unsere Kräfte in den Dienst der Kirche unseres Herrn Jesus Christus zu stellen, welche die römisch-katholische Kirche ist. Wir nehmen ihre Lehren mit kindlichem Geist an, wir glauben fest an den Primat des Petrus und alle seine Vorrechte und deshalb lässt uns die aktuelle Situation sehr leiden". Nicht zitiert wird hingegen der weitere Passus aus dem Schreiben: „Wir sind bereit, mit unserem Blut das Credo niederzuschreiben, den Antimodernisten-Eid und das Glaubensbekenntnis von Pius IV. zu unterzeichnen. Wir akzeptieren und wir machen uns alle Konzilien bis zum I. Vatikanum zu eigen. Aber wir kommen nicht umhin, in Bezug auf das II. Vatikanum unsere Vorbehalte zum Ausdruck zu bringen. Dieses

---

[61] (Predigt von S. E. Bischof Fellay in Lourdes, in: Das bischöfliche Wort, 2008, S. 7.)

Konzil wollte ein Konzil sein, das sich „von den anderen unterscheidet" (vgl. die Ansprache der Päpste Johannes XXIII. und Paul VI.). In all diesem sind wir überzeugt, der Verhaltenslinie treu zu bleiben, welche uns durch unseren Gründer Erzbischof Marcel Lefebrve vorgezeichnet worden ist, und wir hoffen, dass er bald rehabilitiert ist"[62].

Mit diesem emphatischen Bekenntnis zum Antimodernisteneid,[63] zum Glaubensbekenntnis Pius IV., zur Identifikation mit den Konzilien bis zum I. Vatikanum inklusive, wird im Gesuch um Aufhebung der Exkommunikation die lehrmäßige Position Lefebrves und der Priesterbruderschaft nochmals scharf und unübersehbar bekräftigt.

In seiner Presseerklärung nach Aufhebung der Exkommunikation umreißt Bischof Fellay Dank und Erwartung in Bezug auf das weitere Verfahren: „Wir drücken dem Heiligen Vater unsere kindliche Dankbarkeit für diesen Akt aus, welcher über die Priesterbruderschaft St. Pius X. hinaus eine Wohltat für die ganze Kirche sein wird. Unsere Bruderschaft wünscht dem Papst immer mehr helfen zu können, die Heilmittel für die Krise anzuwenden, die ihresgleichen in der Vergangenheit nicht kennt und die gegenwärtige katholische Welt erschüttert. Papst Johannes Paul II. hatte sie als einen Zustand der ‚schweigenden Apostasie' bezeichnet. Über diese Dankbarkeit dem Heiligen Vater gegenüber hinaus und gegenüber all jenen, die ihm geholfen haben, diese mutige Tat zu vollziehen, sind wir glücklich, dass das Dekret vom 21. Januar ‚Gespräche' mit dem Heiligen Stuhl als notwendig erklärt – Gespräche, die der Priesterbruderschaft St. Pius X. erlauben, die lehrmäßigen grundsätzlichen Ursachen darzulegen, die ihrer Auffassung nach die Quelle der gegenwärtigen Schwierigkeiten der Kirche darstellen"[64].

---

[62] Zitiert aus dem Brief des Generaloberen an alle Gläubigen der Priesterbruderschaft St. Pius X. vom 24. Januar 2009, in: Priesterbruderschaft St. Pius X. Mitteilungsblatt für den deutschen Sprachraum, Februar 2009, Nr. 361 (ohne Angabe der Seitenzahl).

[63] Zur Erläuterung: Der Antimodernisteneid von Pius X. am 1. September 1910 eingeführt und vom II. Vatikanischen Konzil abgeschafft, verurteilt jeden Gedanken an eine Geschichtlichkeit der Offenbarung, der Heiligen Schrift und einer korrespondierenden Exegese. Diese Fragen werden in der Folge auch in lehramtlichen Dokumenten schrittweise aufgearbeitet. – Das Glaubensbekenntnis Pius IV. fasst die Lehren des Konzils von Trient knapp zusammen. Der Schwörende bekräftigt am Ende „alle Häresien, die von der Kirche verurteilt, verworfen und mit dem Anathema belegt wurden, verurteile, verwerfe und belege ich gleichfalls mit dem Anathema" (vgl. DH 1869).

[64] Priesterbruderschaft St. Pius X. Mitteilungsblatt für den deutschen Sprachraum, Februar 2009, Nr. 361, Presse-Erklärung (ohne Angabe der Seitenzahl).

Der Generalsuperior der Päpstlichen Gesellschaft vom Guten Hirten erklärt in einem Communiqué dazu: „Die Mitglieder des Instituts vom Guten Hirten freuen sich tief über die Aufhebung der Exkommunikation ... Wir sind überzeugt, dass der Prozess der Versöhnung der Katholiken untereinander von jetzt ab unausweichlich ist. *Dank des hermeneutischen Instruments, das uns Papst Benedikt XVI. angeboten hat, dass die Lehre des II. Vatikanums interpretiert werden muss in der Kontinuität der Lehren aller Konzilien, lassen die kommenden Diskussionen zwischen den Verantwortlichen der Pius-Bruderschaft und den römischen Autoritäten keine grundsätzlichen Hindernisse mehr erkennen.* Der Mut von Msgr. Lefebvre findet in der gegenwärtigen Situation eine Art Huldigung nach dem Tod, dargebracht durch seine Nachfolger."[65]

Die vorausgehende Skizze der Fakten verzichtet auf eine Ausleuchtung der geistes- und theologiegeschichtlichen Hintergründe[66] sowie auf zahlreiche Details, die für die theologische Beurteilung nicht so entscheidend sind. Die Leugnung des Holocaust durch Bischof Williamson wie die Reaktionen darauf wurden nicht eigens thematisiert. Es werden in der Anmerkung lediglich die wichtigsten Daten genannt.[67] Die Leugnung des Holocaust stellt

---

[65] Presse Erklärung Institut du Bon Pasteur, 24. Jan. 2009 http://www.institutdubonpasteur.org/home.php.?area=actualites (Zugriff am 4. März 2009).

[66] Vgl. dazu insbesondere die Beiträge von W. Damberg, B. Kranemann in diesem Band.

[67] Bischof Williamson erregt – nach Zeitungsberichten – 1989 mit der Leugnung des Holocaust in Sherbrooke, Kanada, erstmals Aufsehen. Die kanadischen Behörden verzichten auf eine strafrechtliche Verfolgung, da sie den Tatbestand der Anstachelung zu Hass und Gewalt nicht gegeben sehen. Die kanadischen Bischöfe erstatten im Vatikan Bericht. Williamson ist bereits exkommuniziert, so dass weitere Kirchenstrafen nicht verhängt werden können. Am 1. November 2008 leugnet Williamson erneut den Holocaust vor einem schwedischen Fernsehteam. Am 19. Januar berichtet der „Spiegel" über das Interview, am 24. Januar erfolgt die vatikanische Aufhebung der Exkommunikation auch von Bischof Williamson, begleitet von weltweiten Protesten. Am 28. Januar 2009 sagt Benedikt in der Generalaudienz, niemand dürfe die Verbrechen an den Juden, die Shoa, vergessen oder leugnen. Am 30. Januar entschuldigt sich Bischof Williamson für die Probleme, die er ihm mit „unbedachten Äußerungen" bereitet habe. Sein Holocaust-Statement nimmt er nicht zurück.
Am 4. Februar 2009, wenige Stunden nach der Forderung von Bundeskanzlerin Merkel nach „Klarstellung", antwortet das Vatikanische Staatssekretariat mit der Erklärung: „Die Positionen von Bischof Williamson bezüglich der Shoa sind absolut unakzeptabel und werden vom Heiligen Vater entschlossen zurückgewiesen. Um wieder zu einer Funktion als Bischof in der Kirche zugelassen zu werden, muss er sich öffentlich und unmissverständlich von den Positionen distanzieren, die dem Heiligen Vater zu dem Zeitpunkt nicht bekannt waren, als er die Exkommunikation zurücknahm."
In der Folge – am 9. Februar 2009 – wird Williamson als Regens des Priesterseminars in La Reja/Argentinien abgesetzt. Er geht nach London und nimmt seine öffentlichen Tätigkeiten, insbesondere durch Publikationen wieder auf.

im Gesamtkomplex dieser Vorgänge lediglich ein Nebenthema dar, allerdings mit einem eignen Gewicht, das in der theologischen Beurteilung gesondert aufgenommen werden wird.

II. Zur theologischen Beurteilung der skizzierten Fakten

Die theologische Beurteilung der Aufhebung der Exkommunikation der vier Bischöfe der Piusbruderschaft ist unlösbar verknüpft mit der ganzen Abfolge der hier skizzierten Fakten. Sie müssen in die Beurteilung einbezogen werden. Darüber hinaus ergeben sich grundsätzlich zwei Fragekomplexe: Zum Ersten die Frage: Bringen die Begünstigten, die vier Bischöfe, jene Möglichkeiten bzw. Voraussetzungen mit, die für einen solchen Gnadenakt erforderlich sind? Zum Zweiten: Verfügt der Papst über die Befugnis, in diesem Fall einen solchen Gnadenakt zu setzen? Auf den ersten Blick scheinen beide Frage durch den einfachen Verweis darauf beantwortbar zu sein, dass die Exkommunikation eine Beugestrafe ist. Beugestrafen aber sind – nach den allgemeinen Prinzipien des Rechts – grundsätzlich voraussetzungslos dispensfähig von seiten der zuständigen Autorität. Die folgenden Ausführungen werden deshalb in zwei Argumentationsgänge aufgegliedert:

Im 1. Argumentationsgang geht es um die theologische Qualität der hier vorliegenden Exkommunikation und die sich daraus ergebenden Auswirkungen auf die Exkommunizierten sowie die damit gegebenen Voraussetzungen einer Aufhebung der Exkommunikation.

Im 2. Argumentationsgang wird die Frage untersucht, inwieweit der Papst als Inhaber des Jurisdiktionsprimates im vorliegenden Fall einer Eingrenzung seiner Kompetenz zur Ausübung von Gnadenakten wie der Aufhebung der Exkommunikation unterliegt.

Zum ersten Argumentationsgang:

1. Die theologische Qualität der „suspensio a divinis" von Erzbischof Lefebrve

Die Suspension von Erzbischof Lefebrve ist – dies kommt im zweistufigen Verfahren der eingeräumten zehntägigen Frist zur Umkehr wie der Begründung der suspensio a divinis deutlich zum Ausdruck – eine Suspension auf Grund von Schisma und Häresie. Eine solche suspensio a divinis auf Grund von Schisma und Häresie kann nur aufgehoben werden auf Grund einer reumütigen Umkehr. Warum? Mit der Feststellung des schismatischen Verhaltens konstatiert die zuständige kirchliche Autorität, dass der Betreffende sich selbst aus der kirchlichen Einheit ausgeschlossen hat. Analoges gilt für die Häresie: Der Betreffende schließt sich selbst aus der Gemeinschaft der Glaubenden aus. Die suspensio a divinis, das Verbot, irgendeine „Weihehandlung" vorzunehmen, ist die logische Folge daraus, da solche Handlungen im Namen und in der Vollmacht Jesu Christi wie im Namen der Kirche zu vollziehen sind. Das bedeutet, dass eine so zustande gekommene Suspension nicht ohne vorherige reumütige Umkehr des Betreffenden aufgehoben werden kann. Zugleich werden Gläubige, die sich mit einem solchermaßen Suspendierten identifizieren, das Schisma und die Häresie bekräftigen, ebenso schuldig. Diese Beurteilung stützt sich nicht nur auf kirchenrechtliche, sondern ebenso auf theologische Gründe, die in der Auseinandersetzung zutage getreten sind.[68] Sie kommt ganz eindeutig und klar in dem Briefwechsel zwischen Paul VI. und Msgr. Lefebvre in den Jahren 1975–1976 zum Ausdruck. Paul VI. hat insgesamt 9 Briefe an den Erzbischof geschrieben, Msgr. Lefebvre hat jeweils darauf geantwortet und mit öffentlichen Stellungnahmen reagiert. Lefebvre bezeichnet die „konziliare Kirche" als schismatisch und häretisch.[69] Paul VI.

---

[68] Vgl. die angegebenen Gründe der Suspension S. 23 und Anm. 19.
[69] Vgl. den 4. Brief von Msgr. Lefebvre an Paul VI. vom 17.7.1976 zur Beantwortung des römischen Schreibens mit der Androhung der Suspension mit 10tägiger Erfüllungsfrist vom 6.7.1976: „Heiliger Vater, da mir alle Zugänge zu Eurer Heiligkeit versperrt sind, möge Gott diesen Brief in Ihre Hände gelangen lassen, damit Sie unsere Gefühle tiefer Verehrung und zugleich, in Form einer dringenden Bitte, den Gegenstand unserer heißesten Wünsche erfahren, die leider ein Streitpunkt zwischen dem Heiligen Stuhl und zahlreichen katholischen Gläubigen zu sein scheinen.
Heiliger Vater, wollen Sie bitte ihren Willen manifestieren, das Königtum Unseres Herrn Jesus Christus auf der Welt ausgebreitet zu sehen, indem Sie
das öffentliche Recht der Kirche wiederherstellen,
der Liturgie ihre volle dogmatische Geltung und ihre hierarchische Gestalt zurückgeben nach dem römisch-lateinischen Ritus, der durch den Gebrauch so vieler Jahrhunderte geheiligt ist,
die Vulgata wieder zu Ehren bringen,
den Katechismen ihr wahres Modell, nämlich das des Konzils von Trient zurückgeben. Damit wird Eure Heiligkeit das katholische Priestertum und die Königsherrschaft Unseres Herrn Jesus Christus über die Personen, über die Familien und über die bürgerliche Gesellschaft wiederherstellen.
Sie werden nach dem Beispiel Ihrer Vorgänger die richtige Auffassung der verfälschten Ideen wiederherstellen, die zu Idolen des modernen Menschen geworden sind: Freiheit, Gleichheit, Brüderlichkeit, Demokratie.
Wolle doch Eure Heiligkeit das unglückselige Unternehmen eines Kompromisses mit den Ideen des modernen Menschen aufgeben, das seinen Anfang bereits vor dem Konzil in einem geheimen Einverständnis hoher kirchlicher und freumaurerischer Würdenträger gefunden hat.

hat nach der Suspension Lefebvre nochmals eine Audienz gewährt (am 15.9.76) und schließlich in einem Brief vom 11. 10. 76 das Gesamtverhalten und die Behauptungen Msgr. Lefebvres theologisch beurteilt sowie die Konditionen genau und detailliert formuliert, unter denen allein eine Aufhebung der Suspension und eine Anerkennung bzw. Integration *einzelner* Mitglieder der Piusbruderschaft möglich ist.[70]

---

[70] In dieser Richtung verharren heißt die Zerstörung der Kirche fortsetzen. Eure Heiligkeit wird leicht verstehen, dass wir an einem so unheilvollen Konzept nicht mitwirken können, was wir jedoch mit der Zustimmung zur Schließung unserer Seminare tun würden.
Der Heilige Geist gebe Eurer Heiligkeit die Gabe der Stärke, so dass Sie sich durch unzweideutige Akte als der wahre und echte Nachfolger Petri zu erkennen geben und verkünden, dass es kein Heil gibt außer in Jesus Christus und in Seiner Mystischen Braut, der heiligen katholischen und römischen Kirche". Zitiert nach Marcel Lefebvre, Damit die Kirche fortbestehe, 159f. Vgl. ferner den Sonderrundbrief Lefebvres vom 29.7. 1976: „Was könnte klarer sein! Von jetzt an ist es die konziliare Kirche, der man gehorchen und treu sein muss, und nicht mehr die katholische Kirche. Genau das ist unser ganzes Problem. Wir sind ‚suspendirt a divinis' von der konziliaren Kirche und für die konziliare Kirche, der wir aber nicht angehören wollen.
Diese konziliare Kirche ist eine schismatische Kirche, weil sie mit der katholischen Kirche, mit der Kirche aller Zeiten gebrochen hat. Sie hat ihre neuen Dogmen, ihr neues Priestertum, ihre neuen Institutionen, ihren neuen Kult, die von der Kirche schon in gar manchen amtlichen und endgültigen Dokumenten verurteilt sind.
Und darum bestehen die Begründer der konziliaren Kirche so sehr auf dem Gehorsam gegen die Kirche von heute und lassen die Kirche von gestern beiseite, als würde diese nicht mehr existieren.
Diese konziliare Kirche ist schismatisch, weil sie ihre Gründung auf Prinzipien aufgebaut hat, die denen der katholischen Kirche entgegengesetzt sind; so zum Beispiel die neue Auffassung der Messe, wie sie in den Artikeln 5 und 7 der Institutio generalis Missalis Romani dargelegt ist, wo der Versammlung der Gläubigen eine priesterliche Funktion zugeschrieben wird, die sie nie haben kann; ebenso auch das natürliche, das heißt göttliche Recht jeder Person und jeder Personengruppe auf Religionsfreiheit. Dieses Recht auf Religionsfreiheit ist blasphemisch, denn es bedeutet, dass Gott Absichten zugeschrieben werden, die Seine Majestät, Seine Glorie, Sein Königtum zerstören und dieses Recht schließt die Gewissensfreiheit, die Gedankenfreiheit und alle freimaurerischen Freiheiten mit ein.
Die Kirche, die solche Irrtümer bejaht, ist zugleich schismatisch und häretisch. Diese konziliare Kirche ist also nicht katholisch. In dem Maß, als der Papst, die Bischöfe, die Priester oder die Gläubigen dieser neuen Kirche anhängen, trennen sie sich von der katholischen Kirche. Die Kirche von heute ist nur insoweit die wahre Kirche, als in ihr die Kirche von gestern, die Kirche aller Zeiten fortbesteht und sie mit dieser Einheit verbunden bleibt", a. a. O. 163f.
[70] „3. Was verlangen Wir von Ihnen konkret?
a) Zunächst und vor allem eine Erklärung, mit der die Dinge wieder in Ordnung gebracht werden, für Uns selbst und auch für das Volk Gottes, das solche Zweideutigkeiten nicht länger ohne Schaden ertragen kann.
Diese Erklärung muss also die Bekräftigung enthalten, dass Sie dem Ökumenischen Zweiten Vatikanischen Konzil und all seinen Texten, die von den Konzilsvätern angenommen und kraft Unserer Autorität gebilligt und promulgiert worden sind, ‚sensu obvio' aufrichtig anhangen. Ein solches Anhangen war nämlich in der Kir-

Suspensionen können für unterschiedliche Straftatbestände verhängt werden. Der Straftatbestand, der hier vorliegt, kann vom Gewicht her kaum übertroffen werden, da er auf der Ablehnung des II. Vatikanums, der Missachtung des Leitungsamtes des Papstes und des Verstoßes gegen die Einheit der Kirche beruht: Die illegitime Priesterweihe ist lediglich Ausdruck dessen und stellt so einen förmlichen schismatischen Akt auf Grund häretischer Positionen dar. Da die Priesterweihe ein Sakrament ist, wird

che seit ihren Anfängen immer die Regel, was die ökumenischen Konzile betrifft.
Es muss klar ersichtlich sein, dass Sie sich auch die Entscheidungen zu eigen machen, die Wir seit dem Konzil getroffen haben, um es mit Hilfe der Organe des Heiligen Stuhls in die Wirklichkeit umzusetzen. Unter anderem müssen Sie die Rechtmäßigkeit der erneuerten Liturgie, vor allem des ‚Ordo Missae', sowie Unser Recht, seine Übernahme durch die Gesamtheit des christlichen Volkes zu fordern, ausdrücklich anerkennen.
Sie müssen auch dem verbindlichen Charakter der Bestimmungen des geltenden kanonischen Rechts zustimmen, die größtenteils noch dem Inhalt des kirchlichen Gesetzbuches Benedikts XV. entsprechen, ohne den die kanonischen Strafen erfassenden Teil auszunehmen.
Was Uns betrifft, werden Sie es sich angelegen sein lassen, die schweren Beschuldigungen bzw. Verdächtigungen, die Sie gegen Uns, unsere Rechtgläubigkeit und Unsere Treue zum Amt des Nachfolgers Petri sowie gegen Unsere engsten Mitarbeiter öffentlich erhoben haben, zu unterlassen und zurückzunehmen.
Was die Bischöfe betrifft, müssen Sie deren Autorität in ihrer jeweiligen Diözesen anerkennen, indem Sie davon Abstand nehmen, dort zu predigen und die Sakramente zu spenden (Eucharistie, Firmung, Weihen usw.), wenn diese Bischöfe sich ausdrücklich dagegen wenden.
Schließlich müssen Sie sich verpflichten, von allen Initiativen (Vorträgen, Veröffentlichungen), die dieser Erklärung zuwiderlaufen, abzusehen und alle Initiativen, die sich trotz dieser Erklärung auf Sie berufen sollten, in aller Form zu missbilligen.
Es handelt sich dabei um das Minimum, das jeder katholische Bischof unterschreiben muss; diese Zustimmung duldet keine Kompromisse. Sobald Sie uns zu erkennen gegeben haben, dass Sie es prinzipiell akzeptieren, werden Wir Ihnen die praktischen Modalitäten für die Vorlage dieser Erklärung vorschlagen. Das ist die erste Bedingung für die Aufhebung der „Suspension a divinis".
b) Es bleibt sodann noch das Problem Ihrer Aktivität, Ihrer Werke und namentlich Ihrer Seminare zu lösen. Sie werden verstehen, Bruder, dass Wir infolge der diese Werke beeinträchtigenden vergangenen und gegenwärtigen Unregelmäßigkeiten und Zweideutigkeiten die juristische Aufhebung der Priesterbruderschaft St. Pius X. nicht rückgängig machen können.
Diese hat einen Geist des Widerstands gegen das Konzil und gegen seine Verwirklichung, wie der Stellvertreter Christi sie vorzunehmen bemüht war, gezüchtet. Ihre Erklärung vom 21. November 1974 bezeugt diesen Geist, und auf einem solchen Fundament lässt sich, wie Unsere Kardinalskommission am 6. Mai befunden hat, keine den Anliegen der Kirche Christi gemäße Priesterinstitution oder Priesterausbildung aufbauen.
Damit wird durchaus nicht das herabgemindert, was in Ihren Seminaren an Gutem vorhanden ist, jedoch sind auch die von Uns erwähnten ekklesiologischen Lücken und die Fähigkeit ein seelsorgliches Amt in der Kirche von heute auszuüben, zu bedenken.

45

beim weihenden Bischof vorausgesetzt, dass er den Willen hat, das zu tun, was die Kirche tut. Diese für das Sakrament konstitutive Intention ist durch die schismatische und zugleich häretische Intention verzerrt. Hinzu kommt in diesem Fall, dass die zu ordinierenden Priester in dieser Weise – unter der Leitung des Suspendierten – ausgebildet sind und nach der Weihe mit dieser verzerrten Intention die Sakramente spenden und pastoral tätig sein werden. Da diese Mängel im Blick auf die Zukunft von niemandem in der Wurzel geheilt werden können als durch die reumütige Umkehr des Suspendierten, ist diese Umkehr eine innere Conditio sine qua non. Auf der anderen Seite besteht die schwer wiegende Verpflichtung der zuständigen Autorität, auf glaubwürdiger Bezeugung dieser Umkehr zu bestehen, die Priesterausbildung zu revidieren und die in der bisherigen Ausbildung befindlichen Kandidaten zu überprüfen. Es sind dies die wesentlichen Punkte, die Paul VI. dem suspendierten Erzbischof in seinem Brief mitteilt.[71]

Angesichts dieser unglücklichen Verquickung von Tatsachen werden Wir bestrebt sein, nicht zu zerstören, sondern zu korrigieren und soviel wie möglich zu retten. Aus diesem Grund verlangen Wir als höchster Bürge des Glaubens und der Klerusausbildung zunächst von Ihnen, dass Sie die Verantwortung für Ihr Werk, und vor allem für Ihre Seminaristen, in unsere Hände legen. Das ist sicherlich ein schweres Opfer für Sie, aber es ist auch eine Probe Ihres Vertrauens, Ihres Gehorsams, und es ist eine notwendige Bedingung, damit diese Seminare, die keine kanonische Existenz in der Kirche haben, gegebenenfalls in ihr kanonisch ihren Platz einnehmen können.
Erst nachdem sie das grundsätzlich akzeptiert haben, werden Wir in der Lage sein, für das Wohl aller betroffenen Personen bestmögliche Vorkehrungen zu treffen, wobei es unser Anliegen sein wird, die echten, die doktrinalen, disziplinären und pastoralen Erfordernisse der Kirche respektierenden Priesterberufungen zu fördern. In diesem Stadium werden wir Ihre Fragen und Ihre Wünsche wohlwollend anhören und mit gutem Gewissen zusammen mit Unseren Dikasterien die gerechten und geeigneten Maßnahmen ergreifen können.
Was die unerlaubt geweihten Seminaristen betrifft, so wird es möglich sein, die nach den Kanones 985,7 und 2374 verhängten Sanktionen zu beheben, falls sie ihre Sinnesänderung unter Beweis stellen, indem sie sich vor allem bereit finden, die Erklärung zu unterzeichnen, die Wir von Ihnen verlangt haben. Wir zählen auf Ihre kirchliche Gesinnung, die ihnen diesen Schritt erleichtern mag.
Was die auf Ihre Initiative hin oder Ihrer Ermutigung entstandenen Gründungen, Ausbildungshäuser, „Priorate" und verschiedenen sonstigen Einrichtungen angeht, so verlangen Wir ebenfalls von Ihnen, diese dem Heiligen Stuhl anheimzustellen, der Ihren Fall im Verein mit den Ortsbischöfen nach seinen verschiedenen Aspekten prüfen wird. Ihr Überleben, ihre Organisation und ihr Apostolat werden, wie in der gesamten katholischen Kirche üblich, einem Abkommen unterstellt werden, das in jedem Einzelfall mit dem zuständigen Bischof – nihil sine episcopo – und in einem Geist abzufassen ist, der der oben erwähnten Erklärung Rechnung trägt." Zitiert nach Marcel Lefebvre, Damit die Kirche fortbestehe, 212–214. Es handelt sich bei dem zitierten Text lediglich um einen Auszug aus dem 3. Teil des Briefes.
[71] Vgl. Anm. 69.

2. Zur Beurteilung der Exkommunikation von Erzbischof Lefebrve

Im Kontext der Exkommunikation des suspendierten Erzbischofs sind zwei Momente gesondert zu beurteilen:

Zum Ersten das ausgehandelte, dann nicht zustande gekommene Übereinkommen zwischen Kardinal Ratzinger und Erzbischof Lefebvre Es bildet die Basis der folgenden Praxis und muss deswegen eigens betrachtet werden. Das zweite Moment bildet die Exkommunikation des Erzbischofs selbst.

a) Der „Vertrag" Ratzinger – Lefebvre

Es ist mehr als verwunderlich, dass die Gespräche zwischen Erzbischof Lefebrve und Kardinal Ratzinger zu einer Art von *vertraglicher* Regelung führen: Erzbischof Lefebrve ist bereit, im eigenen Namen und für die Piusbruderschaft eine Erklärung abzugeben. Im Gegenzug dazu sagt Kardinal Ratzinger seinerseits eine Anerkennung der Priesterbruderschaft – unter ihrem Oberen, Erzbischof Lefebrve – als einer Einrichtung päpstlichen Rechtes zu, eine Bischofsweihe aus den Reihen der Priesterbruderschaft wie die entsprechende Einsetzung einer römischen Kommission. Nun kann ein solcher Vertrag offensichtlich nur unter der Voraussetzung geschlossen werden, dass die Suspensio a divinis wegen Schisma und Häresie aufgehoben ist. Der Grund dafür: weder die Einheit der Kirche, noch das Bekenntnis zum Glauben können Verhandlungsmasse eines Vertrages zwischen zwei Parteien in der Kirche sein. Kardinal Ratzinger geht folglich davon aus, dass das vorstehend genannte Bekenntnis von Erzbischof Lefebrve ein hinreichendes Dokument der Umkehr des suspendierten Erzbischofs ist, so dass vom Papst die Suspension als aufgehoben erklärt werden kann.

Zur theologischen Beurteilung des Vertrages und seiner Voraussetzung: Es wird zwar mit der Anerkennung von *Lumen gentium* 25 das Magisterium des Papstes und der Bischöfe anerkannt, zugleich aber werden die von Erzbischof Lefebrve nicht anerkannten Punkte aus der Lehre des II. Vatikanums ausgenommen: Hier wird lediglich ein Studium der Texte, und zwar in einem Dialog mit dem Heiligen Stuhl verlangt. Mit dieser Regelung ist eine Aufhebung der Kirchenstrafe nicht vereinbar, weil hier genau jene Umkehr nicht geleistet wird, die 1976 zur Suspension führte. Erzbischof Lefebrve hat immer wieder das Magisterium von Papst und Bischöfen anerkannt, allerdings in einer strikt traditionalistischen Verständnisweise, und so, damit verbunden, zugleich zahlreiche Lehren des II. Vatikanums abgelehnt. Die zwölf dazwischen liegenden Jahre haben trotz zahlreicher Kontakte und Verhandlungen nicht zu einer Umkehr, vielmehr zu einer nochmaligen Verhärtung von Erzbischof Lefebrve und seiner Priesterbruderschaft auf dem eingeschlagenen Weg geführt. Theologisch und kanonistisch gesehen ist dieser Teil des Vertrages folglich als nichtig anzusehen, da er auf einer nicht gegebenen, der kirchlichen Dispensgewalt nicht verfügbaren Voraussetzung basiert, ja formal auch durch den eigenen Wortlaut von dieser Voraussetzung dispensiert.

Der zweite Teil des Vertrages sieht die Anerkennung einer nicht-kirchlichen Institution mit zahlreichen irregulären Priestern und Ordensleuten und schismatischem und häretischen Hintergrund ohne Einzelüberprüfung vor, ebenso die Anerkennung von theologischen Anstalten zur Priesterausbildung und Pastoral ohne eine Überprüfung der institutionellen Orientierung. Eine solche Regelung widerspricht ebenso dem geltenden Kirchenrecht wie den theologischen Grundzügen der Kirchenordnung.

Diese vertragliche Regelung repräsentiert eine Wandlung im Verhalten Roms zum suspendierten Erzbischof und zur Piusbruderschaft. Die Konditionen werden im Pontifikat Johannes Paul II. und unter Federführung durch Kardinal Ratzinger wesentlich herabgesetzt.

Obwohl Lefebvre und die Piusbruderschaft mit allem Nachdruck auf ihren Positionen beharren[72], wird von Msgr. Lefebvre keine Annahme des II. Vatikanums mehr in „sensu obvio" – so die Forderung Pauls VI. – verlangt.[73]

Was tritt an diese Stelle? Lefebvre hatte wiederholt – in leicht variierter Gestalt – zwei Sätze bekräftigt:

1. „Wir haben immer erklärt und wir erklären, die Texte des Konzils gemäß dem Kriterium der Tradition, d. h. gemäß dem überlieferten Lehramt der Kirche anzunehmen"[74].

---

[72] Vgl. den Brief Lefebvres an 40 Kardinäle vor dem Konklave nach dem Tod Johannes Paul I., in dem die Thesen zur Beurteilung des II. Vatikanums unverändert vorgetragen werden, in: Marcel Lefebvre, Damit die Kirche fortbestehe, 286f.; ferner die „Richtlinien von S. E. Erzbischof Marcel Lefebvre für seine Seminaristen in Ecône vom 8. November 1979" mit der Verwerfung des Novus Ordo Missae und der Erörterung der Frage, ob Paul VI. ein häretischer Papst gewesen sei, sowie der Zurückweisung des Konzils, a. a. O. 364–369.
[73] Vgl. dazu Marcel Lefbvre, Damit die Kirche fortbestehe, 561–564, die dort zitierten Briefe von Kardinal Ratzinger an Erzbischof Lefebvre vom 20. Juli 1983 und 29. Mai 1985.
[74] Hier zitiert nach dem Brief Lefebvres an Kardinal Ratzinger vom 17. April 1985, in: Marcel Lefebvre, Damit die Kirche fortbestehe, 563.

2. „Wir haben nie behauptet und wir behaupten nicht, dass der Novus Ordo Missae, gefeiert gemäß dem Ritus, wie er sich in der römischen Ausgabe findet, in sich ungültig oder häretisch ist."[75] Diesen beiden Sätzen hatte Lefebvre Ausführungen zur Erklärung hinzugefügt, so im hier zitierten Brief: „Wir sehen die Erklärung über die Religionsfreiheit als dem Lehramt der Kirche entgegenstehend an; darum bitten wir um die völlige Überarbeitung dieses Textes. In gleicher Weise halten wir weitreichende Überarbeitungen der Dokumente wie jenes „Über die Kirche in der Welt von heute, jenes über „Das Verhältnis der Kirche zu den nichtchristlichen Religionen" und jenes über den „Ökumenismus" für unabdingbar; ebenso Richtigstellungen in zahlreichen Texten, die Anlaß zur Verwirrung bieten."[76] Und so geht es weiter.

Kardinal Ratzinger erklärt im Antwortschreiben dazu: „Sie können den Wunsch nach einer Erklärung oder einer erklärenden Entfaltung zu diesem oder jenem Punkt zum Ausdruck bringen. Aber Sie können nicht die Unvereinbarkeit von Konzilstexten – die lehramtliche Texte sind – mit dem Lehramt und der Tradition behaupten"[77].

In Bezug auf die Liturgie könne Lefebvre zwar den „Wunsch nach einer neuen Überarbeitung" anmelden, aber nicht von einer „sehr schweren Gefahr für den katholischen Glauben" sprechen.[78]

Am Ende seines Briefes bedauert Kardinal Ratzinger (1985), dass er Lefebvre noch eine Zeit des Nachdenkens nahe legen muss, obwohl er gewünscht hätte, ihm „von Seiten des Papstes" „eine günstigere Antwort" zukommen zu lassen. Offenbar sah Kardinal Ratzinger diese günstigere Zeit bei der Aushandlung des Vertrages mit Erzbischof Lefebvre 1988 gekommen.

Der Vertrag nimmt faktisch die beiden zitierten Sätze von Erzbischof Lefebvre auf, und zwar in Satz 1, 2 und 4 des Protokolls. Der Erzbischof setzt seinerseits in den Verhandlungen den Satz 3 durch:

„Hinsichtlich gewisser, vom II. Vatikanischen Konzil gelehrter Punkte oder nach dem Konzil erfolgter Reformen der Liturgie und des Kultes, die uns mit der Tradition schwer vereinbar erscheinen, verpflichten wir uns, eine positive Haltung des Prüfens und des Austausches mit dem heiligen Stuhl einzunehmen und jede Polemik zu vermeiden."

---
[75] A. a. O. 563.
[76] A. a. O. 562.
[77] A. a. O. 564.
[78] Ebd.

Msgr. Lefebvre hat die oben zitierten zwei Sätze, die in den Sätzen 1, 2 und 4 des Protokolls aufgenommen werden, immer wieder mit jener Auslegung versehen, die oben gleichfalls zitiert wurde.[79] Von dorther gewinnt der Satz 3 des Protokolls den Sinn, dass über die Positionen des Konzils mit dem Heiligen Stuhl zu verhandeln ist und diese überarbeitet werden können, damit sie von der Priesterbruderschaft angenommen werden.

Kardinal Ratzinger hat die Protokollsätze 1, 2, 4 offensichtlich unter Ausschluss der Auslegung Lefbvres angenommen. Als Sinn des Satzes 3 mag sich für ihn so ergeben haben, dass Erzbischof Lefebvre in der Gemeinschaft mit Rom und in vorbehaltloser Anerkennung des päpstlichen und bischöflichen Magisteriums und damit des II. Vatikanums Wünsche zur Entfaltung bzw. Differenzierung gewisser Positionen des Konzils vorträgt.

Nur so wäre die Annahme gerechtfertigt, Erzbischof Lefebvre habe eine Umkehr vollzogen, die die Aufhebung der Suspension ermöglicht. Ein solches Verständnis des Protokolls entbehrt aber – nach den jahrelangen Erfahrungen mit Erzbischof Lefebvre – jeder Substanz.

Nicht auszuschließen ist aber auch der Gedanke, dass von Seiten der römischen Kommission eine doppelter Auslegung zugängliche Formel aus politischer Absicht gewählt wurde. Der römische Entwurf des Schreibens an den Papst, um Durchführung des Protokolls, das Erzbischof Lefebvre ausgehändigt wird, deutet in seiner ängstlich jede Anspielung auf konkrete Konfliktpunkte vermeidenden Sprache nicht unbedingt in die Gegenrichtung.

Wenn Erzbischof Lefebvre seine Unterschrift des Protokolls einen Tag später zurückzieht, dann aus dem misstrauischen Gefühl, dass die Folgerungen des Satzes 3 und die zugesagten rechtlichen Regelungen für die Bruderschaft nicht in seinem Sinne zu verwirklichen sind.

b) Die Exkommunikation von Erzbischof Lefebvre
Die illegitime Bischofsweihe stellt eine nochmalige Verschärfung der Lage dar, da durch die Bischofsweihe das schismatische Verhalten Lefebvres vertieft und die häretischen Positionen Lefebvres nochmals eine andere „Konsistenz" erhalten: Es werden Menschen zu sakramentalen Repräsentanten Christi, Nachfolgern der Apostel und Hirten der Kirche bestellt, die die Einheit der Kirche

---
[79] Vgl. ebd.

nicht wahren und den Glauben der Kirche in wichtigen Lehrpunkten nicht anerkennen. Die darauf erfolgende Exkommunikation verschärft die mit der Suspension gegebenen Straffolgen: Die Exkommunikation bedeutet die völlige Aufhebung der freiheitlichen Mitgliedsrechte in der Kirche. Der Exkommunizierte verliert alle Rechte, Sakramente oder Sakramentalien zu empfangen oder zu spenden, irgendwelche Dienste, Aufgaben, Ämter in der Kirche zu erlangen oder auszuüben. Die Exkommunikation wird in zwei römischen Dokumenten ausgesprochen: im Exkommunikationsdekret der Bischofskongregation und im Motu proprio von Johannes Paul II. „Ecclesia Dei". Das Dekret spricht nicht nur beiläufig von einem „schismatischen Akt". Daruf weist die schriftlich geäußerte Mahnungen mit der gesetzten Frist hin. Ein Gleiches ergibt sich aus dem Verweis auf CIC can. 751 im Motu proprio „Ecclesia Dei" im Zusammenhang mit dem dort gleichfalls gebrauchten Ausdruck „schismatischer Akt".

Die Verweise im Motu proprio auf *Dei Verbum* (II. Vatikanum) und *Dei Filius* (I. Vatikanum) und die daran anschließenden Hinweise auf die unangemessene Konzeption von Tradition als der Wurzel der verworfenen Positionen Lefebrves charakterisieren diese als häretischer Natur.

Auf Grund dieser Tatbestände – die zur Exkommunikation führen – und der Exkommunikation selbst und ihrer Begründung kann eine solche Exkommunikation nur auf Grund einer substanziellen Umkehr aufgehoben werden. Es kann bei Anhalten der schismatischen und häretischen Haltung und Positionen keine irgendwie beschaffene Dispens geben. Die freie Anerkennung der Einheit der Kirche und des Glaubens ist unabdingbare Voraussetzung jeder Aufhebung der Exkommunikation dieser Art.

3. Die Beurteilung der Integration von Gruppen der Piusbruderschaft zwischen 1988 und der Gegenwart

Es geht aus den oben angeführten Texten hervor, dass die Reintegration von Angehörigen der Piusbruderschaft jeweils auf der Basis der Verpflichtungserklärung erfolgt, die Erzbischof Lefebrve im Mai 1988 zunächst unterschrieben hat. Es wird von den Betroffenen bezeugt, dass ihnen keine weiteren doktrinellen Auflagen gemacht worden sind. Auf der anderen Seite werden ihnen die Erzbischof Lefebrve damals zugesagten Vergünstigungen gewährt: Es werden jeweils etwas unterschiedliche Institutionen päpstlichen Rechtes geschaffen. Diese Institutionen werden der Aufsicht der Bischöfe und der verschiedenen römischen Dikasterien entzogen und bekommen einen Sonderstatus, so dass sie in leicht variierten Formen ihre bis dahin geübten Lebens- und Lehrformen fortsetzen können. Entscheidend ist, dass ihnen nirgendwo eine „reumütige Umkehr", keine Überprüfung der einzelnen Personen, keine „institutionelle Neuorientierung" zugemutet wird. Die neuen päpstlichen Institutionen haben in aller Regel die Vollmacht, Priester auszubilden.

Es wird der Kommission „Ecclesia Dei" zwar vom Papst die Vollmacht zugesprochen, von Irregularitäten zu absolvieren. Unter den Irregularitäten für den Empfang und die Ausübung von Weihen werden in can. 1041 § 2 aufgezählt: „Wer die Straftat der Apostasie, der Häresie oder des Schismas begangen hat". Da sich aber jede Dispens nach CIC, can. 85 auf die Befreiung von einem rein kirchlichen Gesetz im einzelnen Fall bezieht, kann eine Dispens von Apostasie, Schisma oder Häresie – wie aufgewiesen – nicht wirksam werden ohne die vorausgesetzte Umkehr. Dies bedeutet in diesem Fall die volle Anerkennung der Lehren des II. Vatikanischen Konzils und das Bereuen des Schismas.

Das Ergebnis dieser zwanzigjährigen Praxis ist es, dass es in der katholischen Kirche einen Bischof bzw. Apostolischen Administrator, päpstliche Generalsuperioren, Priester, Ordensgeistliche, Schwestern, eine Anzahl von Priesterseminaren und geistlichen Zentren gibt, wo das II. Vatikanische Konzil als solches mit allen seinen Dokumenten und die Konzilspäpste wie die Konzilsversammlung der Bischöfe in ihrem Magisterium nicht voll anerkannt sind.

Dazu kommt, dass mit der Anerkennung dieser Gemeinschaften die bestehende liturgische und kanonistische Ordnung in der Kirche erheblich beeinträchtigt ist. Schließlich ist die Identität der Kirche nach innen und außen in schwerwiegender Weise beeinträchtigt.

4. Die Aufhebung der Exkommunikation vom Januar 2009

Wie oben dargelegt, umfasst das Schreiben von Bischof Fellay um Aufhebung der Exkommunikation zugleich die Affirmation der bekannten Bestreitungen des II. Vatikanischen Konzils. Der Sinn dieses Satzes musste jedem, dem Papst wie den zuständigen Kardinälen, klar sein. Die sich seit Anfang der siebziger Jahre hinziehenden Verhandlungen drehten sich immer um dieselben Punkte. Wenn die Exkommunikation trotzdem aufgehoben wird, so offensichtlich unter Absehung der Umkehr und auf derselben Basis wie es im Versprechen von Erzbischof Lefebvre und dem Protokoll mit ihm vorgesehen war. Das heißt, es liegt hier theologisch gesehen derselbe Sachverhalt vor, wie er oben bereits mehrfach erläutert wurde.

Was ergibt sich daraus für die Gesamtbeurteilung im Blick auf die Frage nach den Möglichkeiten bzw. Voraussetzungen, welche die zu Begnadigenden mitzubringen haben? *Die Aufhebung der Exkommunikation – erwachsen aus einer vorauf gehenden zwanzigjährigen Praxis! – stellt einen Akt dar, der einen Amtsfehler bedeutet. Er gewährt den leitenden Bischöfen der Piusbruderschaft – die selbst noch zusätzlich eine schismatische Bischofsweihe in Brasilien vorgenommen haben – ohne die kanonische Voraussetzung in grundsätzlicher Weise die kirchliche Gemeinschaft, die Aufhebung des häretisch motivierten Schismas, allerdings ohne näher bestimmt zu haben, welchen Status diese Bischöfe in der Kirche haben werden. Die Suspension vom Amt bleibt zunächst bestehen. Dieser Amtsfehler ist ein gravierender Amtsfehler, da er sich gegen Glaube und Sitte, deren Wahrung dem Nachfolger Petri in besonderer Weise für die universale Kirche anvertraut ist, richtet.*

Der Brief an die Bischöfe, den Papst Benedikt XVI. am 11. März 2009 veröffentlicht hat, bestätigt im Grunde die vorgelegte Analyse und Beurteilung. Der Heilige Vater bestätigt: „Die Bischofsweihe ohne päpstlichen Auftrag bedeutet die Gefahr eines Schismas, weil sie die Einheit des Bischofskollegiums mit dem Papst in Frage stellt. Die Kirche muss deshalb mit der härtesten Strafe, der Exkommunikation, reagieren, und zwar um die so Bestraften zur Reue und in die Einheit zurückzurufen. Zwanzig Jahre nach den Weihen ist dieses Ziel leider noch immer nicht erreicht worden"[80]. Es gibt also keine reumütige Rückkehr bei den vier Bischöfen, auch nicht aus Sicht des Papstes.

Andererseits stellt der Papst fest. „Die Rücknahme der Exkommunikation dient dem gleichen Ziel wie die Strafe selbst: noch einmal die vier Bischöfe zur Rückkehr einzuladen. Diese Geste war möglich, nachdem die Betroffenen ihre grundsätzliche Anerkennung des Papstes, seiner Hirtengewalt ausgesprochen hatten, wenn auch mit Vorbehalten, was den Gehorsam gegen seine Lehrautorität und gegen die des Konzils betrifft"[81]. In diesem zweiten

---
[80] Zitiert nach Times online 12. März 2009.
[81] Ebd.

zitierten Abschnitt wird ausdrücklich bestätigt, dass die exkommunizierten Bischöfe, wie Erzbischof Lefebvre selbst, seit zwanzig Jahren das Konzil, die Lehrautorität von Papst und Bischöfen in zahlreichen Punkten nicht anerkennen. Es ist schlichtweg nicht ersichtlich, wie aus einer solchen gegebenen Lage, die sich in keiner Weise gegenüber der ursprünglichen Situation verändert hat, eine Möglichkeit erwachsen soll, die Exkommunikation aufzuheben. Benedikt XVI. fährt in seinem Brief fort: „Die Lösung der Exkommunikation war eine Maßnahme im Bereich der kirchlichen Disziplin. Die Personen wurden von der Gewissenslast der schwersten Kirchenstrafe befreit. Von dieser disziplinären Ebene ist der doktrinelle Bereich zu unterscheiden. Dass die Bruderschaft Pius X. keine kanonische Stellung in der Kirche hat, beruht nicht auf disziplinären, sondern auf doktrinellen Gründen. Solange die doktrinellen Fragen nicht geklärt sind, hat die Bruderschaft keinen kanonischen Status in der Kirche". Der Papst trennt hier säuberlich die Exkommunikation als disziplinare Maßnahme vom gesamten „doktrinellen Bereich". Aus den Texten, die zitiert wurden, geht meines Erachtens hervor, dass die Exkommunikation wegen der Bischofsweihe und um der doktrinellen Gründe willen ausgesprochen worden ist. Die illegitime Bischofsweihe bot Erzbischof Lefebvre die Möglichkeit, einen doktrinellen Einspruch gegen das II. Vatikanische Konzil über seinen Tod hinaus aufrecht zu erhalten. Auf die hier vorliegende Verknüpfung dieser beiden Momente geht der Brief Benedikts XVI. nicht ein.

Zum zweiten Argumentationsgang:

Im zweiten Argumentationsgang ist der Frage nachzugehen, ob der Papst im vorliegenden Fall als Inhaber des Jurisdiktionsprimates irgendwelchen Einschränkungen seiner Kompetenzen im Bezug auf die Ausübung von Dispensmöglichkeiten unterliegt.

1. Zum ekklesiologisch-kanonistischen Aspekt der Beurteilung

Nach den Regeln des Kirchenrechts kann der Papst – soll aber nicht – zwar bei der Aufhebung einer Exkommunikation von der Bedingung, die contumacia (Widersetzlichkeit) aufzugeben, dispensieren. Ist diese Regelung hier einschlägig? Einige Kanonisten neigen zu dieser Interpretation. Diese Regel greift hier nicht. Warum? Weil Papst und Kardinäle ebenso wie jeder Gläubige an ein gültiges und rezipiertes Konzil und seine Entscheidungen gebunden sind. Die Hoffnung des Papstes bei der Aufhebung der Exkommunikation, eine solche Anerkennung des II. Vatikanums könne in der Zukunft erfolgen, ist dogmatisch und kirchenrechtlich kein zureichender Grund.

Zur Erläuterung:
Dogmatisch wie kirchenrechtlich wird das oberste Lehramt sowohl vom Papst wie von den Bischöfen „in Gemeinschaft mit dem römischen Bischof" (LG 25) ausgeübt. Auf beide Weisen wird das Magisterium authentisch und verbindlich ausgeübt. Es wird darüber hinaus auf unfehlbare Weise ausgeübt, wenn der Papst oder die Bischöfe in Gemeinschaft mit dem römischen Bischof „authentisch Sachen des Glaubens und der Sitten lehren und dabei auf eine Aussage als endgültig verbindliche übereinkommen" (LG 25). Vgl. CIC can. 749 § 1; can. 752; can. 754.

Wird durch die Amtspraxis oder die vertretene Lehre die Übereinstimmung beider Typen des Magisteriums in Frage gestellt, sind ebenso die Grundlagen des Kirchenrechts wie der dogmatischen Ekklesiologie in Frage gestellt.

Nun wird in der vollen Rekonziliation von Lefebvre – Anhängern seit 1988 von einer vollen Anerkennung des Zweiten Vatikanischen Konzils dispensiert. Auf dieser Basis – vgl. die oben zitierten Dokumente – wurde in Bezug auf die Petrusbruderschaft, die Abtei St. Madeleine de Barroux, wie in Bezug auf das Institut du Bon Pasteur, Bordeaux, bzw. die Gruppe in Brasilien verfahren. – Auf dieser Basis erfolgte die Aufhebung der Exkommunikation der vier Bischöfe der Piusbruderschaft, die lediglich von der zweifelhaften Erwartung einer künftigen Anerkennung des Konzils geleitet ist. Diese Praxis stellt in sich einen Fehler in der Amtsführung dar, da hier die notwendige Übereinstimmung beider Typen des Magisteriums nicht gewahrt bleibt. Es handelt sich um eine Verletzung der Grundordnung der Kirche und ist infolgedessen ekklesiologisch-kanonistischer Art. Der Grund ist ekklesiologischer Natur, gehört zu den fundierenden Sachverhalten des Kirchenrechts, ist aber nicht kirchenrechtlich durch irgendeinen Kanon geregelt.

Dass auf dem Weg zur Aussöhnung von Schismatikern und Häretikern[82] eine Frist zum genaueren Studium infrage stehender Leh-

---

[82] Die Angehörigen der Priesterbruderschaft, welche die volle Gemeinschaft mit der Kirche angestrebt haben und anstreben, waren bzw. sind illegitim geweihte Priester bzw. Priesteramtskandidaten, die sich persönlich mit dem formell verurteilten Schisma des Erzbischofs Lefebvre und mit seinen häretischen Ansichten bezüglich der Lehren des II. Vatikanums identifiziert haben. Sie kommen folglich aus dem Schisma und von der Häresie her. Sie haben sich die Exkommunikation latae sententiae nach

ren eingeräumt werden kann, ist unbestritten.[83] Abgesehen davon, dass eine solche Frist vor der Aufhebung der Exkommunikation festzulegen wäre, ist festzustellen: Eine irgendwie geartete Fristsetzung wurde weder Lefebrve, noch den bisher integrierten Lefebrve – Anhängern auferlegt. Sie wurde den Bischöfen der Piusbruderschaft bzw. der Bruderschaft selbst nicht auferlegt. Stattdessen soll über die authentische Interpretation des II. Vatikanischen Konzils mit ihr verhandelt werden, ebenso wie mit dem Institut du Bon Pasteur.

2. Zum ekklesiologisch-theologischen Aspekt

Erzbischof Lefebrve wie Msgr. Fellay haben sich nicht an dieser oder jener Äußerlichkeit des Konzils gestoßen, es ging und geht ihnen nicht um irgendwelche Bagatellen in den Konzilstexten, sondern um wesentliche Bestimmungen des Glaubens- wie des Kirchenverständnisses, welche das Konzil verbindlich vorgelegt hat. Offizielle Webseiten und die Mitteilungsblätter der Piusbruderschaft bekräftigen ein halbes Jahr nach der Aufhebung der Exkommunikation, dass Religionsfreiheit und eine Reihe anderer Aussagen des II. Vatikanums dem Trienter Konzil, dem Syllabus Pius IX., dem Antimodernisteneid widersprechen.[84] Ein Gleiches gilt für das Ökumene-Dekret des II. Vatikanums: „Protestanten und andere Nicht-Katholiken haben keinen Glauben." (Webseite der Piusbruderschaft, zitiert nach The Tablet, 31.1.2009) Man ersieht daraus, welches Gewicht dem Bekenntnis Msgr. Fellays zum Antimodernisteneid und zum tridentinischen Glaubensbekenntnis in seinem Brief um die Aufhebung der Exkommunikation zukommt.

Die Aussagen des 2. Vatikanums betreffen u. a. die Offenbarung Gottes in ihren geschichtlichen Etappen und Formen, die Schrift und ihr Verständnis, den Heilsratschluss Gottes, der auf alle Menschen zielt, die vom Mysterium der Kirche – das aus dem Heilsratschluß resultiert – her sich ergebenden Einsichten in die geschicht-

---

can. 1364 § 1 zugezogen. Sie werden deswegen hier als Schismatiker und Häretiker bezeichnet.
[83] Der Codex Juris Canonici von 1917 sieht in Canon 2315 eine Frist von 6 Monaten vor, in der ein der Häresie beschuldigter oder verdächtiger Kleriker nach mehrmaliger Mahnung und der suspensio a divinis seine Umkehr bezeugen muss. Nach dieser Frist gilt er als haereticus mit allen Strafen, die damit verbunden sind.
[84] Vgl. insbesondere die umfangreiche Darstellung von P. Franz Schmidberger, Die Zeitbomben des II. Vatikanischen Konzils, Priesterbruderschaft St. Pius X., Stuttgart [4] 2008.

lichen Gestalten des Volkes Gottes und die Beziehungen zu den anderen Religionen, wie die Grundlagen der Ökumene und die Beziehungen zur heutigen Gesellschaft. Alle diese Aussagen gehören zusammen und ergeben sich vom geschichtlich geoffenbarten Heilsratschluß her. Sie sind nicht in der Form von einzelnen Dogmen formuliert. Man kann eine so hoch komplexe Problematik auch nicht in zehn oder fünfzehn Canones mit Anathem zusammenfassen. Es wird vielmehr der Glaube in seinem heutigen Verständnis – aus dem Rückgriff auf die Schrift, die Patristik, die mittelalterliche und die neuzeitliche Tradition – formuliert. Wenngleich nicht definiert, handelt es sich gleichwohl um *wesentliche* Aussagen, die für die Kirche in der geschichtlichen Situation der Moderne unhintergehbar sind. Diese wesentlichen Bestimmungen sind ausführlich erörtert und hinsichtlich der Einwände und Schwierigkeiten beraten worden. Sie sind Ausdruck des Konsenses, der aus der Anrufung des Geistes, dem Hören der Schrift, der Eucharistie, dem Gebet und der Reflexion der Konzilsväter entsprungen ist. In einem solchen Konsens glaubt die Kirche seit alters die Stimme des Geistes Gottes vernehmen zu können. Die Verweigerung dieses Konsenses bedeutet die Weigerung, auf das zu hören, was der Geist zu den Gemeinden spricht. Wie wesentlich diese Punkte sind, sieht man unmittelbar, wenn man sie aus dem Leben der Kirche heute tilgen würde. Kann ein Papst von der Annahme solcher wesentlichen theologischen Lehren dispensieren? Nein.

Zur Erläuterung:
 Gilt grundsätzlich die zu wahrende Übereinstimmung von der Ausübung des Magisteriums des Papstes und des im Falle des II. Vatikanums ausgeübten Magisteriums der Bischöfe in Gemeinschaft mit dem römischen Bischof als wesentliche Orientierung der Amtsführung und einer damit gegebenen Grenzziehung päpstlicher Vollmachten, so erheben sich eine Reihe von weiter führenden Fragen, die im zweiten Argumentationsgang zu erörtern sind: Gilt es im gegenwärtigen Fall zu berücksichtigen, dass es sich lediglich um beiläufige oder rein positive, disziplinäre Fragen handelt? Dann wäre eine Dispens möglich. Die Antwort ist: Nein, da es um wesentliche Glaubensaussagen geht.
 Greift das Argument, dass es sich nicht um definierte Dogmen handelt, so dass davon dispensiert werden könnte? Die Antwort ist wiederum negativ. Es handelt sich zwar nicht um dogmatische Definitionen, aber um wesentliche Aussagen des Glaubens- und Kirchenverständnisses. Wie ist diese „Wesentlichkeit" näher zu bestimmen?

Es wurden diese von Lefebrve und seinen Anhängern inkriminierten Lehren als Aussagen charakterisiert, die für die Kirche in der gegenwärtigen Situation der Moderne unhintergehbar sind.

Ihre Wesentlichkeit ergibt sich deutlich bereits aus der Art und Weise, wie diese Aussagen – von der Kollegialität der Bischöfe bis zur Gewissensfreiheit der Menschen – in den zentralen Konstitutionen des II. Vatikanums, *Sacrosanctum Concilium, Lumen gentium, Dei verbum, Gaudium et spes* theologisch verankert sind. Sie bilden konstitutive Momente im Sinnzusammenhang der jeweiligen Dokumente, die ihrerseits einen Zusammenhang bilden. Sie sind ebenso fest verankert in zahlreichen anderen Dokumenten des päpstlichen Lehramtes der konziliaren und nachkonziliaren Zeit.[85] Im Hintergrund stehen Fragen nach der Hermeneutik und dem Textgenus des II. Vatikanischen Konzils.

In Herders Theologischem Kommentar zum II. Vatikanischen Konzil wurden die Dokumente des II. Vatikanischen Konzils deswegen als „konstitutionelle" Texte bezeichnet, die die nach „außen" und „innen" gegebene Gestalt bezeichnen, die der – durch die lebendige Vermittlung überlieferte – Glaube der Kirche sich in der Moderne gibt.[86] Diesem Sachverhalt liegt die philosophische und theologische Einsicht zugrunde, dass das Denken einen geschichtlichen Charakter hat und das Seinsverständnis epochal geprägt ist.[87] Die 10 Kategorien des Aristoteles als die fundamentalen genera essendi et loquendi haben diese Funktion in der Moderne nicht mehr. Der Zugang zur Wirklichkeit erschließt sich in der Moderne in anderen Kategorien und Grundbegriffen. Damit sind neue Dimensionen im Verstehen und im Umgang mit der Wirklichkeit aufgetan. Das II. Vatikanum stellt sich dieser Situation im Blick auf die Moderne.

Diese epochalen Wandlungen manifestieren sich deutlich in allen Feldern des Glaubensverständnisses und der Glaubenspraxis. Der

---

[85] Man denke etwa an die zahlreichen lehramtlichen Texte zu den Menschenrechten, zum interreligiösen und zum ökumenischen Dialog.
[86] Vgl. Peter Hünermann, Der Text: Werden-Gestalt-Bedeutung. Eine hermeneutische Reflexion, in: HThK Vat II, Bd. V, 1–102. Peter Hünermann, Il „testo". Un complemento all' ermeneutica del Vaticano II, in: Alberto Melloni, Giuseppe Ruggirei, Chi ha paura del Vaticano II?, Roma 2009, 85–105. Vgl. dazu im Folgenden den Beitrag von Massimo Faggioli, der diese Aspekte vor allem in politisch-kultureller Hinsicht erörtert.
[87] Vgl. Peter Hünermann, Der Durchbruch geschichtlichen Denkens im 19. Jahrhundert, Freiburg 1967; Martin Heidegger, Nietzsche Bd. 2, Pfullingen 1961, 399–490; Hans-Georg Gadamer, Wahrheit und Methode (Ges. Werke Bd. 1), Tübingen 1990; Bernhard Welte, Mensch und Geschichte (Ges. Schriften, Bd. I/2), Freiburg 2006; Peter Hünermann, Dogmatische Prinzipienlehre – Glaube, Überlieferung, Theologie als Sprach-und Wahrheitsgeschehen, Münster 2003.

Glaube ist und bleibt der Glaube an Gott, der sich in Jesus Christus geoffenbart hat. Zugleich aber nehmen Glaubensverständnis und Glaubenspraxis je eine neue Gestalt, je neue Züge an. Deutlich manifestiert sich dies etwa im gläubigen Verständnis der Heiligen Schrift und ihrer Auslegung, im Verständnis der Dogmen und der Praxis des Glaubensvollzugs. Die Selbigkeit des Glaubens wird in neuer und zugleich vertiefter Weise aufgedeckt. Das bedeutet zugleich: die voraufgehende Tradition des Glaubens wird in lebendiger Weise angeeignet. Das II. Vatikanum hat sich – mit dem von Johannes XXIII. aufgestellten Leitwort vom „aggiornamento" – genau dieser Aufgabe gestellt. Deswegen spricht Johannes Paul II. im Motu proprio „Ecclesia Dei" davon, dass „der Glaube durchaus noch weiter entfaltet und gemehrt werden muss, nachdem falsche Auslegungen sowie willkürliche und unrechtmäßige Erweiterungen in Angelegenheiten, die die Lehre, die Liturgie und die (Lebens-)ordnung betreffen, völlig beseitigt worden sind".[88]

Indem das Konzil im Blick auf die Offenbarung und die Kirche, im Blick auf die Liturgie und die Positionierung der Kirche und des Glaubenslebens die Eckpunkte bestimmt, ermöglicht es durch diese konstitutionellen, den Konsensus des Glaubens repräsentierenden Texte die Identitätsbestimmung und Kommunikation der Glaubenden miteinander wie mit der zeitgenössischen Welt. In ihnen waltet jeweils Kontinuität des Glaubens und eine gewisse Diskontinuität im Blick auf die Gestalt des Glaubensverständnisses und seiner Praxis.

Somit ergibt sich, dass der Papst auf Grund des Charakters der inhaltlichen Aussagen des 2. Vatikanums nicht von der Anerkennung des II. Vatikanums dispensieren kann.[89]

3. Zum ekklesiologisch-moraltheologischen Aspekt

Zu diesen beiden genannten Aspekten, welche beide die Fides, den Glauben, betreffen, gesellt sich in diesem Fall ein unmittelbar damit verknüpfter Aspekt, der die Mores, die Sitten, betrifft.

---
[88] DH 4823.
[89] Msgr. Lefebvre und die Piusbruderschaft erwecken in ihrem Schrifttum öfter den Eindruck, als könne von den Konzilsbestimmungen deshalb dispensiert werden, weil das Konzil nach dem Willen von Johannes XXIII. als pastorales Konzil einberufen worden sei. Sie übersehen dabei den Sinn, den das Wort „pastoral" in diesem Kontext für Johannes XXIII. und die Konzilsväter hat. Es liegt im übrigen auf der Hand, dass die von der Lefebvre – Bewegung zurückgewiesenen Lehrpunkte des II. Vatikanums keine seelsorglichen Einzelanweisungen sind, sondern wesentliche Sachfragen des kirchlichen Lebens betreffen.

Es ist kein Zufall, dass sich unter den vier Bischöfen ein seit Jahren notorisch bekannter Antisemit und Leugner des Holocaust befindet. Eine Person, die diesen ungeheuren Versuch eines Genozids des jüdischen Volkes leugnet, verharmlost, in irgendeiner Weise vertritt, ist ein öffentlicher Sünder. Ein solcher öffentlicher Sünder kann nicht ohne eindeutige, im Leben erwiesene Zeichen der Reue und Umkehr zum Sakrament der Buße zugelassen werden, mit der dann auch die Aufhebung der Exkommunikation verbunden sein könnte. Dazu genügen keine Lippenbekenntnisse. Wenn der Herr Kardinalstaatssekretär am 4. 2. 2009 eine schnelle Widerrufserklärung von Bischof Williamson verlangt, erinnert dies an eine Farce und kommt einer öffentlichen Missachtung der Bußordnung gleich.

Zur Erläuterung:
Es wurde mit Bedacht die Kategorie des „öffentlichen Sünders" gebraucht. Paulus spricht im 1. Korintherbrief 5, 1 von einem Unzüchtigen und seiner Unzucht, „wie sie nicht einmal unter Heiden vorkommt". Dessen Verhalten verletzt selbst das allgemeine sittliche Empfinden der heidnischen Bevölkerung. Er ist nach Paulus aus der Gemeinschaft der Glaubenden auszuschließen, um ihn zur Umkehr zu veranlassen. Die strafrechtlichen Bestimmungen in zahlreichen europäischen Staaten gegen Holocaustleugner bezeugen eine ähnliche Situation.

Die Aufhebung der Exkommunikation für eine Person wie Bischof Williamson bedeutet die grundsätzliche Gewährung der kirchlichen Gemeinschaft für einen öffentlichen Sünder. Dies widerspricht der kirchlichen Bußordnung, die weder der Papst noch sonst eine kirchliche Autorität aufheben kann.[90]

Das Ergebnis der beiden Argumentationsketten:
Weder von Seiten der Exkommunizierten noch von Seiten des Papstes waren die Voraussetzungen für eine Aufhebung der Exkommunikation gegeben. Die Aufhebung der Exkommunikation stellt einen Amtsfehler des Papstes dar, der in einer gravierenden Weise gegen Fides et Mores, gegen Glauben und Sitten verstößt.

Diese Entscheidung ist – meines Erachtens – nichtig, auf Grund von Can. 126/CIC: „Eine Handlung, die vorgenommen wurde aus Unkenntnis oder Irrtum, der sich auf etwas bezieht, was ihr Wesen

---

[90] Unabhängig von der Frage, wer diese „Panne" verursacht hat, besteht das Faktum, dass die Aufhebung der Exkommunikation – trotz angemahnter Distanzierung durch den Kardinalstaatssekretär – seit etwa einem halben Jahr nicht für nichtig erklärt wurde.

ausmacht, oder eine für unverzichtbar erklärte Bedingung betrifft, ist rechtsunwirksam". Dieser Canon wird zitiert, weil Papst Benedikt beteuert, er habe guten Glaubens gehandelt.

III. Wege aus der Krise?

1. Ausgangspunkt und Intention der folgenden Reflexionen

Die jüngste Mitteilung des Vatikans vom 17. Juni 2009 zu den Anfragen der deutschen Bischöfe hinsichtlich der für Ende Juni 2009 angesagten Priesterweihen der Piusbruderschaft zeigt, dass der Vatikan unverändert an der Aufhebung der Exkommunikation und der einmal eingeschlagenen Praxis festhält: Es wird die Illegitimität der Weihen festgehalten. Es wird keine Strafandrohung für den Fall der Weihe oder anderer illegitimer Handlungen gegenüber der Leitung der Piusbruderschaft ausgesprochen. Zugleich wird mitgeteilt, dass vom 4. Juli 2009 ab die Unterstellung der Kommission „Ecclesia Dei" unter die Glaubenskongregation erfolgen soll. Dies war im Brief des Papstes vom 10. März 2009 angekündigt worden. Man kann folglich davon ausgehen, dass dann gleichfalls die angekündigten Gespräche zu den „doktrinellen Fragen", von denen der Papst ebenfalls in seinem Brief gesprochen hat, mit der Piusbruderschaft beginnen sollen.

Auf der anderen Seite zeigt ein Blick in die Publikationsorgane der Priesterbruderschaft, dass sich am Verhalten, den Aktivitäten wie den eingenommenen theologischen und ekklesiologischen Positionen der Piusbruderschaft unter der Leitung der jetzt nicht mehr exkommunizierten Bischöfe nichts verändert hat. Die Durchführung der illegitimen Priesterweihe in Frankreich, die angekündigten Priesterweihen in Zaitzkofen und deren Rechtfertigung, die Einweihung der Kapelle in Fulda gegen die Entscheidung des deutschen Bischofs belegen dies in aller Deutlichkeit. Die ausführliche Auseinandersetzung mit den Lehren des II. Vatikanums im Aprilheft des Mitteilungsblattes der Piusbruderschaft repetiert die bekannten Lehrpositionen. Jedes Zugehen auf die Ortsbischöfe, die eine Respektierung ihrer Kompetenz und die Einhaltung der Rechtsordnung der Kirche um des Gemeinwohls willen geltend machen, wird mit der Behauptung abgewehrt, die Priesterbruderschaft genieße, obwohl sie keine kirchlicherseits anerkannte katholische Institution sei, einen Sonderstatus. Bischof Williamson, der sich nie von seiner Holocaust-Leugnung distanziert hat, setzt seine öffentliche Tätigkeit vor allem Via Internet fort. Soweit die Skizze des Ausgangspunktes für die folgenden Reflexionen. Sie beanspruchen nicht, konkrete Lösungsmodalitäten bzw. Lösungsvorschläge vorzugeben. Sie wollen vielmehr die Schwierigkeiten verdeutlichen, vor denen die beteiligten Akteure stehen und grundlegendste Lösungsbedingungen formulieren, die sich angesichts der verfahrenen Situation und der dadurch ausgelösten Krise in der Kirche ergeben.

Die Reflexionen sind folglich als logisch-reflektierte Hinweise gedacht, die eine Hilfe zur angemessenen Gestaltung des anstehenden Verfahrens vorlegen. Dabei waren vier Kriterien für die Auseinandersetzung für die Ausarbeitung leitend:

Unter Beachtung der im voraufgehenden Kapitel vorgelegten theologischen Beurteilung der bisherigen Fakten gilt
1. Die anstehenden Aktionen müssen derart sein, dass die Wahrheit in Bezug auf die bisherigen Fakten, in Bezug auf die verwickelten Personen und Verhaltensweisen respektiert wird und begangene Fehler oder Fehleinschätzungen korrigiert werden.
2. Es sind die unterschiedlichen beteiligten Personen und Personengruppen mit ihren unterschiedlichen Interessen in diese Reflexionen einzubeziehen.
3. Es gilt die ganze Breite der anstehenden Sachfragen aufzugreifen, um angemessene Verfahrensregeln wie entsprechende Endregelungen zu finden.
4. Es sind die bereits gesetzten Fakten nach der Aufhebung der Exkommunikation einzubeziehen.

2. Die zu überwindenden antagonistischen Ansätze, die einer Lösung entgegenstehen

a) Der erste antagonistische Spannungskomplex: Anerkennung gegen Nicht-Anerkennung der Exkommunikation
Die Position der vier Bischöfe und der Piusbruderschaft: weder Erzbischof Lefebvre, noch irgendeiner der illegitim geweihten Bischöfe hat je die Exkommunikation als solche anerkannt. Sie wurde stets als unrechtmäßig und nichtig bezeichnet. Die Aufhebung der Exkommunikation wurde als Wiedergutmachung geschehenen Unrechts charakterisiert. Sie wurde deswegen zur Forderung der Priesterbruderschaft erklärt, um überhaupt offizielle Gespräche mit den römischen Behörden führen zu können. Damit verband sich bei den exkommunizierten Bischöfe wie bei der Bruderschaft im Ganzen immer eine In-Fragestellung und ablehnende Kritik

des Magisteriums, der Bischöfe, die zum II. Vatikanischen Konzil zusammen gekommen waren und der Ausübung der päpstlichen Autorität Johannes XXIII., Pauls VI. und Johannes Pauls II.

– Die Position Papst Benedikts XVI.:
Von Seiten Benedikts XVI. wurde die Aufhebung der Exkommunikation als besonderer Gnadenerweis verstanden. Dies impliziert, dass die Exkommunikation eine zu Recht verhängte Strafe war. Dem widerspricht die Auffassung der Bischöfe der Priesterbruderschaft wie die Auffassung der Bruderschaft als Gruppe. Benedikt hat auf eine der Aufhebung der Exkommunikation vorangehende reumütige Umkehr verzichtet, offenbar in Erwartung einer nach der Aufhebung erfolgenden Umkehr. Er hat aber selbst für eine gewisse Ambivalenz seiner Erwartung gesorgt, als er im Vorfeld den von der Piusbruderschaft aufgestellten Bedingungen nach „Befreiung der Messe aller Zeiten" und der Aufhebung der ungerechten Exkommunikation nicht entgegengetreten ist. Beide Entscheidungen wurden so von der Piusbruderschaft als eine faktische Annahme und damit als Bestätigung ihrer Auffassung von der Exkommunikation verstanden.

Die Ambivalenz hat sich in einer gewissen Weise noch gesteigert durch das Faktum, dass die von der Priesterbruderschaft beabsichtigten Priesterweihen im Juni 2009 vom Vatikan als illegitim bezeichnet werden, zugleich aber eine Strafandrohung fehlt.

Eine Lösung der so gegebenen Gegensätze zwischen den Bischöfen und der Piusbruderschaft auf der einen Seite und dem Papst und der katholischen Kirche auf der anderen Seite ist – nach den theologischen und kanonistischen Ordnungsprinzipien – nur möglich, wenn die Bischöfe der Priesterbruderschaft eine Erklärung abgeben, die von reumütiger Umkehr Zeugnis ablegt und die Bereitschaft dazu zugleich in einer substanziellen Weise faktisch erweist.

b) Der zweite antagonistische Spannungskomplex:
Volle Anerkennung gegen wesentliche Korrekturen der Lehren des II. Vatikanischen Konzils

– Die Position der vier Bischöfe und der Piusbruderschaft:
Es wurde oben bei der Darstellung der Fakten deutlich dokumentiert, dass die vier Bischöfe und die Piusbruderschaft wesentliche Korrekturen der Lehren des II. Vatikanischen Konzils einklagen. Nur aufgrund solcher Korrekturen sei es möglich, das Konzil im Sinne der Tradition annehmen zu können. Aus den bisherigen Verhandlungsergebnissen der Kommission „Ecclesia Dei" mit integrations-

willigen Gruppen von Mitgliedern der Piusbruderschaft, wie z. B. der Gruppe von Bordeaux, folgt, dass diese Korrekturen in der Form von authentischen Interpretationen des II. Vatikanums durch den Heiligen Stuhl eingefordert werden. Die jüngste Erklärung der Glaubenskongregation, welche Lehrpunkte bereits als authentisch interpretiert gelten, stellt wohl den Auftakt dieses Verfahrens dar.

Die Tatsache, dass den bisher integrierten Gruppen, die aus der Piusbruderschaft stammten, keine lehrmäßigen Auflagen gemacht worden sind, lässt erwarten, dass die Piusbruderschaft im anstehenden Verfahren alle ihre bisherigen Kritiken am II. Vatikanischen Konzil durchzusetzen gewillt ist. Neben den theologischen Sachargumenten werden die Forderungen der Gleichbehandlung und der Verweis auf die Präzedenzfälle eine wichtige Argumentationsbasis für sie darstellen.

Ein zweites wichtiges Moment der Position der vier Bischöfe und der Priestergemeinschaft wird in diesem Kontext das Faktum bilden, dass den bislang integrierten Gruppen von ehemaligen Lefebvre-Anhängern nie zeitliche Fristen bis zur vollen Anerkennung des II. Vatikanischen Konzils „in sensu obvio", wie es Paul VI. gefordert hatte, gestellt worden sind. Auch hier werden sie auf Gleichbehandlung dringen.

– Die Position Papst Benedikts XVI.:
Papst Benedikt XVI. hat auf die Anfrage und Bitte von Bundeskanzlerin Angela Merkel um eine Klarstellung durch den Kardinalstaatssekretär, Kardinal Bertone, erklären lassen, dass die Integration der Bischöfe und der Piusbruderschaft nicht ohne eine Anerkennung des II. Vatikanischen Konzils erfolgen werde. Er hat dies in seinem Brief an die Bischöfe bekräftigt. Wenn die entsprechenden Anerkennungserklärungen der Bischöfe der Piusbruderschaft einen Sinn haben sollen, muss es sich um eine volle und reale Anerkennung des Konzils handeln. Wird für einzelne Punkte die Form einer „authentischen Interpretation der Konzilstexte" gewählt, dann ist zu beachten, dass für eine authentische Interpretation von Konzilstexten, die einen lehrhaften Charakter haben, andere Regeln gelten als bei authentischen Interpretationen von kirchenrechtlichen Gesetzen. In Bezug auf die konziliaren Texte gelten die oben vorgetragenen Prinzipien hinsichtlich der Übereinstimmung des Magisteriums, welches der Papst ausübt, und des Magisteriums, das der Papst und die Bischöfe zusammen ausüben. Konkret bedeutet dies, dass bei den authentischen Auslegungen von Konzilstexten der zu erhebende Sinn dieser Konzilstexte selbst eine entscheidende Rolle spielt. Ferner kann nicht abgesehen wer-

den von Auslegungen der vorangehenden Päpste, die in zahlreichen Lehrdokumenten auf solche Texte Bezug genommen haben. Ebenso sind die Lehren der Bischöfe, das Urteil der Theologen etc. zu berücksichtigen. Hier gelten die allgemeinen Regeln der Theologie über die Loci theologici. Nur wenn bei den anstehenden Verhandlungen diese allgemeinen Lehren peinlich genau beachtet werden, wird man römischerseits dem Verdacht entgegentreten können, dass eine „schismatische Pressure-Group" versucht, der katholischen Kirche ihre Vorstellungen aufzuprägen.

c) *Der dritte antagonistische Spannungskomplex:*
Der eine lateinische Ritus in seinen geschichtlichen Gebrauchsformen gegen die ungeschichtliche Petrifizierung der tridentinischen Messliturgie und Messtheologie.

– Die Position der vier Bischöfe und der Piusgemeinschaft:
Die Denkschrift der Priesterbruderschaft zur Liturgie von 2001, die dem Papst – offensichtlich im Hinblick auf eine mögliche Integration in die Kirche – unterbreitet wurde, spricht klar aus, dass es den Bischöfen und der Priesterbruderschaft nicht primär um eine „Sehnsucht nach der ihnen vertrauten Gestalt der heiligen Liturgie" geht, sondern vielmehr um ein völlig ungeschichtliches Festhalten an der tridentinischen Messliturgie und vor allem der tridentinischen Messtheologie mit allen aus der damaligen Situation geborenen, einseitigen Akzentsetzungen. Von daher verwerfen die Bischöfe und die Piusbruderschaft wesentliche theologische Einsichten, die den Vätern des II. Vatikanischen Konzils aus der biblischen und liturgiegeschichtlichen Forschung zugewachsen sind, wie die Würdigung des Paschamysteriums, die Rolle des Volkes Gottes, die Verortung des priesterlichen Dienstes in diesem Kontext etc. Bischöfe und Mitglieder der Bruderschaft werden damit nicht nur dem Text des II. Vatikanischen Konzils nicht gerecht, sondern auch nicht den Texten der Liturgie von 1962, die aus unterschiedlichen Epochen des lateinischen Ritus stammen und deren Reichtum von der tridentinischen Messtheologie gar nicht ausgelotet wird.

– Die Position Papst Benedikts XVI.:
Im apostolischen Schreiben „Summorum Pontificum" vom 7. Juli 2007[91] hat Papst Benedikt nochmals ausdrücklich die geschicht-

---

[91] Papst Benedikt XVI., Apostolisches Schreiben „Summorum Pontificum", 7. Juli 2007, in: Verlautbarungen des Apostolischen Stuhls Nr. 178, Hrsg. Sekretariat der Deutschen Bischofskonferenz, Bonn 2007.

liche Einheit des lateinischen Ritus bekräftigt, eine geschichtliche Einheit, die zugleich zu unterschiedlichen geschichtlichen „Usus", Gestalten bzw. Bräuchen, geführt hat, an denen immer wieder Veränderungen vorgenommen wurden. Es wird die volle Legitimität der unter Paul VI. durchgeführten Liturgiereform bekräftigt und dieser neue „Usus" als „Usus ordinarius" bezeichnet.

Der Papst hat die liturgischen Texte von 1962 als „Usus extraordinarius" freigegeben und gewisse allgemeine Regeln zum Gebrauch dieser forma extraordinaria erlassen. Mit dieser Freigabe der forma extraordinaria ist die Forderung nach der Anerkennung der forma ordinaria von allen Gliedern der Kirche verbunden, weil nur so die Einheit der lateinischen Kirche gewahrt bleiben kann. Zugleich weist der Papst darauf hin, dass gewisse Veränderungen im „Usus extraordinarius" möglich und sinnvoll sind, etwa die Übernahme neuer Heiligenfeste, neuer Präfationen, der Vortrag der Lesungs- und Evangelientexte in der Landessprache.

Mit der Unterscheidung von „Usus ordinarius" und „Usus extraordinarius" ist eine weitergehende, komplexe Problematik verbunden, die bislang in einer ambivalenten Weise beantwortet wurde und dringend einer eindeutigen Klärung bedarf:

Mit den Grundzügen, den theologischen Prinzipien und Verstehensweisen in der Konzilskonstitution *Sacrosanctum concilium* sind aufs Engste eine Fülle von kanonistischen Aussagen im neuen CIC von 1983 verbunden. Sie betreffen nicht nur das Sakramentenrecht im engeren Sinn, sondern spiegeln sich wider in den grundsätzlichen Ausführungen des Buches II mit der Überschrift: Volk Gottes (can. 204–746). In diesen Canones wird von den Rechten und Pflichten aller Gläubigen, der Laien, der geistlichen Amtsträger gehandelt. Die hier gegebenen Aussagen und Regelungen reflektieren ein vertieftes Verständnis der Würde des gesamten Gottesvolkes, sowie ein vertieftes Verständnis des Ministeriums, d. h. des Dienstes der geweihten Amtsträger.

Ebenso wirken die Grundaussagen der Liturgiekonstitution hinein in die Ausführungen über die kirchliche Hierarchie, das Verständnis der Ortskirchen etc. Auswirkungen haben die Liturgiekonstitution und das Verständnis der Liturgie – um lediglich wichtige, rechtlich geprägte Felder zu nennen – in den Ausführungen über den Dienst am Wort Gottes, die umfangreichen can. 834–1253, die dem Heiligungsdienst der Kirche geweiht sind. Schließlich wirken diese Bestimmungen hinein in das Strafrecht des Codex Juris Canonici wie in Fragen der Verwaltung und der Verwaltungsbeschwerden.

Die Erlaubnis, den „Usus extraordinarius" zu gebrauchen, kann nicht bedeuten, dass faktisch ein zweites Kirchenrecht neben dem ersten etabliert wird. Hier müsste eine klare Entscheidung zugunsten des CIC von 1983 getroffen werden, um nicht eine heillose Rechtsunsicherheit in der Kirche heraufzubeschwören. Schon jetzt zeigt sich, dass die Gewährung von besonderen Statuten für reintegrierte ehemalige Gruppen der Piusbruderschaft eine Fülle an kanonistischen Problemen mit sich bringt, insbesondere dort, wo diesen Kommunitäten pastorale Funktionen übertragen werden. Es kann ja wohl nicht sein – um ein Beispiel zu bringen –, dass mit der Erteilung der Tonsur, der Vornahme niederer Weihen und der Subdiakonatsweihe bzw. des Gebrauchs der traditionellen Formel bei der Priester- und Bischofsweihe das Personenrecht des Codex von 1917 wieder in Kraft gesetzt wird. Kirchenrechtlich gesehen wäre damit der Gipfel der Absurdität erreicht. Theologisch gesehen erhielten die traditionalistischen Gruppen den Status einer ecclesia sui iuris.

3. Zur notwendigen Abwägung der einzuschlagenden Wege

Der Aufweis der antagonistischen Positionen und der sich daraus ergebenden zu überwindenden Schwierigkeiten macht zwingend eine sehr grundsätzliche Abwägung erforderlich. Es ist zu entscheiden, ob der so ungemein risikoreiche Weg von Verhandlungen beschritten werden soll oder ob es nicht besser wäre, ein Ende mit Schrecken zu setzen als möglicherweise einen endlosen Schrecken einzugehen.

Konkret stellt sich die Frage, ob seine Heiligkeit Papst Benedikt XVI. nicht besser beraten wäre, statt einen höchst risikovollen Verhandlungsweg einzuschlagen, einen auf Irrtum beruhenden Amtsfehler einzugestehen, so dass damit die Aufhebung der Exkommunikation als nichtig deklariert wäre. Hier wäre zur Begründung unter anderem anzuführen, dass der Papst bei der Aufhebung der Exkommunikation von einer raschen einvernehmlichen Lösung ausgegangen sei, einer leider irrealen Hoffnung wie die jüngsten Reaktionen der Bischöfe und der Piusbruderschaft zeigen.

Entschließt sich Papst Benedikt XVI. den Verhandlungsweg zu gehen, so müsste – angesichts des katastrophalen Eindrucks, welchen die Vatikanleitung und -administration weltweit in der kirchlichen und außerkirchlichen Öffentlichkeit geweckt hat – peinlich darauf geachtet werden, dass hier ein Gremium entscheidet, das nicht nur für die römische Administration repräsentativ ist, sondern die unaufgebbaren Interessen der zuhöchst betroffenen Ortskirchen respektiert und die Interessen des Gesamtepiskopats in angemessener Weise zum Ausdruck bringt.

In der gegenwärtigen Situation und im Hinblick auf die hier anstehenden Probleme kann die vatikanische Administration diesen Anspruch, im Namen der ganzen Kirche zu handeln, nicht ohne weiteres mehr glaubwürdig ausüben und repräsentieren.

III.
Die Priesterbruderschaft St. Pius X. (FSSPX) und ihr politisch-geistesgeschichtlicher Hintergrund

von Wilhelm Damberg

I: Marcel Lefebvre (1905–1991) und die Anfänge der „Priesterbruderschaft St. Pius X."

1. Eine lange Vorgeschichte

Marcel Lefebvre, der Begründer der „Priesterbruderschaft St. Pius X." wurde am 29.11.1905 in Tourcoing geboren, einer Kleinstadt ganz im äußersten Norden Frankreichs, in der Industrielandschaft zwischen Lille und der Grenze zu Belgien. Sein Vater war Textilfabrikant, die ganze Familie eng mit der katholischen Kirche verbunden, und dem entsprach auch seine intensive kirchliche Sozialisation. Das ist deshalb hervorzuheben, weil dies zu jenem Zeitpunkt in Frankreich keineswegs selbstverständlich war, wie sich aus deutscher Perspektive vielleicht vermuten ließe. Vielmehr hatte sich genau in diesem Dezennium mit der Trennung von Staat und Kirche im Jahre 1905 in Frankreich ein seit der Französischen Revolution von 1789 angelegter gesellschaftlicher Konflikt um das Verhältnis von Kirche und Staat und damit Religion und moderner Gesellschaft zugespitzt. Zeitgleich bezog auch die katholische Kirchenleitung unter Papst Pius X. (1903–1914) insgesamt mit der Bekämpfung des so genannten „Modernismus" eine massive Abwehrhaltung gegenüber allen Tendenzen, die innerhalb ihrer Reihen als Zugeständnis oder Annäherung an den „Zeitgeist" wahrgenommen wurden, wie theologische Denkformen, die die Dimension menschlicher Erfahrung oder der Geschichte einbezogen. Unübersehbar ist, wie die Denkmuster dieser Epoche Marcel Lefebvre geprägt und begleitet haben – und wie seine Biographie in der Folge auch selbst Teil einer politisch-religiösen Konfliktgeschichte Frankreichs wurde, deren außerordentliche „longue durée" ein historisch sehr bemerkenswertes Phänomen ist.

Diese Konfliktgeschichte begann im Zuge der Französischen Revolution mit den Auseinandersetzungen, die sich aus der „Nationalisierung" der französischen Kirche zwischen der revolutionären Republik Frankreich und dem Heiligen Stuhl ergaben – und umgekehrt das Verhältnis der katholischen Kirche zu den liberalen Freiheitsbewegungen des 19. und 20. Jahrhunderts auf Dauer belasteten.[1] Von der *Constitution civile du clergé* (1790) an eskalierten die Spannungen bis hin zur Emigration eines Teils des Klerus, einer systematischen Kirchenverfolgung und zum Aufstand der katholischen Royalisten und Landbevölkerung in Westfrankreich (Vendée) im Jahre 1793, dessen Unterdrückung die Züge eines regionalen Genozids im Namen der Menschenrechte annahm.[2] Die Spannungen wirkten auch unter Napoleon I. und nach seinem Sturz fort und eskalierten dann aufs Neue, besonders ausgelöst durch die Frage der Schulpolitik (*Loi Falloux*, 1850). Anders aber als etwa im Preußischen Kulturkampf war die Lage in Frankreich dadurch bestimmt, dass dort die Katholiken nicht als vergleichsweise geschlossener Block auf der Grundlage der parlamentarischkonstitutionellen Monarchie agierten, sondern in ihrem Verhältnis zur Republik zutiefst gespalten waren. Die Unversöhnlichkeit der innerkatholischen Gegensätze trug auch nicht wenig dazu bei, dass die Wiedereinrichtung der Monarchie 1871/73 – also kurz nach dem Ersten Vatikanischen Konzil 1869/70 – in weite Ferne rückte, insofern selbst in einer monarchistischen Mehrheit in der Nationalversammlung keine Einigkeit zu erzielen war, ob diese Monarchie als Bürgerkönigtum unter der Tricolore (d. h. unter Einbeziehung der Errungenschaften der Revolution) oder unter dem weißen Lilienbanner der Bourbonen (d. h. der Restauration des Gottesgnadentums) vor 1789 zu installieren sei.[3] Gegenseitige Schuldzuweisungen waren die Folge. Die konsequente Ablehnung der Republik durch einen Teil der Katholiken trug jedenfalls das ihre dazu bei, die ebenso vorhandenen antiklerikalen und laizistischen Strömungen in der Gesellschaft bis hin zur Trennung von Staat und Kirche im Jahre 1905 hin zu verstärken. Legitimistisch und gegenrevolutionär gesinnte Katholiken sahen dabei ebenso

---

[1] Vgl. zu diesem Komplex vor allem mit Blick auf Frankreich: Hans Maier, *Revolution und Kirche. Zur Frühgeschichte der Christlichen Demokratie. Mit einem Nachwort von Bronisław Geremek* (Gesammelte Schriften 1), München 2006 (6. Auflage dieses Werkes).
[2] Vgl. Reynald Secher, *Le Génocide franco-français: La Vendée-vengé (Histoires)*, Paris ³1989.
[3] Vgl. Waldemar Gurian, *Die politischen und sozialen Ideen des französischen Katholizismus 1789/1914*, Mönchen-Gladbach 1929, S. 239–244.

in den „liberalen" Katholiken ihre Gegner, denen sie Verrat am katholischen Prinzip der Autorität und Legitimität vorwarfen, das ja in ihrer Sicht nicht nur in der Politik gelten sollte, sondern Religion, Staat und Gesellschaft umfasste. Zugleich entstand jedoch den gegenrevolutionären Katholiken im Kontext der *Dreyfus-Affäre* 1899 eine neue Verbündete, die *Action française* unter ihrem Führer Charles Mauras (1868–1952). Auch diese nationalistische Bewegung bekämpfte die Republik, die sie von Protestanten, Juden und Freimaurern gelenkt sah. Die teilweise offen erklärte Distanz ihrer Führung zu einem religiösen Bekenntnis bzw. ihr Agnostizismus hinderte sie nicht daran, die katholische Kirche unter dem Grundsatz „Politique d'abord" (Zuerst die Politik) als eine unentbehrliche nationale Ordnungsmacht zu deklarieren, was ihr in den Katholikenkreisen, die sich praktisch im Kriegszustand mit der Republik sahen, beträchtliche Sympathien und Anhang einbrachte.

So entstand um 1900 die „Antithese der beiden Frankreich", wie sie schon 1929 von Waldemar Gurian beschrieben wurde: „Den Laizisten erschien das Frankreich der Menschenrechte und der Revolution, des fortschrittlichen-republikanischen Regimes, als das wahre Frankreich, welches gegen das Frankreich der göttlichen Rechte und des Ancien Régime, das reaktionäre monarchistische Frankreich, zu kämpfen hätte. Für die Katholiken dagegen war das echte Frankreich das Frankreich der Gegenrevolution, welches der revolutionären Anarchie ein Ende bereiten würde." Entsprechend galten den Laizisten bald alle Katholiken als Gegenrevolutionäre und Antirepublikaner – und umgekehrt sahen sich die katholischen Gegenrevolutionäre als die „wahren Franzosen, die die echte französische Tradition gegen Attacken entwurzelter Demagogen, der französischen Geschichte fremder Protestanten, anarchischer Juden ..., gegen die internationale Freimaurerei, welche die Kirche mit allen Mitteln zu vernichten strebt, schützen und wieder zur Herrschaft im öffentlichen Leben bringen wollen".[4]

Genau in diesem Spannungsfeld wuchs Marcel Lefebvre auf, und so, wie schon sein Vater den demokratischen, „liberalen" Kräften im französischen Katholizismus kritisch gegenüberstand und mit der *Action française* sympathisierte[5], ließ auch Marcel Lefebvre lebenslang an seinem Standpunkt innerhalb des französischen Katholizismus nie einen Zweifel – wobei eben zu beachten

---
[4] Vgl. ebd., S. 269.
[5] Vgl. Bernard Tissier de Mallerais, *Marcel Lefebvre. Eine Biographie*, Altötting ²2009, S. 38. Zum Autor vgl. S. 74f.

ist, dass diese „Antithese der beiden Frankreich" zwar im Laufe des 20. Jahrhunderts unterschiedliche Formen angenommen hat, gleichwohl aber eine erstaunliche Konstanz beweist, wozu Lefebvre das seine beitrug. Die verzweigten und oft unübersichtlichen Etappen dieses religiös-politischen Dauerkonfliktes, in die auch immer wieder – und schon lange vor dem Schisma von 1988 – ein Eingreifen des Papstes in Rom erfolgte, sollen an dieser Stelle nur knapp benannt werden:

Der erste, zweifellos dramatische Wendepunkt erfolgte im Jahr 1926, als Papst Pius IX. die *Action française* offiziell verurteilte, wohl vor allem deshalb, weil er – neben einer erwünschten Annäherung an die Republik – die Gefahren erkannte, die eine weitgehende Identifikation der Kirche mit einer Partei mit sich bringen mussten, die zudem in Konkurrenz mit seinem Programm der *Actio Catholica* stand. Dieses Problem hatte auch schon Pius X. erkannt, was aber nur im Falle der demokratischen Bewegung des *Sillon* zu einer öffentlichen Verurteilung geführt hatte, während er die *Action française* gewähren ließ: Einige Schriften von Maurras verfielen zwar ebenso vernichtender Kritik der Indexkongregation, aber der Papst unterließ die Veröffentlichung dieses Urteils.[6] Zwar blieben die Sympathien vieler Katholiken, die sich mit der Republik nicht anfreunden konnten, für die *Action française* erhalten, aber letztlich beugte sich der französische Katholizismus doch dem Urteilsspruch aus Rom. Nur einzelne Kleriker wurden wegen ihrer Nähe zur *Action française* aus ihren Ämtern entfernt, u. a. Kardinal Louis Billot (1846–1931) und der Rektor des französischen Seminars in Rom, Pater Le Floch (1862–1950) – von denen noch die Rede sein wird. Von dieser päpstlichen Verurteilung, deren Wirkungen Charles Maurras zunächst wohl unterschätzt hatte, vermochte sich die *Action française* nie mehr zu erholen. Allerdings kam es im Jahre 1939 – kurz nach dem Amtsantritt Pius' XII. – zur Aufhebung der Verurteilung, nachdem die Führung der *Action française* diese formell als berechtigt anerkannt und eine Entschuldigung formuliert hatte (Befördert wurde diese Aufhebung der Exkommunikation im Staatssekretariat übrigens von Monsignore Alfredo Ottaviani, dem späteren Präfekten des „Heiligen Offiziums", der späteren Glaubenkongregation, gegen Vorbehalte von Giovanni Montini, dem späteren Papst Paul VI.![7]).

---

[6] Zu diesem langwierigen Konflikt vgl. die detailreiche Darstellung von Jacques Prévotat, *Les catholiques et l'Action française. Histoire d'une condamnation 1899–1939*, Paris 2001 (Zum Urteil von 1914: S.109–194); Eugen Weber, *Action Française. Royalism and Reaction in Twentieth-Century France*, Stanford 1962, S. 251–255.

[7] Vgl. Weber, *Action Française*, S. 249–251.

Gleichwohl war das Rad der Geschichte aber schon im Begriff, sich weiter zu drehen. Nach der Niederlage Frankreichs im Zweiten Weltkrieg 1940 und der teilweisen Besetzung durch das nationalsozialistische Deutschland wandten nicht nur Charles Maurras, sondern auch ein Teil der französischen Katholiken samt Bischöfen ihre Sympathien der mit Deutschland kollaborierenden, autoritären Regierung des Marschalls Philippe Pétain (1856–1951) zu, die in Vichy residierte, weil jetzt hier eine neuerliche Chance zur Umsetzung der eigenen antirepublikanischen Ideale erkannt wurde.[8] Dies wiederum hatte zur Folge, dass Charles de Gaulle 1944/45 nach der Befreiung Frankreichs einen Großteil des Episkopates als durch die Kollaboration mit der Besatzung derart belastet ansah, dass er von Rom die Abberufung zahlreicher Bischöfe forderte. Durch Vermittlung von niemand anders als dem Pariser Nuntius Angelo Roncalli (1881–1963), dem späteren Papst Johannes XXIII., gelang es Rom jedoch, die Zahl der Abberufungen auf drei Bischöfe zu begrenzen. Gleichwohl hatte auch diese Episode des Zusammenwirkens eines Teils der anti-republikanischen Katholiken mit der Vichy-Regierung ihre Fernwirkungen, denn offenbar unterstützten diese Kreise auch nach 1945 diejenigen Franzosen, die aufgrund ihrer Tätigkeit für die Vichy-Regierung bzw. die deutsche Besatzungsmacht von 1940–1944 strafrechtlich belangt wurden. Großes Aufsehen erregte in diesem Zusammenhang noch zu Beginn der 1990er Jahre der Fall des zunächst unmittelbar nach dem Krieg zum Tode verurteilten ehemaligen Leiters der Geheimpolizei in Lyon, Paul Touvier, der für die deutsche Besatzung unter dem als „Schlächter von Lyon" bekannten Gestapochef Klaus Barbie gearbeitet hatte. Ihm kam nicht nur bei den Judendeportationen in Frankreich, sondern auch im Kampf gegen Mitglieder der Résistance eine zentrale Funktion zu.[9] Nachdem ihm aus der Haft die Flucht gelang, kamen ihm sei-

---

[8] Dass freilich in Frankreich theologische Positionen und politische Optionen nicht so eindeutig zuzuordnen waren, wie auf den ersten Blick zu vermuten wäre, zeigt: Wilfried Loth, *Französischer Katholizismus zwischen Vichy und Résistance*, in: Lucia Scherzberg (Hg.), Vergangenheitsbewältigung im französischen Katholizismus und deutschen Protestantismus. In Zusammenarbeit mit Werner Müller, Paderborn 2008, S. 145–152.
[9] Zur Affäre Touvier u. a. René Rémond, *Touvier et l'église. Rapport de la Commission Historique Instituée par le Cardinal Decourtray*, Paris 1992; Walther Fekl, *Affaires Barbie/Bousquet/Touvier/Papon*, in: Bernhard Schmidt u. a. (Hgg.), Frankreich-Lexikon. Schlüsselbegriffe zu Wirtschaft, Gesellschaft, Politik, Geschichte, Kultur, Presse- und Bildungswesen (Grundlagen der Romanistik 13), Berlin 2006, S. 39–45; Marcel Albert, *Die katholische Kirche in Frankreich in der Vierten und Fünften Republik* (Römische Quartalschrift, 52. Supplementheft), Rom – Freiburg – Wien 1999, S. 208f.

ne Beziehungen zu hochrangigen Vertretern der Geistlichkeit zu gute. So wurde er 1971 auf Bitten des Sekretärs der Bischofskonferenz hin von Präsident Mitterand begnadigt, dann aber nochmals angeklagt, worauf er sich wiederum jahrelang in Klöstern u. a. von französischen Traditionalisten verborgen hielt, bis er erneut inhaftiert und 1994 wegen Verbrechen gegen die Menschlichkeit verurteilt wurde. (Dass sein Requiem im Jahre 1996 von einem prominenten Mitglied der Pius-Bruderschaft gehalten wurde, Abbé Philippe Laguérie, überrascht insofern nicht mehr (zu Laguérie vgl. den Beitrag von Peter Hünermann, bes. S. 35ff).

Jedenfalls agitierten auch nach 1945 in Frankreich weiterhin anti-republikanische Kreise von Katholiken, wie z. B. in der *Parti Republicain de la Liberté*[10], oder in der Gruppierung der *Cité catholique*, 1963 umbenannt in *Office international des oeuvres de formation civique et d'action doctrinale*, kurz *Office*, und um Zeitschriften wie die *Itinéraires* des Journalisten Jean Madiran (geb. 1920), der ab 1943 bei der *Action française* aktiv gewesen war. 1981 wurde er Direktor der neubegründeten Zeitung *Présent*, die bis heute zentrales Sprachrohr des rechtsextremen Spektrums in Frankreich ist; aber auch weiterhin entstanden neue rechtskatholische Zirkel, wie z. B. 1982 die *Comités Chrétienté-Solidarité*. Insofern war auch hier eine aus deutscher Sicht sehr zersplitterte Struktur vorherrschend.[11] Sie fanden und finden sich heute noch in unterschiedlichen Allianzen wieder, die die Ablehnung der Republik eint, so etwa seit 1972 und bis heute in dem am rechten, nationalistischen Rand des Parteienspektrums gebildeten *Front National* unter der Führung von Jean-Marie Le Pen (geb. 1928), nehmen aber ebenso zu Lefebvre und seiner Bewegung sehr unterschiedliche Positionen ein.[12]

Vor diesem Hintergrund erschließt sich auch die Biographie von Marcel Lefebvre, zu deren Rekonstruktion wir allerdings vorläufig in erster Linie auf das publizierte Quellenmaterial angewiesen sind. Erweiterte Einsichten in seine autobiographische Selbst-

---

[10] Vgl. Richard Vinen, *The Parti Républicain de la Liberté and the Reconstruction of French Conservatism, 1944–1951,* in: French History 7 (1993), H. 2, S. 183–204.
[11] Zur großen Breite des politische Spektrums im französischen Katholizismus der 1950er Jahre vgl. *Catholiques de droite? Catholiques de gauche? Une grande enquête auprès de l'opinion catholique française*, in: Chronique sociale 64 (1956), S. 587–749.
[12] Zum rechten katholischen Spektrum in Frankreich: Albert, *Die katholische Kirche in Frankreich*, S. 144–148; Bernard Schmid, *Die Rechten in Frankreich. Von der Französischen Revolution zum Front National*, Berlin 1998; aus der Sicht der Pius-Bruderschaft: *Die Tradition in Frankreich*, in: Priesterbruderschaft St. Pius X. (Hg.), Mitteilungsblatt für den deutschen Sprachraum, Nr. 353, vom Juni 2008, S. 28–45. Zu Lefebvres politischer Orientierung, s.u., S. 90f.

wahrnehmung und die seiner Anhänger bietet dabei allerdings die von seinem engen Vertrauten Bernard Tissier de Mallerais (geb. 1945, 1988 von Lefebvre zum Bischof geweiht) verfasste, umfängliche Biographie.[13] Nach seinem älteren Bruder entscheidet sich auch Marcel Lefebvre, Priester zu werden und tritt 1923 in das Französische Seminar in Rom ein. So fiel der Beginn seines Studiums praktisch mit dem Beginn des Pontifikates von Pius XI. (1922–1939) zusammen, und offenkundig ist die von diesem Papst seit seiner Antrittsenzyklika *Ubi arcano Dei* propagierte Bildwelt des Christ-König[14] bei Lefebvre, wie bei vielen anderen seiner Generation, auf sehr fruchtbaren Boden gefallen. Die stärkste Prägung erhielt er jedoch nach eigenem Bekunden durch den Pater Superior des Seminars, Le Floch. Sein Unterricht sei für ihn eine „absolute Offenbarung" gewesen, berichtete Lefebvre später: „Er war es, der uns zeigte, was die Päpste in der Welt und in der Kirche waren und was sie eineinhalb Jahrhunderte hindurch gelehrt haben: den Antiliberalismus, den Antimodernismus, den Antikommunismus, die ganze Lehre der Kirche zu diesen Themen. Er hat uns wirklich diesen Kampf begreifen und durchleben lassen." Tatsächlich hatte der Seminarist offenbar nach eigenem Bekunden zuvor in manchen Punkten „liberal" gedacht, zum Beispiel die Trennung von Staat und Kirche für „ganz ausgezeichnet" gehalten (was nicht den Vorstellungen seines Elternhauses entsprochen haben kann). In der Folge habe er aber in Rom seinen Irrtum erkannt und seine Auffassung geändert, „vor allem durch das Studium der päpstlichen Enzykliken, die uns eben alle modernen Irrtümer aufzeigten – diese herrlichen Enzykliken aller Päpste bis zu Pius X. und Pius XI."[15]

Vor dem Hintergrund des Eindrucks, den Le Floch auf den jungen Lefebvre gemacht hat, war es für diesen ein schwerer Schlag, als er nach einer durch den in Frankreich auch für Seminaristen obligatorischen Militärdienst bedingten Unterbrechung des Studiums 1926/27 nach Rom zurückkehrte und dort der verehrte

---

[13] Bernard Tissier de Mallerais, *Marcel Lefebvre. Eine Biographie,* Altötting ²2009. Diese Auflage ist gegenüber der Erstauflage von 2008 so überarbeitet worden, dass die Seitenzählung nicht mehr übereinstimmt. Zitiert wird im folgenden, soweit nicht ausdrücklich vermerkt, nach der Auflage von 2009. Französische Erstauflage: *Marcel Lefebvre. Une vie,* Etampes 2002.
[14] Das 1925 eingeführte Christ-König-Fest wurde zum Festtag einer militanten „Katholischen Aktion", die dezidiert die Königsherrschaft Christi in Staat und Öffentlichkeit zur Geltung bringen sollte.
[15] Zit. n. Tissier de Mallerais, *Marcel Lefebvre,* S. 47.

Superior mittlerweile im Zusammenhang mit der Verurteilung der *Action française* durch Pius XI. aus dem Amt entfernt worden war.[16] Die Verurteilung der *Action française* hat Lefebvre, so sein Biograph, „sehr schmerzlich berührt", da er in ihr – ohne ihr anzugehören – rückblickend „eine gesunde, endgültige Gegenreaktion, eine Rückkehr zur Ordnung, zur Sittsamkeit, zur Moral, zur christlichen Moral" sah; die päpstliche Verurteilung „(schlug) der Gegenrevolution die Waffen aus den Händen."[17] Stärker scheint ihn noch die Ablösung des Superiors getroffen zu haben. Der erklärte in einer Stellungnahme am 4. Dezember 1927 sein Verhältnis zur *Action française* wie folgt: „Wir (d. h. Kardinal Billot und Le Floch) kämpften gegen den Liberalismus, den Laizismus und die Prinzipien der Revolution vom Standpunkt der Doktrin aus. Nun traf es sich aber, daß die *Action française* gegen dieselben Plagen kämpfte, allerdings vom Standpunkt der Politik aus."[18]

Lefebvre fügte sich äußerlich den neuen Umständen, aber sah den Nachfolger von Le Floch, P. César Berthet, mit einiger Distanz: „Ein Mann mit einem Doppelgesicht, äußerlich traditionell, gleichzeitig aber aalglatt ... Keine Rede mehr von Verurteilung, vom Ringen, vom Kampf gegen die Irrtümer." Die letzten Jahre im Seminar seien für ihn deshalb „ein bisschen unangenehm" gewesen.[19] Mit politischen Äußerungen hielt sich Lefebvre nach der Verurteilung der *Action française* zurück[20]; seine Sympathien brachte er aber zum Beispiel dadurch zum Ausdruck, dass er dem

---

[16] Zu den Vorgängen um Le Floch im Zuge der Verurteilung der *Action française* und seiner Demission vgl. Prévotat, *Les catholiques et l'Action française*, S. 338–339 und S. 478–480.
[17] So die Einschätzung durch Lefebvre selbst. Zit. n. Tissier de Mallerais, *Marcel Lefebvre*, S. 61.
[18] *Le Gaulois* und *Le Figaro* vom 4.12.1927, hier zit. n. Tissier de Mallerais, *Marcel Lefebvre*, S. 63, vgl. auch Weber, *Action Française*, S. 252. Bei Tissier de Mallerais werden die Umstände der Ablösung von Le Floch ausführlich diskutiert.
[19] Zit. n. Tissier de Mallerais, *Marcel Lefebvre*, S. 69. Auch einige andere Seminaristen, allerdings eine Minderheit, teilten diese Einschätzung und brachten dies gegenüber dem abgelösten Superior brieflich zum Ausdruck, darunter einige spätere Bischöfe, ebenso wie der Vater von Marcel Lefebvre für seine beiden Söhne: Prévotat, *Les catholiques et l'Action français*, S. 480.
[20] Tissier de Mallerais 2002, S. 60: „Après la „condamnation" Marcel, quant à lui, fut plus que jamais muet sur la politique." Tissier de Mallerais, *Marcel Lefebvre*, 2009, S. 61: „Nach der *Verurteilung* hat Marcel mehr denn je über Fragen der Politik geschwiegen." Dabei hatte er sich zuvor „leidenschaftlich" – so sein Biograph Tissier de Mallerais – für die in den Ethik-Vorlesungen des P. Lorenzo Giamusso abgehandelte Frage der Politik interessiert, wobei dieser zu der Schlussfolgerung gekommen sei, „daß die zivile Gesellschaft, vom Schöpfer der Natur entworfen, Gott mit einem öffentlichen Kult ehren muss. Die Philosophie wird zum Thron des Christkönigs" (Tissier de Mallerais, *Marcel Lefebvre*, S. 50).

seines Purpurs entkleideten Kardinal Billot seine Aufwartung machte.[21]

In der Erinnerung Lefebvres müssen sich die Ereignisse der Jahre 1926/27 tief eingegraben haben, und ebenso fanden sie Eingang in die kollektive Erinnerung der späteren Priesterbruderschaft: „Die Verurteilung der *Action française* bedeutete eine Wende in der Geschichte der Kirche: Von nun an wurden die Bistümer Klerikern des liberalen Flügels anvertraut, während der antiliberale Kampf mit dem zu Unrecht diffamierenden Etikett „*Action française*" behaftet wurde."[22] Mehr noch: Schon die Lateranverträge von 1929, die den Kirchenstaat in seiner heutigen Form einrichteten, betrachtete Lefebvre rückblickend nunmehr als einen Sieg der Freimaurerei, die für das „Eindringen des Liberalismus und des Modernismus ins Innere des Vatikans" gesorgt hätten.[23]

In demselben Jahr, am 21. September 1929 wurde Lefebvre in Lille zum Priester geweiht, und zwar von Achille Liénart, der später im Zweiten Vatikanischen Konzil große Bekanntheit erlangte und wie Lefebvre einer Familie entstammte, die im Textilhandel tätig war, und sogar Pfarrer in Tourcoing gewesen war.[24] Einer kurzen Tätigkeit als Vikar in einer Vorortpfarrei Lilles 1930/31 schloss sich am 1. September 1931 sein Eintritt in das Noviziat des Missionsordens der „Väter vom heiligen Geist" (auch als Spiritaner bekannt) an, dem auch Pater Le Floch angehörte. 1932 reiste Lefebvre nach Gabun, um dort zunächst als Kaplan, dann als Leiter eines Seminars in Libreville für die Ausbildung eines einheimischen Klerus zu fungieren. In der Folge übernahm er die Leitung verschiedener Missionsstationen, u. a. von Lambarene als Nachbar von Albert Schweitzer, zu dem er offenbar ein gutes Verhältnis hatte. Aus den Konflikten zwischen den Franzosen, die loyal zur Regierung Pétain standen, und den Anhängern de Gaulles scheint er sich herausgehalten zu haben, Erwähnung verdient aber, dass sein Vater die Résistance unterstützte, von der Gestapo verhaftet wurde und 1944 in Haft verstarb.

1945 wurde Lefebvre nach Frankreich zurück berufen, um dort das Scholastikat des Ordens in Mortain (Normandie) zu leiten. Da die unmittelbare Nachkriegszeit gerade auch in Frankreich von intensiven innerkirchlichen Debatten um die Zukunft von Kirche und

---

[21] Vgl. ebd., S. 76. Zur Ablösung von Billot: Prévotat, *Les catholiques et l' Action française*, S. 480–486.
[22] Tissier de Mallerais, *Marcel Lefebvre*, S. 61.
[23] Zit. n. ebd., S. 78.
[24] Vgl. ebd., S. 78–79.

Gesellschaft begleitet war, die sich hier besonders um ein neues missionarisches Apostolat, um neue Formen des Priestertums usw. drehten, bezog er alsbald dazu Stellung: Pfingsten 1946 erklärte er in einem Vortrag, „dass wir unbewusst in uns die Irrtümer des Naturalismus tragen, der uns umgibt, und dass wir dementsprechend handeln. Wollen Sie dafür einige Beispiele? Was halten Sie von – der Gewissenfreiheit – der Religionsfreiheit – der Pressefreiheit – der Trennung von Staat und Kirche – der Erklärung der Menschenrechte von 1789?"[25] Im Refektorium ließ er den Studenten u. a. die Enzyklika *Pascendi* von Pius X. und dessen Stellungnahme zum „Modernismus" des *Sillon* vorlesen, ebenso aus einer Publikation des Kirchenhistorikers und Bischofs von Angers, Charles Emile Freppel (1827–1891), zum hundertsten Jahrestag der Französischen Revolution. Hier wurde die Revolution als eines der traurigsten Ereignisse der Menschheitsgeschichte bezeichnet, die eine Bewegung ausgelöst habe, der es um die totale Vernichtung des Christentums und des Gottesglaubens in Staat, Familie, Schule und sämtlichen Institutionen gehe; Freppel forderte seinerseits eine „monarchie nationale", die zwar nicht die äußere Form, wohl aber die unverzichtbaren Prinzipien des Ancien Régime und besonders die angemessene Rolle der Religion im öffentlichen, häuslichen und privaten Leben wiederherstellen solle.[26]

Offenbar löste dies denn doch mindestens bei einigen Studierenden erheblichen Widerspruch aus, was den Leiter des Scholastikates noch einmal grundsätzlich Position beziehen ließ: „Ihr Erstaunen ... überrascht mich nicht allzu sehr angesichts der laizistischen Atmosphäre, in der wir leben und die ein Erbe der Französischen Revolution ist, sowie der in den Kollegien angewandten Erziehung und Lehre, mit ihren verpflichtenden, vom Staat auferlegten Programmen sowie der Bücher, in denen man die geschichtlichen und die christlichen Begriffe verfälscht. Sie müssen sich also dem Problem stellen: Sie müssen verstehen, dass es eine wahre Art und Weise gibt, die Geschichte zu betrachten, nämlich jene, die durch die Päpste und die Bischöfe, die ihrem Denken folgen, gelehrt wird. Sie müssen die Geschichte im Lichte der Kirche beurteilen. Wird die Kirche abgelehnt, dann bricht jede Kultur zusammen und entwickelt sich zur Anarchie und zur Sklaverei." Dem Vorwurf, er politisiere, begegnete er mit einer neuerlichen, für seine Sicht der Dinge bezeichnenden Klarstellung, die ganz in der Linie von Le

---

[25] Zit. n. Tissier de Mallerais, *Marcel Lefebvre*, S. 159.
[26] Mgr. [Charles] Freppel, *La Révolution Française. A propos du centenaire de 1789, Fac similé de l'édition Roger et Chernoviz*, o. O. 1889 [Paris 1987], bes. S. VI, 27, 147f.

Floch gelegen habe dürfte: „Sie müssen diese Wahrheit verstehen: Der Priester darf nicht Politik betreiben. Differenzieren wir: Wenn Politik verschiedene gute Arten zu regieren, zu herrschen bedeutet – dann haben Sie recht. Wenn Politik die Struktur des Staates, seinen Ursprung, seine Verfassung, sein Ziel bedeutet, dann gehört das zur Moral, also zur Lehre der Kirche. Ein Priester muss sagen dürfen: Dieses oder jenes Prinzip ist falsch, ist beispiellos. Sie müssen Führer sein, Leuchten, Männer mit Grundsätzen."[27] Konkret machte er deshalb aus seinen Sympathien für den inhaftierten Pétain keinen Hehl und empfahl z. B., die bereits erwähnte, rechtsstehende *Parti Républicain de la Liberté* zu wählen. Im größeren Kontext der innerkirchlichen Debatten nach 1945 betrachtet, bezog er damit eindeutig Position auf der Seite derjenigen, die den durchaus ambivalent auslegbaren Ruf der Pius-Päpste zur *Katholischen Aktion* des Laienapostolates im Sinne der direkten „hierarchischen Führung" der Laien durch den Klerus auslegten, und nicht im Sinne des „Sehen – Urteilen – Handeln" sowie gesteigerter Autonomie der Laien, wie dies Joseph Cardijn (1882–1967) und die Schule der *Jeunesse Ouvriere Catholique* (JOC) wollten. Diesem Ansatz stand Lefebvre stets mit Skepsis gegenüber, bis hin zum späteren Verbot der JOC in Afrika und der Forderung in der vorbereitenden Zentralkommission des Konzils, die Abhängigkeit des Laienapostolates vom priesterlichen Apostolat hervorzuheben – schließlich sei ja der zeitliche vom geistlichen Bereich nicht zu trennen, denn der zeitliche Bereich sei in die übernatürliche Ordnung eingegliedert.[28]

Nach dem Zwischenspiel in Mortain schloss sich aber bald eine erneute Berufung in die Missionsgebiete an: 1947 wurde er zum Apostolischen Delegaten von Dakar und dann für ganz Französisch-Schwarz-Afrika ernannt. Dazu wurde er 1947 zum Bischof geweiht, 1955 zum Erzbischof von Dakar erhoben. Offenkundig hatte er den Ruf eines fähigen Organisators, der allerdings im Prozess der (auch von ihm nicht grundsätzlich in Frage gestellten) De-Kolonialisierung Bedenken gegen eine ihm zu weit gehende Akkulturation hatte und besonders eine Islamisierung und kommunistische Machtübernahme fürchtete. Die Offiziere der OAS, die 1961 die Unabhängigkeit Algeriens durch einen Putsch gegen De Gaulle verhindern wollten, waren in seinen Augen „Helden".[29] Im Zuge der De-Kolonialisierung und Übertragung der Bischofssitze an afrikanische Kleriker wurde er schließlich 1962 von sei-

---
[27] Zit. n. Tissier de Mallerais, *Marcel Lefebvre*, S. 160.
[28] Vgl. ebd., S. 208–210, 298.
[29] Zit. n. ebd., S. 286.

nem Amt in Dakar entpflichtet und zugleich als Bischof in die zentralfranzösische Diözese Tulle versetzt.[30] Schon wenige Monate später wurde er jedoch am 26. Juli 1962 zum Generaloberen der Spiritaner gewählt und daraufhin als Titular-Erzbischof aus seiner Amtsfunktion als Diözesanbischof von Tulle entpflichtet. Zu diesem Zeitpunkt gingen die Vorbereitungen zur Eröffnung des von Johannes XXIII. Anfang 1959 einberufenen Zweiten Vatikanischen Konzils bereits in ihre letzte Phase. Marcel Lefebvre war zum Mitglied der Zentralen Vorbereitungskommission ernannt worden und fand sich dort schon bald, als die ersten Divergenzen auftauchten, auf der Seite Kardinal Ottavianis und der Kurie gegen die „Liberalen" wieder. Besonders eindringlich dürfte sich ihm dabei der 19. Juni 1962 eingeprägt haben, als in dieser Vorbereitungskommission zum Themenkomplex Kirche, Staat und religiöse Toleranz zwei konkurrierende Entwürfe beraten wurden: ein von Ottaviani vertretener Entwurf der vorbereitenden Theologischen Kommission und ein Entwurf des Sekretariats zur Förderung der Einheit der Christen unter Kardinal Bea. 1988 erinnerte er sich an seine erste Reaktion auf die Textvorlagen: „Das erste ist die katholische Überlieferung, aber das zweite, was soll denn diese Geschichte? Das ist der Liberalismus, die französische Revolution, die Verfassung der Menschenrechte, die sie in die Kirche einschleusen wollen! Das ist doch wohl nicht möglich! Wir werden ja sehen, was sich auf der Sitzung abspielen wird."[31] Tatsächlich standen sich während dieser denkwürdigen Sitzung dann zwei sehr unterschiedliche theologische Modelle gegenüber. Lefebvre lehnte das Schema des Einheitssekretariates ab, denn es beruhe auf Grundsätzen, die von den Päpsten feierlich verworfen worden seien; das von Ottaviani vertretene Schema fand seine Zustimmung, aber auch hier forderte er eine stärkere Hervorhebung des Christ-Königs-Motivs. Es muss für Lefebvre aber vor allem ernüchternd gewesen sein, dass sich unter den Kardinälen überhaupt eine vergleichsweise breite Unterstützung des vom Einheitssekretariat vorgelegten Schemas über die Religionsfreiheit fand. Das führte dazu, dass auf dieser wohl dramatischsten Sitzung der Vorbereitungskommission überhaupt keine Einigkeit erzielt werden konnte und die Angelegenheit schließlich an den Papst weitergeleitet wurde.[32] Später erinnert er sich: „Man stand also am Vor-

---

[30] Vgl. u. a. Walter Geppert, *Marcel Lefebvre. Ankläger und Angeklagter Roms,* Tübingen 1980, S. 8ff.
[31] Zit. n. Tissier de Mallerais, *Marcel Lefebvre,* S. 300.
[32] Zur Konzeption und Arbeit der Zentralen Vorbereitungskommission (*Commissio centralis praeparatoria*) und zu dem beschriebenen Konflikt vgl. Joseph A. Komon-

abend des Konzils vor einer Kirche, die in einer ausschlaggebenden Frage gespalten war: der Königsherrschaft unseres Herrn Jesus Christus über die Gesellschaft. Sollte unser Herr über die Nationen regieren? Kardinal Ottaviani sagte: Ja! Der andere sagte: Nein! Ich sagte folglich zu mir selbst: ‚Wenn das schon so anfängt, wie wird dann das Konzil sein?"[33] Auch wenn Lefebvre hier sicherlich Erinnerungen zurückprojiziert, es dürfte sich darin doch, gerade angesichts dessen, was wir über seine frühere Biographie rekonstruieren können, ein authentischer Reflex seiner damaligen Einschätzung wieder finden. Blicken wir zurück: Beim Eintritt in das Französische Seminar in Rom war er offenbar „liberalen" Ideen mindestens aufgeschlossen, erfuhr aber dann durch Le Floch eine schlagartige, klare Ausrichtung (es sei an den von ihm verwandten Begriff der „Offenbarung" erinnert) auf die Bekämpfung eben dieses von der Französischen Revolution ausgehenden Liberalismus im geistlichem oder zeitlichen Bereich, in Kirche und Welt. Lefebvre musste schon 1927 ernüchtert zur Kenntnis nehmen, dass eben diese Konsequenz von höchster Stelle mindestens im „zeitlichen" Bereich zugunsten pragmatischer oder anders motivierter Anpassung geopfert wird. Gerade auch nach 1945 stellt er sodann fest, dass von Rom nicht nur im zeitlichen, politischen Raum Kompromisse geschlossen werden, sondern selbst innerhalb der Kirche „liberale" oder „modernistische" Strömungen um sich greifen. Und nun die Vorbereitung des Konzils: Das eigentlich schockierende Erlebnis war für Lefebvre schon im Sommer 1962, dass nun mit dem Entwurf des Einheitssekretariates „Über die Religionsfreiheit" die Französische Revolution eben dort angekommen war, wo er bisher den Hort des Widerstands gegen ihre verderblichen Auswirkungen, das Bollwerk der Gegenrevolution gesehen hatte: Im Papsttum, in der Kurie, bei den Hütern des unfehlbaren Lehramtes!

Diese Deutung der Vorgänge – „Das ist der Liberalismus, die französische Revolution, die Verfassung der Menschenrechte, die sie in die Kirche einschleusen wollen!" – macht den Kern des bis auf den heutigen Tag fortwirkenden Konfliktes aus, wie dies schon vor Jahren Yves Congar beobachtet hatte.[34] Der Streit war pro-

---

chak, *Der Kampf für das Konzil während der Vorbereitung (1960–1962)*, in: Giuseppe Alberigo – Klaus Wittstadt (Hgg.), Geschichte des Zweiten Vatikanischen Konzils (1959–1965), Mainz 1997, S. 194–199, 338–340, 341–345.
[33] Zit. n. Tissier de Mallerais, *Marcel Lefebvre*, S. 304.
[34] Yves Congar, *Der Fall Lefebvre. Schisma in der Kirche? Mit einer Einführung von Karl Lehmann*, Freiburg – Basel – Wien 1977, S. 21–24.

grammiert, bevor das eigentliche Konzil begann, und der Verlauf des Konzils wurde in der Folge von Lefebvre als Unterwanderung und später Triumph des „Modernismus", d. h. der kirchlichen Variante des „Liberalismus" gedeutet, den Pius X. so vehement bekämpft hatte, ja als Ergebnis einer lange vorbereiteten Verschwörung dieser Kräfte mit den Feinden der Kirche.[35] Die Zurückweisung der vorbereiteten Schemata, an denen er ja beteiligt war, ganz zu Beginn des Konzils, hat bei ihm offenbar auch nachhaltige Spuren hinterlassen.[36] Die existentielle Dimension des Konfliktes hat sich für Lefebvre sicher noch einmal dadurch verschärft, dass sich nun allmählich auch die vorher undenkbare Frage nach der Autorität des Papstes stellte, ja, ob und in welchem Umfang der Vatikan selbst in die Fänge widerchristlicher Mächte geraten könne – eine Frage, die Lefebvre und seine Anhänger bis heute erkennbar umtreibt, ohne wie Luther schon nach drei Jahren durch den Bruch mit dem Papsttum und seiner Identifikation mit dem Antichrist zu antworten. Gleichwohl kursierten schon während des Konzils in Lefebvres Umfeld krude Vorstellungen, es vollziehe sich im Zuge dieser Kirchenversammlung eine neomodernistische Verschwörung, die von Juden und Freimaurern gesteuert werde[37], womit Vorstellungen, die schon im Katholizismus des 19. Jahrhunderts kursierten, eine Neuauflage erfuhren.

Da das Zweite Vatikanische Konzil mittlerweile in den Hauptlinien seiner Verläufe historiographisch als vergleichsweise gut erschlossen gelten kann, ist es auch leichter geworden, die folgenden Aktivitäten Lefebvres im Kampf für seine Positionen in die größeren Zusammenhänge einzubetten.[38] Einen besonderen Namen

---

[35] Die konzentrierteste Deutung der Vorgänge aus der Sicht Lefebvres, bis hin zu der Formulierung, dass Geheimgesellschaften das Konzil seit mehr als einem Jahrhundert vorbereitet hätten („des sociétés secrètes préparant ce Concile depuis plus d'une siècle"), findet sich in: Mgr. Lefebvre, *J'accuse le Concile*, Martigny ²1976, S. 7f (Vorwort).
[36] Seine Erinnerung an diese Vorgänge, u. a. die Aktivitäten der „rheinischen Kardinäle" in: Marcel Lefebvre, *Un Évêque parle. Écrits et Allocutions*, Tome I: 1963–1974, Jarzé ²1974, S. 191f.
[37] Vgl. Giovanni Miccoli, *Zwei schwierige Problemfelder: Die Religionsfreiheit und das Verhältnis zu den Juden*, in: Giuseppe Alberigo – Günther Wassilowsky (Hgg.), Geschichte des Zweiten Vatikanischen Konzils (1959–1965), Bd. IV, Mainz 2006, S. 134–135 und S. 184–187.
[38] Der erste Zugang ergibt sich über Guiseppe Alberigo – Klaus Wittstadt – Günther Wassilowsky (Hgg.), *Geschichte des Zweiten Vatikanischen Konzils (1959–1965)*, Bd. I–V, Mainz – Ostfildern – Leuven 1997–2008. Zu beachten ist dabei die Verwechslungsgefahr mit dem (übrigens auch in Tourcoing geborenen!) Kardinal und Erzbischof von Bourges, Joseph-Charles Lefebvre (1892–1973). Im Text wird er zumeist als „Kardinal" hervorgehoben, im Gegensatz zum „Erzbischof" Marcel Lefebvre. Allerdings ist auch dem Register dieses monumentalen Werkes diese Verwechslung ge-

machte er sich durch seine führende Position im so genannten *Coetus Internationalis Patrum*, einer Gruppe von Bischöfen, die aus vielfältigen Motiven heraus die theologische Gesamtentwicklung des Konzils für problematisch hielt und ablehnte und mit einem ausgeprägten ‚parlamentarischen' Bewusstsein eine entsprechende Opposition zu mobilisieren wusste.[39] Lefebvre scheint von Anfang an der „Hauptmitarbeiter" des Begründers des Kreises, des Erzbischofs von Diamantine in Brasilien, Geraldo de Proença Sigaud SVD (1909–1999), gewesen zu sein.[40] Neben seinen organisatorischen Aktivitäten trat er inhaltlich insbesondere bei Fragen hervor, die die Kollegialität und die Religionsfreiheit betrafen.[41] Bis zum Schluss bezog er zusammen mit dem harten Kern des *Coetus* massiv Stellung gegen die Erklärung zur Religionsfreiheit *Dignitatis Humanae*, die schließlich doch am 7. Dezember 1965 mit 2308 gegen 70 Stimmen (bei 8 ungültigen Stimmen) verabschiedet wurde.[42] Lefebvre hat selbst später erklärt, bis zum Schluss gegen die Erklärung über die Religionsfreiheit und die Pastoralkonstitution *Gaudium et spes* gestimmt zu haben. Allerdings hat er diese Dokumente später durch seine Unterschrift bestätigt, was sich sein Biograph, Tissier de Mallerais, durch eine Erinnerungslücke erklärt oder dadurch, dass er sich nach der Approbation durch Papst Paul VI. zur Unterschrift verpflichtet fühlte. Unstrittig ist jedoch demnach, dass er alle anderen Dokumente des Konzils – einschließlich der Liturgiekonstitution – mit einem placet versah.[43] Zu Recht ist deshalb darauf hingewiesen worden, dass Lefebvre das Konzil nicht von vornherein in Bausch und Bogen abgelehnt hat, wie spätere Publikationen es erscheinen

---

legentlich unterlaufen: In Bd. II z. B. fehlt im Register Joseph Lefèbvre ganz, obwohl er z. B auf den S. 37, 39, 395, 411, 414 und 460 gemeint ist. In Bd. IV sind im Register Verweise auf den Kardinal auf den S. 82f und 221f irrtümlich unter „Marcel" subsumiert. Offenbar kam es auch schon während des Konzils ausgerechnet im Zusammenhang mit den Beratungen über die Religionsfreiheit zu einer solchen Verwechslung: Miccoli, *Problemfelder*, S. 214, Anm. 322. Lefebvres Interventionen sind gesondert publiziert in: Marcel Lefebvre, *J'accuse le Concile*, Martigny 1976 sowie Tissier de Mallerais, *Marcel Lefebvre*, S. 335–357.

[39] Vgl. Zum *Coetus*: vgl. Hilari Raguer, *Das früheste Gepräge der Versammlung*, in: Alberigo, Bd. II, S. 232–237 und Joseph Famerée, *Bischöfe und Bistümer (5.–15. November 1963)*, in: Alberigo Bd. III, S. 200–203.

[40] Raguer, *Gepräge*, S. 234.

[41] In der Debatte um die Religionsfreiheit bezeichnet ihn Miccoli als „Sprecher der Anführer des „Coetus internationalis Patrum": Miccoli, *Problemfelder*, S. 131.

[42] Vgl. Gilles Routhier, *Das begonnene Werk zu Ende führen: Die Mühen der vierten Sitzungsperiode*, in: Alberigo Bd. V, S. 109f und Mauro Velati, *Die Vervollständigung der Tagesordnung des Konzils*, in: Alberigo Bd. V, S. 246–250.

[43] Vgl. Tissier de Mallerais, *Marcel Lefebvre*, S. 332–334.

lassen mögen, sondern seine Verwerfung die Frucht einer allmählichen Radikalisierung war.[44]

2. Das Jahr 1968 und die Folgen

Für die nachkonziliare Eskalation des Konfliktes, die dann zum Schisma von 1988 führte, liegen zwar bisher eine ganze Reihe mehr oder weniger kursorischer Darstellungen vor[45], aber eine umfassende, die Hintergründe und Motivstrukturen adäquat berücksichtigende historische Darstellung fehlt bis heute. Das wird auch vorläufig so bleiben, solange die Archive der beteiligten Personen und Institutionen nicht gleichermaßen zugänglich sind. So wird sich die Erforschung der Vorgänge vorläufig auf die offiziellen oder persönlichen Darstellungen beziehen müssen, die bereits publiziert worden sind. Auch die folgende Skizze der Ereignisse ist unter diesem Vorbehalt zu sehen.

Auch auf dieser Grundlage ist jedoch unverkennbar, dass die Wahrnehmung des Jahres 1968 eine zentrale Rolle spielt, und paradoxerweise beginnt die Eskalation offenbar mit einem Versuch, Papst Paul VI. beizustehen. Als Oberer der Väter vom Hl. Geist hat sich Lefebvre nach dem Konzil zunächst und vor allem mit der Umsetzung der Beschlüsse des Konzils in den Ordensgemeinschaften, insbesondere den Konsequenzen für das Priesterbild befasst.[46] 1968 jedoch steigerte er seine Publikationstätigkeit mit einer ganzen Reihe von Artikeln, die nun um das Themenfeld Kirchenkrise, Krise der Autorität und Häresie kreisen.[47] Den Auftakt machte ein in Rom vom 5. Februar 1968 datierter Leserbrief, in dem sich Lefebvre mit der aktuellen Lage der Kirche auseinandersetzte. Offenkundig sah er sich dazu durch eine Erklärung Papst Pauls VI. vom 2. Februar 1968 veranlasst, in der dieser hervorgehoben hatte, dass die Kirche in Glaubensfragen keine Demo-

---

[44] Vgl. Luc Perrin, *L'affaire Lefebvre*, Paris 1989, S. 60f.
[45] Vgl. Jean Anzevui, *Das Drama von Écône. Geschichte, Analyse und Dokumente*, Sitten/CH 1976; Congar, *Der Fall Lefebvre*; Leo Kozelka, *Lefebvre. Ein Erzbischof im Widerspruch zu Papst und Konzil*, Aschaffenburg 1980; Perrin, *L'affaire Lefebvre*; Hans Rossi, *Ecône durchleuchtet. Lefebvre und sein Werk. Eine Orientierung für jedermann*, München – Luzern 1977; Alois Schifferle, *Was will Lefebvre eigentlich? Der Bruch zwischen Ecône und Rom*, Freiburg/CH – Konstanz 1989; Ders., *Das Ärgernis Lefebvre. Informationen und Dokumente zur neuen Kirchenspaltung*, Freiburg/CH 1989; Reinhild Ahlers – Peter Krämer (Hgg.), *Das Bleibende im Wandel. Theologische Beiträge zum Schisma von Marcel Lefebvre*, Paderborn 1990.
[46] Marcel Lefebvre, *Lettres pastorales et écrits*, Escurolles 1989, S. 239–267.
[47] Aus diesem Grunde widmet die Publikation seiner pastoralen Schriften dem Jahr 1968 einen ganzen Teil: Ebd., S. 273–334. Wichtig ist hier, dass die Folge des Abdrucks der Beiträge nicht der Chronologie entspricht.

kratie sei. Gleich zu Beginn formuliert Lefebvre über das Voranschreiten des Bösen in der Kirche („les progrés du mal dans l'Eglise"), die satanischen Kräfte drängten („Les forces sataniques sont puissantes"). Der Geist der Demokratisierung sei dabei das Kernproblem, denn so zerstöre man die Kirche von innen („Avec ces principes, on fait éclater l'Eglise par le dedans, car sa constitution divine était tout entière basée sur l'autorité divine e l'autorité de personnes divinement mandatées"). Die Demokratie in der Kirche sei ein „virus galopant!" Deshalb habe der Papst vor Fehlentwicklungen nach dem Konzil gewarnt und die Tugend des Gehorsams eingefordert. Charakteristisch ist nun die folgende Ausweitung des Themas durch Lefebvre: Menschenwürde und das persönliche Gewissen als höchste Regel der Moralität seien lediglich Vorwände („prétextes"), um die Autorität zu einem Prinzip ohne Macht umzuformen. Um die Gärung des „freien Urteils" („libre examen"), das die Quelle der größten Übelstände der letzten Jahrhunderte („la source de grandes calamités des derniers siècles") sei, nicht weiter zu fördern, sei es von Bedeutung, erstens das richtige Verständnis von Autorität und zweitens ihre Wohltaten in den natürlichen beiden Gesellschaften göttlichen Rechtes, der Familie und der „Société civile", aufzuzeigen.[48] Allgemein gelte, dass jede Autorität von Gott zur Förderung des „bien commun" eingesetzt sei. Das gelte in der Familie, wo dem Vater eine enorme Machtfülle über die Familiengesellschaft, also Frau und Kinder, zukomme („un immense pouvoir sur la société familiale, sur son épouse, sur ses enfants")[49], und ebenso für Staat und Gesellschaft. Staat und Gesellschaft komme eine beträchtliche Rolle zu, zur Beförderung des Glaubens und der Tugend der Bürger beizutragen („pour les aider et les encourager dans la loi et la vertu"). Es handele sich dabei freilich nicht um einen Zwang („contrainte") im Glaubensakt oder im Gewissen der Person, soweit es sich um interne und private Akte handele; es handele sich vielmehr um eine natürliche, von Gott gewollte Rolle der Gesellschaft, um den Menschen zu helfen, ihre letztes Ziel zu erreichen („pour aider les hommes à obtenir leur fin derniere").[50] Dabei gelte freilich, dass nur die katholische Religion die richtigen, von Gott gewollten Prinzipien der Gerechtigkeit, Gleichheit und Menschenwürde bereitstellen könne. Es sei unglaublich, dass katholische Regierungen sich ihren zeitlichen Aufgaben wie der Aufrechterhaltung der Moral entzö-

---
[48] Ebd., S. 310.
[49] Ebd., S. 314.
[50] Ebd., S. 315.

gen. Geradezu kriminell sei es, wohl an die Kirche gewandt, katholische Staaten zu ermutigen, sich aus dem religiösen Feld herauszuziehen und unter dem falschen Vorwand der Menschenwürde so zur Auflösung der Gesellschaft beizutragen.[51] Auch in diesem Text, wie schon so oft an Wendepunkten der Entwicklung (1946, 1962), begegnet der Rekurs auf den entscheidenden Referenzpunkt seines Denkens: Die Französische Revolution als der eigentliche Sündenfall der Geschichte gegen die von Gott gesetzte Ordnung, mit den aus seiner Sicht katastrophalen Folgen besonders der Proklamation der Menschenrechte. Die folgenden, turbulenten Monate, von den Mai-Unruhen in Paris bis hin zu den Reaktionen auf die Enzyklika Pauls VI. „Humanae Vitae", dürften Lefebvre in seinen Einschätzung bestätigt haben, die revolutionäre Auflösung von Kirche und Gesellschaft sei in vollem Gange. Bald kam es auch im eigenen Hause, in der Kongregation der Väter vom Hl. Geist, zu Auseinandersetzungen um eine Neufassung der Ordensregeln, die nach seiner Einschätzung die Kompetenzen des Oberen einschränken sollten, was am 12. September 1968 zu seinem Amtsverzicht führte.

Fortan hatte der nunmehr ja auch schon mit 63 Jahren recht betagte Titular-Erzbischof und ehemalige Ordensobere keinerlei Amtsfunktionen mehr wahrzunehmen, und in dieser Situation reifte bei ihm im Frühjahr 1969 der Entschluss, nach dem Vorbild einer Missionsgesellschaft, wie er ihr vorgestanden hatte, eine Priestergemeinschaft zu begründen, um – so sein Biograph – „das kostbare Erbe weiterzugeben, das er in Rom aus den Händen der Patres Le Floch, Voegtli, Frey, Le Rohellec empfangen hatte."[52] Ob dabei sogleich an ein Seminar gedacht war, wie sein Biograph will, erscheint eher zweifelhaft angesichts späterer Äußerungen Lefebvres.[53] Jedenfalls konnte er mit Zustimmung des ihm aus Dakar bekannten Diözesanbischofs von Fribourg, Francois Charrière, am 1.11.1970 in Fribourg/Schweiz eine „Priesterfraternität vom Heiligen Pius X." begründen, und zwar als „Fromme Vereinigung" (pia unio) und zunächst für sechs Jahre „ad experimentum", also auf Probe.[54] Die Namensgebung kann nicht überraschen, denn einerseits ist die Erinnerung an diesen Papst untrennbar mit der Bekämpfung des „Modernismus" und speziell dem Anti-Modernisten-Eid des Klerus verbunden, andererseits hatte er ein spezi-

---

[51] Ebd., S. 319.
[52] Tissier de Mallerais, *Marcel Lefebvre*, S. 434f.
[53] Vgl. Schifferle, *Ärgernis Lefebvre*, S. 32f.
[54] Zu den entsprechenden Vorgängen vgl. ebd. und Anzevui, *Das Drama von Écône*.

fisches Priesterbild gefördert (*Exhortatio ad Clerum Catholicum*, 4.8.1908)[55], das um den Begriff der Heiligkeit kreiste, die durch Haltungen wie Demut, Gehorsam und Selbstverleugnung definiert wurde und zugleich als Voraussetzung für ein erfolgreiches pastorales Wirken galt und für die erste Hälfte des 20. Jahrhunderts große Wirkung entfaltete. Schon bald folgt ein Umzug der Fraternität nach Ecône im Wallis, wo der Bischof von Sitten, Nestor Adam, seine Zustimmung gibt, ein Noviziat für Theologiestudenten zu bauen. Allerdings war zunächst daran gedacht, dass die Studenten in Fribourg studieren sollten; als aber mit dem Ausbau der Gebäude in Ecône mehr und mehr erkennbar wurde, dass die Fraternität eine direkte Ausbildung der Seminaristen übernahm, begannen die Konflikte mit den beteiligten Bischöfen, woraufhin Rom die Sache aufgriff und eine Visitation anordnete.[56]

Die Ereignisse, die in ihren äußeren Etappen bereits an anderer Stelle zusammengestellt worden sind[57], spitzten sich im Laufe des Jahres 1974 zu, wozu offenbar eine neue inhaltliche Positionsbestimmung Marcel Lefebvres gegenüber dem Papst beitrug. Er stellte jetzt – nach einem von seinem Biographen Tissier de Mallerais zitierten Text vom 13. Oktober 1974, der unter dem Titel „Satans Meisterstück" verfasst worden zu sein scheint – die Autorität des Papstes insofern grundsätzlich in Frage, als er das „zeitliche Rom, das von den Vorstellungen der modernen Welt beeinflusst ist", von dem „ewigen Rom in seinem Glauben, seinen Dogmen, seiner Auffassung vom Messopfer" unterschied – nur dem letzteren gelte sein Gehorsam. Unter Bezugnahme auf eine Formulierung Papst Pauls VI. von 1972, dass der „Rauch Satans in den Tempel Gottes eingedrungen sei", formulierte er nun: „Das Meisterstück Satans bestand darin, die gesamte Kirche durch Gehorsam in den Ungehorsam gegenüber ihrer Tradition zu stürzen."[58] Und Tissier de Mallerais referiert weiter: „Die Kirche wird sich selbst zerstören auf dem Weg des Gehorsams gegenüber den Grundsätzen der Revolution, die durch die Autorität der Kirche in die Kirche eingeschleust wurden."[59] Auch hier begegnet wieder

---

[55] Deutsche Übersetzung in: Anton Rohrbasser (Hg.), *Sacerdotis imago. Päpstliche Dokumente über das Priestertum von Pius X. bis Johannes XXIII.*, Freiburg 1962, S. 77–109.
[56] Vgl. Schifferle, *Ärgernis Lefebvre*, S. 31.
[57] Vgl. ebd., S. 161–195; Tissier de Mallerais, *Marcel Lefebvre*, S. 489–524, S. 561–600.
[58] Mit dem Rekurs auf „Satan" konnotiert Lefebvre übrigens zugleich erneut die Französische Revolution, die erstmals von Joseph de Maistre (1753–1821) in ihrem Wesen als „satanisch" bezeichnet worden war: Hans Maier, *Revolution und Kirche*, S. 58.
[59] Tissier de Mallerais, *Marcel Lefebvre*, S. 496f.

der Rekurs auf die Revolution. Später, 1977, ergänzte Lefebvre diesen Gedankengang: „Während eineinhalb Jahrhunderten haben die Päpste die Liberalen verurteilt, aber ich muss feststellen, dass letztere auf dem Konzil gesiegt haben. ... Die Liberalen benützten einen schwachen Papst [Johannes XXIII.] und einen für einen radikalen Wandel eingenommenen Papst [Paul VI.], um an die Hebel der Macht zu kommen, ... um endlich sicher zu sein, die ökumenische Revolution durchdrücken zu können.... Auf diesem pastoralen Konzil konnte der Geist des Irrtums und der Lüge ungestört wirken, indem er überall *Zeitbomben* legte, welche die kirchlichen Einrichtungen zum gewünschten Zeitpunkt in die Luft sprengen würden."[60] 1987 hieß es gar in Fortschreibung der seit dem Konzil kursierenden Verschwörungsvorstellungen, der „Lehrstuhl des heiligen Petrus und die Stimmen der Autorität in Rom" seien „von antichristlichen Kräften besetzt."[61]

Im Zuge des grundsätzlichen Durchbruchs zu dieser Einschätzung, kurz nach der römischen Visitation des Seminars ging Marcel Lefebvre am 21. November 1974 mit einer „Glaubenserklärung" vollends auf Konfrontationskurs zum Papst und zum gesamten Zweiten Vatikanischen Konzil: „Diese Reform [des Zweiten Vatikanischen Konzils] ist als Ergebnis des Liberalismus und des Protestantismus ganz und gar vergiftet. Sie kommt von der Irrlehre und sie führt zur Irrlehre, wenn auch nicht alles formell häretisch ist. Es ist deshalb jedem verantwortungsbewussten Katholiken, der seinem Glauben treu bleiben will, unmöglich, dieselbe anzunehmen oder sich derselben in irgendeiner Weise zu unterwerfen." Ausdrücklich hieß es nun auch: „Man kann die Lex orandi nicht tiefgehend abändern, ohne die Lex credendi in Mitleidenschaft zu ziehen"[62], wodurch das Festhalten an den alten liturgischen Formen jetzt offenbar immer stärker nach innen und nach außen hin zum Identitätsmerkmal der Gruppe um Lefebvre wird.[63]

Damit war das Tischtuch mit Rom und Papst Paul VI. endgültig zerschnitten. Am 6. Mai 1975 erfolgte die Aufhebung der vorläufigen bischöflichen Approbation, worauf Lefebvre am 29. Juni 1976 trotz eines Verbotes 13 Priester weiht. Am 12. Juli 1976 wird er daraufhin vom Papst a divinis suspendiert, d. h. es wird ihm die Ausübung bischöflicher und priesterlicher Tätigkeit, wie der Feier der Hl. Messe, untersagt. Am 29. August feierte Lefebvre dennoch

---

[60] Manuskript von 1977, zit. n. ebd., S. 527. Hervorhebung bei Tissier de Mallerais.
[61] Brief vom 29. August 1987 an die zu weihenden Bischöfe (zit. n. ebd., S. 583)
[62] Abdruck: Anzevui, *Das Drama von Écône*, S. 90f.
[63] Zur Liturgie vgl. den Beitrag von Benedikt Kranemann in diesem Band.

in Lille – wohl nicht zufällig in seinem Heimatbistum – vor 6000 Teilnehmenden demonstrativ eine Messe nach Tridentinischem Ritus, was in den Medien große, wohl Lefebvre selbst überraschende Beachtung fand und die „alte" Liturgie fortan endgültig zum Erkennungszeichen der Gruppe um Lefebvre machte. Dabei nahm er in seiner Predigt[64] die Gelegenheit wahr, öffentlich Position zu beziehen, und sogleich erschien die Revolution der eigentliche Fixpunkt seines Denkens: Das Konzil sei der Triumph der liberalen Katholiken gewesen, deren Ziel seit hundertfünfzig Jahren die Vermählung von Kirche und Revolution, der Kirche und der destruktiven Kräfte der Gesellschaft: „Car qu'ont voulu les catholiques libéraux pendant un siècle et demi? Marier l'Eglise et la Révolution, marier l'Eglise et la subversion. Marier l'Eglise et les forces destructrices de la société, de toute société, depuis la société familiale et société civile, la société religieuse. Et ce mariage de l'Eglise il est inscrit dans le concile: prenez le schéma Gaudium et spes et vous y trouverez: il faut marier les principes de l'Eglise avec le conceptions de l'homme moderne."[65] Dass es – im Unterschied zur Revolution – dabei keine Märtyrer mehr gebe, sondern die Kirche im Gehorsam zerstört werde, sei der höchste Triumph des Teufels: „C'est le summum de la victoire du démon de détruire l'Eglise par obéissance."[66] Dennoch müsse weiterhin das Reich Jesu Christi verkündet werden, wie im „Vater Unser" formuliert: „Dein Wille geschehe im Himmel und auf Erden". Die erläuternden Passagen der Predigt sind ein Lehrstück dafür, wie eng diese Bereiche bei Lefebvre verflochten werden konnten: Auf dieser Erde werde es nur im Reich Christi und nach seinen Prinzipien der Gerechtigkeit sozialen und politischen Frieden geben, und für die Verwandlung von Anarchie in Ordnung sei die soeben in Argentinien installierte Militärregierung[67], die die wirtschaftliche

---

[64] Vgl. Marcel Lefebvre, Un évêque parle Écrits et allocutions, Tome II: 1975–1976, Jarzé 1976, S. 101–121; Übersetzung auszugsweise in: Rudolf Krämer-Badoni, Revolution in der Kirche. Lefebvre und Rom, München – Berlin 1980, S. 218–236.

[65] Lefebvre, Un évêque parle II, S. 105. („Was haben die liberalen Katholiken seit eineinhalb Jahrhunderten gewollt? Die Kirche und die Revolution verheiraten, die Kirche und die Subversion verheiraten. Die Kirche und die destruktiven Kräfte der Gesellschaft verheiraten, der ganzen Gesellschaft angefangen von der Gesellschaft der Familie bis zur Zivilgesellschaft und der religiösen Gesellschaft. Und diese Heirat der Kirche ist eingeschrieben in das Konzil: Nehmen Sie das Schema „Gaudium et spes" und Sie werden finden: man muss die Prinzipien der Kirche mit den Konzeptionen des modernen Menschen verheiraten.")

[66] Ebd., S. 107 („Das ist der Gipfel des Sieges des Dämons, die Kirche durch den Gehorsam zu zerstören.").

[67] 1976 stürzte eine Militärjunta die Regierung von Isabel Perón und errichtete ein diktatorisches Regierungssystem unter General J. R. Videla (1976–1981), das mit

und politische Instabilität des Landes in wenigen Monaten besiegt habe, ein gutes Beispiel. Lefebvre fuhr dann fort: „Voilà le règne de Notre Seigneur Jésus-Christ que nous voulons et nous professons notre foi en disant que Notre Seigneur Jésus-Christ est Dieu ...", also: „Das ist das Reich unseres Herrn Jesus Christus, das wir wollen und wir bekennen unseren Glauben, indem wir sagen, dass unser Herr Jesus Christus Gott ist ....". Und weshalb wolle man die Messe nach dem Ritus Pius' V.? Sie sei die Proklamation dieses Königreiches Christi: „Parce que cette messe est la proclamation de la royauté de Notre Seigneur Jésus-Christ que nous voulons et nous professons notre foi ..."[68] In einer deutschen Übersetzung wurde später die von Lefebvre durch die Formel „Voilà" vorgenommene Identifikation der Vorgänge in Argentinien mit dem Reich Christi unterdrückt, hier hieß es nun lediglich: „Wir wollen die Herrschaft Unseres Herrn Jesus Christus".[69] Im Wortlaut der Predigt und ihrer Theologie freilich, daran kann kein Zweifel bestehen, geriet die Messe zugleich zum politischen Manifest, auch wenn der Erzbischof sich später davon wieder zu distanzieren suchte.[70]

Die Konfrontation nahm in Frankreich fortan auch noch massivere Formen an, so durch die Besetzung der Kirche von Saint Nicholas-du-Chardonnet (Arrondissement V) in Paris, die in der Folge zu einem Zentrum der Traditionalisten wurde, weil die betreffende Diözese auf das Einlegen von Rechtsmitteln verzichtete. Weitere Vorfälle dieser Art folgten, so am 28./29. November 1986 in Saint-Louis de Port-Marly (Departement Yvelines).[71] Wenig verwunderlich ist, dass öffentliche Gottesdienste im Tridentinischen Ritus bald auch bei parteioffiziellen Veranstaltungen des *Front National* gefeiert wurden.[72] Die Sympathie der Lefebvre-Anhänger für diese Partei war offenkundig, und Lefebvre belobigte

---

großer Brutalität gegen die Opposition vorging. Nach der Niederlage im Falklandkrieg gegen Großbritannien erfolgte 1982 eine Re-Demokratisierung des Landes, Angehörige der Junta wurden zu hohen Gefängnisstrafen verurteilt.

[68] Ebd., S. 112f.
[69] Krämer-Badoni, *Revolution in der Kirche*, S. 227 (S. 238f.).
[70] Ebd., S. 238f, wo Krämer-Badoni entsprechende Äußerungen Lefebvres aus einer Pressekonferenz referiert.
[71] Zur Verbreitung der traditionalistischen Gruppen in Frankreich heute: Gérard Cholvy – Yves-Marie Hilaire, *Le fait religieux aujourd'hui en France. Les trente dernières années (1974–2004)*, Paris 2004, S. 273–276; zu den Vorgängen seit 1975 auch Albert, *Die katholische Kirche in Frankreich*, S. 146–148.
[72] Albert, *Die katholische Kirche in Frankreich*, S. 147; Bernhard Schmid, *Die Rechte in Frankreich. Von der Französischen Revolution zum Front National*, Berlin 1998, S. 154.

Le Pen öffentlich als Verfechter der Gesetze Gottes[73]; gleichwohl war er auch bestrebt, nicht allzu eng mit einzelnen dieser anti-republikanischen Gruppen identifiziert zu werden, deren Vielfalt für Frankreich typisch ist.[74] Praktisch war er bestrebt, wie es Luc Perrin treffend formulierte, „tout à tous", „allen alles" zu sein, also alle gleichzeitig anzusprechen und etwa hinsichtlich gemeinsamer Ziele zu belobigen, aber zugleich zu erläutern, die Kirche habe keine besondere Präferenz für eine bestimmte Staatsform.[75] Das entsprach ganz der Linie, die Le Floch nach dem Verbot der *Action française* vorgegeben hatte. Völlig zu Recht weist Perrin darauf hin, dass sich in dieser Ambivalenz auch das Problem widerspiegelt, dass die Tradition des „politique d'abord" in der Tradition der *Action française* eben nicht leicht mit dem „Dieu premier servir" des Erzbischofs zu vermitteln ist.[76]

Nach dem Tode Papst Pauls VI., der sich auch nach der Suspension noch durch ein Gespräch am 11. September 1976 und einen Briefwechsel um eine Verständigung bemüht hatte, und der Erhebung von Karol Wojtyła zum neuen Papst am 16. Oktober 1978, gab es recht bald Indizien für eine Entspannung des Verhältnisses zwischen Rom und Lefebvre und seinen Anhängern. Lefebvre wurde schon am 18. November 1978 zu einer Audienz zu Johannes Paul II. geladen, und nun setzte eine Folge von Verhandlungen ein, die auf eine Beilegung des Konfliktes abzielten. Ein erstes Ergebnis in dieser Richtung war am 16. Oktober 1984 die Erlaubnis der Ritenkongregation für die Pius-Bruderschaft, unter bestimmten Umständen die Feier der Messe nach dem Ritus Pius V. feiern zu dürfen. Freilich kam es dann 1986 wiederum zu einer Abkühlung des gegenseitigen Verhältnisses, als Papst Johannes Paul II. die römische Synagoge besuchte und es zur Begegnung mit Vertretern anderer Religionen in Assisi kam, was von Lefebvre als Skandal bezeichnet wurde. Am 29. Juni 1987 kündigte Lefebvre die Weihe von vier Bischöfen an, woraufhin die Kurie unter Beteiligung von Kardinal Ratzinger einen neuen Anlauf zu einer Verständigung machte.[77] Am 5. Mai 1988 unterzeichneten beide Seiten

---

[73] Vgl. Katja Thimm, *Die politische Kommunikation Jean-Marie Le Pens. Bedingungen einer rechtspopulistischen Öffentlichkeit* (Beiträge zur Politikwissenschaft 72), Frankfurt a. M. 1999, S. 72.
[74] Unter Bezug auf die Messe von Lille: Krämer-Badoni, *Revolution in der Kirche*, S. 237.
[75] Perrin, *L'affaire Lefebvre*, S. 95f.
[76] Ebd., S. 94.
[77] Bemerkenswert sind die in der Biographie von Tissier de Mallerais vorgestellten Aufzeichnungen über das Gespräch Lefebvres mit Kardinal Ratzinger am 14. Juli 1987, in dem offenbar wiederum das Verhältnis von Kirche und Staat eine zentrale

ein Protokoll, in dem Lefebvre einerseits u. a. seine Treue zu Papst und Kirche und bestimmten Aussagen des Konzils erklärte, andererseits die Einrichtung einer Gesellschaft des Apostolischen Lebens in Aussicht gestellt wurde (vgl. dazu den Beitrag von Peter Hünermann in diesem Band, S. 27f). Jedoch zerschlug sich die Übereinkunft an der Entscheidung Lefebvres, auf jeden Fall die Weihe eines Bischofs zum 30. Juni 1988 vorzunehmen, ohne sich der Entscheidung des Papstes zu unterstellen. Nach der an diesem Datum gemeinsam mit dem brasilianischen Bischof Antônio de Castro Mayer (1904–1991) vollzogenen Bischofs-Weihe von Bernhard Fellay, Richard Williamson, Bernard Tissier de Mallerais und Alphonso de Galaretta wurde entsprechend am folgenden Tag, am 1. Juli 1988, von der Bischofskongregation in Rom der Ausschluss der Beteiligten aus der Kirchengemeinschaft verkündet.

Das Schisma war vollzogen. Ein Teil der Anhänger Lefebvres wollte den Weg in das Schisma allerdings nicht mitgehen, und so kam es zu den zuvor von Rom angebotenen Bedingungen zur Begründung der Priesterbruderschaft St. Petrus (FSSP), die auch in Deutschland (Wigratzbad) ein eigenes Seminar unterhält. Auch unter den antirepublikanischen Rechtskatholiken in Frankreich kam es zu einer Spaltung: Die *Itinéraires* von Jean Madiran gingen auf Distanz zu diesem Akt, was die Zeitung zahlreiche Abonnements verärgerter Lefebvre-Anhänger kostete, so dass sie 1989 von monatlichem auf vierteljährliches Erscheinen umstellen musste. Zudem wurde Madiran im Januar 1990 in einer Sondernummer der Zeitung des *Front National*, *National Hebdo*, heftig kritisiert. Insoweit hat das Schisma die antirepublikanische Strömung im französischen Katholizismus sicher geschwächt, zugleich aber wurde in Rom mit Sorge der Umstand wahrgenommen, dass sich in der Sukzession der Bischöfe eine Abspaltung der katholischen Kirche zu verselbstständigen drohte, die auch über den Tod Marcel Lefebvres am 25. März 1991 anhielt.[78]

Rolle spielte, wobei Lefebvre auf dem „ewigen Ziel" des Staates beharrte, was Ratzinger so nicht gelten lassen wollte, Bernard Tissier de Mallerais, *Marcel Lefebvre*, S. 581.

[78] Aus historischer Perspektive erinnern die Ereignisse an die Ketzerpolitik Innozenz' III., der den um 1200 in Konflikt mit der Hierarchie geratenen häretischen Gruppen der Humiliaten und Waldensern nach Möglichkeit einen Raum in der Kirche zu verschaffen suchte: Erwin Iserloh, *Charisma und Institution im Leben der Kirche*, in: Ders., Ereignis und Institution. Aufsätze und Vorträge, Bd. I, Münster 1985, S. 78–94, bes. S. 87–90. Freilich ging es dort primär um die richtige evangelische Lebensform: Die Anerkennung abweichender Lebensformen von Seiten des Papstes erfolgte dabei immer unter der Voraussetzung der Anerkennung der grundsätzlichen Kompetenzen des hierarchischen Amtes. Auch bei den Bemühungen des Hl. Dominikus um die Gemeinschaften der Katharer-Frauen (domus haereticarum) durch die

II. Geschichtsdeutung in nationaler Perspektive: Franz Schmidberger und „Die Zeitbomben des Zweiten Vatikanischen Konzils".

1. Das Zweite Vatikanische Konzil im Scherenfernrohr von Donoso Cortes und Pius X.

Wie tief die Entstehungsgeschichte und die von Marcel Lefebvres Priesterbruderschaft vertretenen Positionen in der französischen (Kirchen)-Geschichte wurzeln, ist unübersehbar. Gleichwohl war das Seminar in Ecône von vornherein als eine internationale Gemeinschaft konzipiert, wie es der Tradition der Ordensgemeinschaften und dem Internationalisierungsschub der katholischen Kirche durch das Zweite Vatikanische Konzil entsprach. Das schlug sich auch in der Leitung der Priesterbruderschaft nieder, deren zweiter Generaloberer von 1982–1994 Pater Franz Schmidberger wurde (geb. 1946). Gegenwärtig ist er der Obere des deutschen Zweiges der Bruderschaft mit Hauptsitz in Stuttgart. Aus zeitgeschichtlicher Perspektive sind diese Vorgänge deshalb von Interesse, weil sich die Frage stellt, ob und wenn ja, wie sich die Denkmuster der Priesterbruderschaft im Zuge der „Traditionsbildung", d. h. der Übernahme von Leitideen des Gründers, und der Transnationalisierung der Gemeinschaft verändern. Zu einer ersten Orientierung in dieser Frage kann ein neuerer Text von Schmidberger über die „Zeitbomben des Zweiten Vatikanischen Konzils" beitragen, der offenbar auf einen Vortragstext von 1989 zurückgeht und auch gedruckt wurde[79], aber zum Zeitpunkt der Erstellung des Manuskripts auch über das Internet allgemein zugänglich war (http://fsspx.info/lehre/schriften/zeitbomben.htm). Obwohl der dort einsehbare Text auf den 9. April 1989 datiert ist, erfuhr er seither nach eigenen Angaben vier Auflagen. Die benutzte Fassung vom 2. Februar 2009 ist auf Oktober 2008 datiert. Allerdings ist feststellbar, dass in den folgenden Wochen auch ohne besondere Kennzeichnung Veränderungen vorgenommen wurden (s. u., zum Thema Judentum). Im Folgenden sollen ledig-

---

Überführung in die Klostergründung von Prouille scheinen solche Vorstellungen eine Rolle gespielt zu haben. Der Erfolg wird in der neueren Forschung aber eher skeptisch eingeschätzt: Daniela Müller, *Frauen vor der Inquisition. Lebensform, Glaubenszeugnis und Aburteilung der deutschen und französischen Katharerinnen* (Veröffentlichungen des Instituts für Europäische Geschichte Mainz 166), Mainz 1996, S. 90–96.

[79] Franz Schmidberger, *Die Zeitbomben des II. Vatikanischen Konzils. Vortrag, gehalten am 9. April 1989 in Mainz vor der Bewegung „actio spes unica"*, Stuttgart ^{4}2008.

lich einige Grundlinien des Beitrags vorgestellt und erläutert werden. Dass der Text eine komplexe Entstehungsgeschichte haben muss, wird schon zu Beginn einer oberflächlichen Lektüre deutlich. In der Einleitung wird nämlich bereits auf das Motu proprio Papst Benedikts XVI. über die Liturgie vom 7. Juli 2007 rekurriert, das – obzwar „sehr mangelhaft", so Schmidberger – doch als ein Schritt in die richtige Richtung zu betrachten sei.[80] Folglich rücke nun das Zweite Vatikanische Konzil in den Vordergrund. Die entscheidende Frage lautet: „Kann man nach Abweisung des zerstörerischen Konzilsgeistes die Texte selbst annehmen, indem man ihnen eine katholische Interpretation gibt? Lässt sich das Konzil im Lichte der Tradition interpretieren, wie Erzbischof Lefebvre dies einmal gefordert hat, indem er ein Wort Papst Johannes Pauls II. aufgriff? Man kann es und man muss es, wobei allerdings die 2000-jährige Tradition der Kirche das Sieb ist, das Kriterium darstellt, an dem sich die einzelnen Texte messen lassen müssen."[81] Damit ist die Fragestellung des Textes markiert: Der Beitrag will sich mit den Konzilstexten auseinandersetzen, um zu prüfen, ob sie vor dem Kriterium der Tradition bestehen können. Ein Teil der Texte sei nach den Ausführungen Schmidbergers unproblematisch, andere Textstellen seien zweideutig und bedürften der Klarstellung, schließlich aber gebe es auch solche Texte, die nicht mit der Tradition in Einklang gebracht werden können, die deshalb „ohne Wenn und Aber" ausgeschieden werden müssten.[82]

Im Folgenden schließt sich dann ein längerer – man ist versucht zu sagen: zeitgeschichtlicher – Exkurs über die Epoche an, in der das Zweite Vatikanische Konzil einberufen und abgehalten wurde. Dabei ist bemerkenswert, dass die Nachkriegszeit, die unmittelbare Zeit vor dem Konzil, durchaus nicht als „goldenes Zeitalter" geschildert wird, wie manchmal in einer romantisierenden „Oral History" kolportiert, sondern Schmidberger vielmehr eine Ambivalenz der damaligen Situation beobachtet: Beispielsweise ein „gewisses Unbehagen an der Kirche", eine Stagnation des Kirchenbesuchs und eine tendenzielle Abnahme der Berufungen. Das ist der Sache nach eine durchaus vertretbare Analyse des historischen Sachverhalts.[83] Der entscheidende Fehler der Verant-

---

[80] Ebd., S. 2.
[81] Ebd., S. 2.
[82] Ebd., S. 2.
[83] In manchen Bereichen waren allerdings schon (heute in der historischen Erinnerung oft verdrängte) massive Krisenphänomene zu beobachten, wie z. B. in der Jugendarbeit oder bei den Berufungen in den weiblichen Orden (vgl. dazu Daten in:

wortlichen habe nun damals darin bestanden, sich mit dieser Entwicklung zu arrangieren. Die richtige Lösung hätte vielmehr darin bestanden, zur „Heiligkeit" aufzurufen. Das ist eine klare Referenz mit Bezug auf Papst Pius X. und seine *Adhortatio ad Clerum Catholicum* von 1908, die eben diesen Begriff von Heiligkeit in den Mittelpunkt ihrer Ausführungen stellte. Tatsächlich aber, so Schmidberger, habe man durch „Selbstkritik, durch Selbsthinterfragung" die eigene Sendung untergraben. Kritisch wird hier vorab auf einen Theologen wie Hans Urs von Balthasar verwiesen, der schon zu Beginn der 1950er Jahre ein Schleifen der „Bastionen" gefordert habe, mit denen die theologischen Positionen etwa Pius' IX. oder Pius' X. gemeint gewesen seien, etwa der *Syllabus* oder die Verurteilung des „Modernismus".[84] Leider habe auch Kardinal Ratzinger als Präfekt der Glaubenskongregation diese Schleifung als „fällige Aufgabe" bezeichnet.[85] Diese Entwicklung sei dann etwa durch Rudolf Bultmann und Karl Rahner fortgesetzt worden. Papst Johannes XXIII. habe dann faktisch alle diese falschen Tendenzen in dem programmatischen Stichwort des „Aggiornamento" gebündelt.[86]

Warum war dieses Programm des Zweiten Vatikanischen Konzils in der Sicht des Autors vom Ansatz her falsch? Es ist nun bemerkenswert, dass die Gegenargumentation an dieser Stelle zunächst nicht auf einen Papst oder Theologen rekurriert, sondern auf Juan Donoso Cortés (1809–1853): Dieser „große Staatsphilosoph" habe zu Beginn des vorletzten Jahrhunderts „zwei große Irrtümer in unserer Zeit" ausgemacht, und zwar die „Leugnung der übernatürlichen Heilsordnung" und zweitens die Leugnung der „Erlösungsbedürftigkeit des Menschen". Cortés' Zeitanalyse soll nach Ansicht Schmidbergers also auch für unsere Gegenwart weiterhin Gültigkeit beanspruchen können. Angesichts dieser sehr pointierten Hervorhebung empfiehlt sich an dieser Stelle ein kurzer erläuternder Exkurs zu diesem Mitte des 19. und dann wiederum im frühen 20. Jahrhundert sehr prominenten, aber heute weithin unbekannten Autor.

Juan Donoso Cortés, aus spanischem Landadel, Nachfahre des Eroberers Mexikos Hernando Cortés (1485–1547), hatte in den Wirren der spanischen Innenpolitik in der ersten Hälfte des 19.

Wilhelm Damberg, *Pfarrgemeinden und katholische Verbände vor dem Konzil*, in: Günther Wassilowsky (Hg.), Zweites Vatikanum – Vergessene Anstöße, gegenwärtige Fortschreibungen (Quaestiones Disputatae 207), Freiburg–Basel–Wien 2004, S. 9–30 (Lit.).
[84] Ebd., S. 3.
[85] Ebd., S. 3.
[86] Ebd., S. 3.

Jahrhunderts als Politiker, Staatstheoretiker und Literat eine Karriere gemacht, die ihn von einem Anhänger liberaler Positionen zu einem (seit 1837) immer stärkeren Verfechter des Absolutismus und schließlich (seit 1848, als Reaktion auf die Revolution) Befürworter diktatorischer Herrschaftsformen machte. Sein berühmtestes Werk wurde der 1851 verfasste *Essai über den Katholizismus, den Liberalismus und den Sozialismus (Ensayo).* Er beginnt mit einer berühmten Formel, die er seinem Gegner, dem Frühsozialisten und Anarchisten Pierre-Joseph Proudhon (1809–1865) entlehnt hatte, aber zugleich gegen diesen wendete: „Jede große politische Frage schließt stets auch eine große theologische Frage in sich".[87] Gegenüber allen Bestrebungen, politisches Denken allein auf Rationalität und Vernunft zu beziehen, setzt er das Credo, dass politische Fragen zugleich auch immer Glaubensfragen sind. Das Politische ist somit nicht von der Theologie und die Theologie nicht von der Politik zu trennen. Diese Analogie untermauert er historisch und begrifflich und entfaltet daraus eine „politisch-theologische Gegenutopie" mit dem „Prinzip einer radikalen Abhängigkeit des Politischen vom Glauben".[88] Der Katholizismus ist dabei für Cortés als universales Ordnungsprinzip unentbehrlich: „Der Katholizismus ist ein vollständiges Zivilisationssystem, so vollständig, dass es in seiner Unermesslichkeit alles umfasst: Die Wissenschaft von Gott, die Wissenschaft vom Engel, die Wissenschaft vom Universum, die Wissenschaft vom Menschen".[89] Dieses göttliche Ordnungssystem sah Cortés durch die Französische Revolution und ihre Folgen in den Grundfesten erschüttert, Anarchie und Chaos müssten die notwendige Folge sein, Europa drohe unregierbar zu werden. Dem setzte Cortes den Appell entgegen, sich auf das durch die Kirche repräsentierte Prinzip der Autorität zu besinnen, und im Zweifel der Diktatur „von unten" die Diktatur „von oben" vorzuziehen.[90] Kurzfristig machte ihn der *Ensayo* zu einem der bekanntesten Gesellschaftskritiker im konservativen Lager, was ihm auch eine Anfrage des Kardinals Raffaele Fornari

---
[87] Pierre-Joseph Proudhon, *Les Confessions d'une révolutionnaire, pour server à l'histoire de la revolution de février*, Kap. 14, Erstausgabe Paris 1849, S. 61. Dt. Ausgabe: Pierre-Joseph Proudhon, *Bekenntnisse eines Revolutionärs um zur Geschichtsschreibung der Februarrevolution beizutragen*, hrsg. v. Günther Hillmann, Reinbek 1969.
[88] José María Beneyto, *Apokalypse der Moderne. Die Diktaturtheorie von Donoso Cortés* (Sprache und Geschichte 14), Stuttgart 1988, S. 65.
[89] Donoso Cortés, *Der Staat Gottes. Eine katholische Geschichtsphilosphie*, hrsg. v. Ludwig Fischer, Karlsruhe 1933, S. 20.
[90] Vgl. Donoso Cortés, *Rede über die Diktatur. Gehalten in den spanischen Cortes am 4. Januar 1849*, in: Ders., Der Abfall vom Abendland. Dokumente, hrsg. v. Paul Viator, Wien 1948, S. 54.

(1787–1854) einbrachte, eine Stellungnahme zum geplanten *Syllabus* zu formulieren. In Deutschland ist für seine Rezeption vor allem wichtig geworden, dass niemand anders als Carl Schmitt (1888–1985) dem Spanier 1922/1933 eine geradezu epochale Bedeutung als Vordenker einer ganz spezifischen „Politischen Theologie" zusprach. Es sei ein „Vorgang unermesslicher Bedeutung, dass einer der größten Repräsentanten dezisionistischen Denkens und ein katholischer Staatsphilosoph, der sich mit großartigem Radikalismus des metaphysischen Kerns aller Politik bewusst war, Donoso Cortés, im Anblick der Revolution von 1848 zu der Erkenntnis kam, dass die Epoche des Royalismus zu Ende ist. ... Es gibt daher auch keine Legitimität im überlieferten Sinne. Demnach bleibt für ihn nur ein Resultat: die Diktatur."[91] Der Bedeutung von Cortés für die spezifisch deutsche Rezeption des Gedankengutes der „Bruderschaft vom Hl. Pius X." wird weiter unten nachzugehen sein; kehren wir zunächst zu dem Text über die „Zeitbomben des Konzils" zurück.

Wenn in diesem Text von Schmidberger auf die „zwei großen Irrtümer unserer Zeit" rekurriert wird, die Cortés beobachtet habe, so bezieht sich dies auf eine Denkschrift, die dieser 1852 auf die oben erwähnte Anfrage des Kardinals Fornari hin verfasst hatte.[92] Entscheidend ist dabei für den weiteren Gedankengang Schmidbergers, dass diese von Cortés beklagten Grundirrtümer (die „Leugnung der übernatürlichen Heilsordnung" und die Leugnung der „Erlösungsbedürftigkeit des Menschen") nunmehr im Laufe des 19. und 20. Jahrhunderts zu einem Teil der Philosophie und auch der modernen Theologie der Gegenwart geworden seien. Die Folge sei in der Pädagogik der Verfall der Autorität, in der Politik der Abbau von Feindbildern und ein „illusionärer Pazifismus", sowie in der Öffentlichkeit ein „grenzenloser Fortschrittsglauben" und „uferloser Heilsoptimismus".[93] Das „größte Unglück des vergangenen Jahrhunderts" sei, dass alle diese Denkformen nun ihren Eingang in das Zweite Vatikanische Konzil und damit in den „inneren Kirchenraum" gefunden hätten: die „Mentalität der Moderne, der Liberalität, der permissiven Moral."[94]

---

[91] Carl Schmitt, *Politische Theologie. Vier Kapitel zur Lehre von der Souveränität*, München – Leipzig ²1934 (1. Aufl. 1922), S. 65f. Vgl. auch das Kapitel IV. Zur Staatsphilosophie der Gegenrevolution, S. 69–84.
[92] Donoso Cortés, *Die Hauptirrtümer der Gegenwart nach Ursprung und Ursachen. Denkschrift an seine Eminenz Kardinal Fornari vom 19. Juni 1852,* in: Ders., Der Abfall vom Abendland. Dokumente, hrsg. v. Paul Viator, Wien 1948, S. 83–112.
[93] Schmidberger, *Zeitbomben*, S. 4.
[94] Ebd., S. 4.

Insoweit habe sich das Konzil Schmidberger zufolge dreier „Sünden" schuldig gemacht: Erstens der Unterlassung des Herausstellens der Wahrheit, zweitens der Aufnahme zweideutiger Begriffe und drittens der Aufnahme von Aussagen, die „bereits an den Rand der Häresie gehen".[95] Vor allem fünf im folgenden einzeln vorgestellte „Dekrete" des Konzils hätten eine „verhängnisvolle Rolle" gespielt: Das Ökumenismusdekret *Unitatis Redintegratio*, die dogmatische Konstitution über die Kirche *Lumen Gentium*, die Erklärung über die nichtchristlichen Religionen *Nostra Aetate*, die Erklärung über die Religionsfreiheit *Dignitatis Humanae* und die Pastoralkonstitution über die Kirche in der modernen Welt *Gaudium et spes*.

Im Dekret über den Ökumenismus sei dem „wesenhaften Alleinvertretungs- und Absolutheitsanspruch der Kirche entscheidend Abbruch getan".[96] Längere Zitate aus den Konzilsbeschlüssen werden dabei von Schmidberger mit entsprechenden kritischen Kommentaren versehen, die jedoch nur wenige Referenzpunkte in der Heiligen Schrift oder in der Tradition haben. So findet sich nur ein Bezug auf Joh 20,21 („Wie mich der Vater gesandt hat, so sende ich euch."). Darüber hinaus wird – zum Beleg des Abweichens von der Tradition – lediglich auf die durch den *Syllabus* verurteilten Sätze 16, 17 und 18 Bezug genommen („Die Menschen können in der Pflege jeder Art von Religion den Weg des ewigen Heils finden", „Wenigstens gute Hoffnung soll man haben um das ewige Heil derer, die gar nicht in der wahren Kirche Christi leben", „Der Protestantismus ist nichts anderes als eine verschiedene Gestalt desselben wahren Glaubens, in der man Gott ebenso wohlgefällig dienen kann wie in der katholischen Kirche").[97]

Im Abschnitt über die dogmatische Konstitution *Lumen Gentium* wird vorab von Schmidberger erstens die Formel des „subsistit in" kritisiert – dies ist in seinen Augen „ohne jeden Zweifel einer

---

[95] Ebd., S. 5.
[96] Ebd., S. 7.
[97] Die von Schmidberger gegebenen Übersetzungen weichen geringfügig von der Übersetzung bei Denzinger-Hünermann ab: Satz 16: „Die Menschen können im Kult jedweder Religion den Weg zum ewigen Heil finden und das ewige Heil erlangen", Satz 17:„Wenigstens muß man gute Hoffnung für das ewige Heil all jener hegen, die sich überhaupt nicht in der wahren Kirche Christi befinden" und Satz 18: „Der Protestantismus ist nichts anderes als eine unterschiedliche Form derselben wahren christlichen Religion, in der es ebenso wie in der katholischen Kirche möglich ist, Gott zu gefallen." Vgl. Pius IX., *Syllabus*, in: Heinrich Denzinger (Hg.), Enchiridion symbolorum et definitionum, quae de rebus fidei et morum a conciliis oecumenicis et summis pontificibus emanarunt. Kompendium der Glaubensbekenntnisse und kirchlichen Lehrentscheidungen, erw., ins Dt. übertr. und hrsg. von Peter Hünermann, Freiburg–Basel–Wien 40,2005, S. 801, Nr. 2916–2918.

der gefährlichsten Ausdrücke des gesamten Konzils. Die Aussage kommt der Häresie sehr nahe; in ihrer Folgerung wird sie dann wirklich häretisch."[98] An zweiter Stelle wird das Prinzip der Kollegialität kritisiert. Die Regierungsgewalt über die universale Kirche sei einzig und allein in den Händen des Papstes, sie könne nicht dadurch aufgeweicht werden, dass z. B. die Bischofskonferenzen als „Mitregenten" auftreten. Faktisch löse das Prinzip der Kollegialität das Prinzip der Autorität des Papstes auf, zunächst in der Kirche, dann aber darüber hinaus führe die Zerstörung der Autorität des Papstes ohne Zweifel „zur Zerstörung der Autorität im Staat, am Arbeitsplatz, in der Schule, in der Familie. Denn die Kirche" – so Schmidberger – „hat richtungweisende Stimme, Beispielhaftigkeit für und gnadenhafte Ausstrahlung auf die gesamte Gesellschaft. Was in ihrem inneren Raum geschieht, pflanzt sich in der Gesellschaft fort, findet dort seinen Widerhall. Und so darf es nicht wundern, wenn seit Ende der 60er Jahre eine antiautoritäre Welle wie eine Sturzflut über unsere Länder hinwegrollt."[99] Die Argumentation des Textes rekurriert hier auf 2 Thess 2,10–12, in dem vom Strafgericht Gottes die Rede ist, welches sich heute an verblendeten Kirchen- und Staatsführern vollziehe, sowie auf die Definition vom Primat des Papstes durch das Erste Vatikanische Konzil. Die beschriebenen gesellschaftspolitischen Auswirkungen entsprechen wiederum genau dem Denken der Restaurationszeit wie bei Joseph de Maistre oder Donoso Cortés, die eben in der Kirche und insbesondere im Papsttum das Ordnungsprinzip der Gesellschaft insgesamt sahen: Mit der Auflösung der Autorität dieser Institutionen löst sich entsprechend auch die Gesellschaft in Anarchie auf.

Besonders ausführlich setzt sich der Text mit der Erklärung über die nichtchristlichen Religionen *Nostra Aetate* auseinander. Zugegeben wird, man müsse die Weltreligionen differenziert betrachten, aber diese Weltreligionen seien nicht nur „keine Heilswege", sondern vielmehr „Systeme des Widerstands gegen den Heiligen Geist". Sie hielten die Menschen in „Irrtum, im Dunkel des Unglaubens und nicht selten in Leidenschaft und Unmoral" gefangen. Im Folgenden werden ausführlich der Hinduismus und der Buddhismus beschrieben, wobei dem Konzil vorgeworfen wird, es habe durch seine Ausführungen „eine gewisse Hoffähigkeit für die asiatischen Religionen in Europa erreicht". Asiatisches Gedankengut habe sich in verschiedener Gestalt, u. a. in der „teuflischen Bewegung" des New Age wie ein Flächenbrand verbrei-

---
[98] Schmidberger, *Zeitbomben*, S. 11.
[99] Ebd., S. 13.

tet.¹⁰⁰ Wenig überraschend ist, dass in den Formulierungen zum Islam eine militärische, dezidiert feindselige Semantik im Vordergrund steht. Praktisch wird eine Kapitulation des Christentums vor den Muslimen konstatiert: „Was dem Islam im 16. und 17. Jahrhundert mit Waffengewalt nicht gelungen ist, das schafft er heute in der nachkonziliaren Ära auf friedlichem Wege. Er besetzt Europa, Frankreich wird überschwemmt von Arabern, Deutschland von Türken, England und Skandinavien von Pakistani."¹⁰¹ Wie der Text auch sonst Gegenwart und Vergangenheit ineinander denkt, wird nicht zuletzt im Rückblick auf die Geschichte erkennbar: „Wenn es stimmt, dass wir die Moslems in ihrem Glauben mit Hochachtung betrachten müssen, dann sieht man nicht ein, warum (sich) unsere Vorfahren am 7. Oktober 1571 bei Lepanto der türkischen Flotte in den Weg gestellt und eine blutige Schlacht auf sich genommen haben".¹⁰² Wenig überraschend ist deshalb auch an anderer Stelle die heftige Kritik Schmidbergers am Türkeibesuch von Papst Benedikt XVI., besonders dem Besuch der „Blauen Moschee" und überhaupt den „unangemessenen Bücklinge(n) vor dem Islam". Von diesem Papst könne man zwar „einiges" auf dem Gebiet der Liturgie erwarten, „nichts jedoch zur Überwindung des relativierenden Ökumenismus und der Religionsfreiheit, welche die Gesellschaft entchristlicht."¹⁰³

Wenn das Verhältnis zum Judentum zur Debatte steht, weiß auch dieser Text: „Für uns Deutsche handelt es sich hier ohne Zweifel um ein delikates Thema."¹⁰⁴ So verwundert es nicht, dass in den betreffenden Formulierungen des Textes die Debatten der letzten Wochen und Monate um die Äußerungen des Bischofs Richard Williamson auch ihre Wirkung hinterlassen haben. In der Internet-Fassung vom 2. Februar 2009 (und der Druckfassung¹⁰⁵) lautet die entsprechende, zentrale Formulierung: „Mit dem Kreuzestod Christi ist der Vorhang des Tempels zerrissen, der Alte Bund abgeschafft, wird die Kirche, die alle Völker, Kulturen, Rassen und sozialen Unterschiede umfasst, aus der durchbohrten Sei-

---

[100] Schmidberger, *Zeitbomben*, S. 16.
[101] Ebd., S. 17.
[102] Zur Abwehr des Islam vgl. auch Priesterbruderschaft St. Pius X. (Hg.), Mitteilungsblatt für den deutschen Sprachraum, Nr. 337, vom Februar 2007, S. 42; auch Mitteilungsblatt Nr. 351, vom April 2008, S. 32.
[103] Franz Schmidberger, *Editorial*, in: Priesterbruderschaft St. Pius X. (Hg.), Mitteilungsblatt für den deutschen Sprachraum, Nr. 336, vom Januar 2007, S. 1–3, S. 2. Zur drohenden Islamisierung Europas vgl. auch die Mitteilungsblätter Nr. 330, vom Juni 2006, und Nr. 351, vom April 2008.
[104] Schmidberger, *Zeitbomben*, S. 18.
[105] Ebd., S. 18.

te des Erlösers geboren." Damit sind aber die Juden unserer Tage nicht nur nicht unsere älteren Brüder im Glauben, wie der Papst bei seinem Synagogenbesuch in Rom 1986 behauptete; sie sind vielmehr des Gottesmordes schuldig, solange sie sich nicht durch das Bekenntnis der Gottheit Christi und die Taufe von der Schuld ihrer Vorväter distanzieren."[106] Dieser Gottesmord-Vorwurf, wie er in der katholischen Theologie und Volksfrömmigkeit bis in die Epoche des Zweiten Weltkrieges keineswegs ungewöhnlich war[107], ist allerdings nach dem 2. Februar 2009 von der Online-Version des Vortrages entfernt worden. Kurz zuvor, am 20. Januar, hatte der Verfasser eine Erklärung abgegeben, die Aussage, die heutige Juden trügen die Schuld ihrer Väter, sei in ihrer Verallgemeinerung „unrichtig" und müsse auf diejenigen Juden eingeschränkt werden, welche die Tötung Jesu guthießen.[108] Am 12. Februar 2009 hieß es in der Online-Version: „Damit sind die Juden unserer Tage keinesfalls unsere älteren Brüder im Glauben, wie Papst Johannes Paul II. dies bei seinem Synagogenbesuch in Rom 1986 behauptete; dies trifft allein für die gläubigen Juden des Alten Testamentes zu, für Abraham, Isaak und all die Anderen, die an den verheißenen Messias glaubten, ihn erhofften und ersehnten."[109] Dass der Text die Besuche der Päpste in Synagogen besonders kritisch („mit Trauer") wertet, liegt auf der Hand. Ebenso wird die Frage gestellt, welcher positive Wert dem Gebet anderer Religionen zugemessen werde. Betrachtet man auch hier die argumentative Grundlage der Kritik an „Nostra Aetate", so ist wiederum festzustellen, dass eine theologische Argumentation mit der Heiligen Schrift nur sehr vereinzelt erfolgt (Joh 1,11; Apg 3,15), Verweise auf eine andersartige Tradition des Lehramtes aber überhaupt nicht gegeben werden.[110]

---

[106] Ebd., S. 18.
[107] Zum Themenkomplex Katholizismus und Antisemitismus vgl. Olaf Blaschke, *Katholizismus und Antisemitismus im deutschen Kaiserreich* (Kritische Studien zur Geschichtswissenschaft 122), Göttingen 1997, zum Gottesmord bes. S. 58f.; Urs Altermatt, *Katholizismus und Antisemitismus. Mentalitäten, Kontinuitäten, Ambivalenzen*, Frauenfeld 1999, mit zahlreichen Beispielen aus der Schweizerischen Volkskultur; Wilhelm Damberg, *Moderne und Milieu 1802–1998* (Geschichte des Bistums Münster 5), Münster 1998, bes. S. 292–303.
[108] *Stellungnahme von Pater Franz Schmidberger zum Artikel im Spiegel Nr. 4/2009*, S. 32–33, http://www.piusbruderschaft.de/aktuelles/offizielle-stellungnahmen/698-distrikt-stellungnahmen/2564-stellungnahme-von-pater-franz-schmidberger-zum-artikel-im-spiegel-nr-42009-s-32-33, Zugriff am 25.6.2009.
[109] http://fsspx.info/lehre/schriften/zeitbomben.htm, Zugriff am 12.2.2009.
[110] Auf ihren offiziellen Informationsseiten war die Pius-Bruderschaft seit Februar 2009 erkennbar bemüht, den Antisemitismus-Vorwurf zu entschärfen. Diese aktuelle Entwicklung kann hier nicht mehr weiter verfolgt werden.

Hinsichtlich der Erklärung über die Religionsfreiheit wird der Leser belehrt, diese bedeute „nichts anderes als die Laisierung der Staaten und der Gesellschaft: Im öffentlichen Bereich, so wird gesagt, (…) hätten alle Religionen gleiches Recht; keine dürfe beschränkt oder gar verboten werden, solange sie sich nicht als gemeingefährlich erweise. Und dies sei ein Naturrecht, gegründet auf der Würde der menschlichen Person. Dazuhin, so behauptet man, sei der Staat inkompetent in religiösen Fragen; er könne von sich aus gar nicht wissen, welches die wahre Religion sei. Man lehrt also von kirchlicher Seite aus ausdrücklich den staatlichen Agnostizismus."[111] Während die Argumentation des Textes im Falle der anderen Dekrete des Konzils sonst sehr stark die metaphysisch-unwandelbare Qualität *religiöser* Aussagen in den Mittelpunkt stellt, argumentiert der Text hier von vornherein auf einer politisch-gesellschaftlichen Ebene. Freilich wird hervorgehoben: „Dass der Mensch nicht gezwungen werden kann und darf, eine gewisse Religion anzunehmen, ist völlig klar und wurde von der Kirche stets gelehrt (vgl. can. 1351, CIC 1917). Auch in den privaten Bereich hat der Staat nicht einzugreifen. Doch etwas anderes ist es, im öffentlichen Bereich die Anhänger falscher Religionen daran zu hindern, ihre religiösen Überzeugungen durch öffentliche Kundgebungen, Missionierungsarbeit und Errichtung von Gebäuden für ihren falschen Kult in die Tat umzusetzen. Denn ist Jesus Christus der einzige Gott und sein Kreuz die einzige Heilsquelle, so muss dieser Alleinvertretungsanspruch in der Gesellschaft so weit wie nur möglich und im Rahmen des klugen Abmessens der Staatsoberhäupter geltend gemacht werden. Nur die Wahrheit hat ein (Natur-)Recht, der Irrtum nie und nirgends."[112] Begründet wird diese Position wiederum insbesondere mit Papst Pius IX. und seiner Enzyklika *Quanta cura* von 1864, durch die die Religionsfreiheit eine grundsätzliche Verurteilung erfuhr. Entsprechend wird auch auf die durch den *Syllabus* verurteilten Sätze 77 und 78 verwiesen. Und schließlich fehlt auch nicht Gregor XVI. mit seiner Enzyklika *Mirari vos* vom 15. August 1832, in der die Idee der Gewissensfreiheit zum Wahnsinn deklariert wurde. Hier fehlen auch einige Zitate aus dem Neuen Testament nicht, etwa 1 Kor 15,25: „Oportet illum regnare …: Er soll herrschen!" (Vgl. auch Apg 4,12; Kol 1,17, Lk 19,14).

---

[111] Schmidberger, *Zeitbomben*, S. 19f.
[112] Ebd., S. 20.

2. Ein theokratisches Gesellschaftsbild

Welches Gesellschaftsbild sich mit diesen politisch-religiösen Forderungen verbindet, ist einem Aufsatz Schmidbergers in der Zeitschrift *Civitas*. *Zeitschrift für das christliche Gemeinwesen* zu entnehmen. Hier heißt es einleitend: „1. Die christliche Gesellschaftsordnung gründet auf dem Naturrecht, das seinerseits in jeden Menschen hineingelegt und objektiv in den 10 Geboten ausgedrückt ist. Sie weiß sich darüber hinaus der von Gott allein gestifteten Religion, der heiligen Kirche, mit ihrem Glaubensgut und ihrem Gnadenschatz verpflichtet; denn die übernatürliche Heilsordnung ist für jeden einzelnen Menschen nach dem Sündenfall absolut, für die Gesellschaft moralisch notwendig, selbst zur Erlangung des rein natürlichen bonum commune, des Gemeinguts. 2. Die Gewalt in Staat und Gesellschaft geht nicht vom Volk, von der Basis aus (,) sondern von Gott; „non est enim potestas nisi a Deo – es gibt keine Gewalt, die nicht von Gott käme" (Röm. 13,1). Folglich bezeichnet das Volk in Wahlen allein diejenigen, die es regieren sollen, verleiht ihnen aber nicht die Autorität; ebenso wenig kann es Regierungen beliebig absetzen."[113] Dieser Denkhaltung entspricht, dass etwa im Mitteilungsblatt der Bruderschaft ein Vortrag des Münchener Erzbischofs Reinhard Marx, in dem dieser erklärt habe, dass es zum säkularen Staat, wie er sich seit der Aufklärung herausgebildet habe, weltweit keine Alternative gebe, mit Empörung zur Kenntnis genommen wird. „Unser [d. h. der Pius-Bruderschaft] Gegensatz zu seiner Haltung, die wahrscheinlich die meisten deutschen Bischöfe teilen, könnte nicht größer sein: Er tritt für den säkularen, also bekenntnislosen, im letzten atheistischen Staat ein; wir bemühen uns mit allen Kräften um die Herrschaft Jesu Christi auch in der Gesellschaft."[114] Entsprechend äußert sich Schmidberger an anderer Stelle positiv zur Diktatur Francisco Francos in Spanien, in der die Kirche einen ihr angemessen Platz erhalten habe, während andere Religionen kein Recht auf Öffentlichkeit besaßen.[115] Erstaunlich ist, dass weder in diesem oder einem anderen Zusammenhang bis in die jüngste Zeit (s. u.) an irgendeiner Stelle auf die Würdigung der Demokratie durch Pius XII. in seiner

---

[113] Franz Schmidberger, *Grundsätze einer Christlichen Gesellschaftsordnung,* in: Civitas 1 (2007), Heft 1, S. 43–47.
[114] Priesterbruderschaft St. Pius X. (Hg.), Mitteilungsblatt für den deutschen Sprachraum, Nr. 348, vom Januar 2008, S. 24–26. Selbst in der Darstellung des Mitteilungsblattes ist die völlig verzerrte Interpretation der Aussage des Erzbischofs erkennbar.
[115] Franz Schmidberger, *Editorial,* in: Priesterbruderschaft St. Pius X. (Hg.), Mitteilungsblatt für den deutschen Sprachraum, Nr. 346, vom November 2007, S. 3–7, S. 5.

berühmten Weihnachtsansprache von 1944 rekurriert wurde, die als die „christliche Taufe" der Demokratie bezeichnet worden ist und am Beginn des Aufstiegs der Christdemokratie im Europa der Nachkriegszeit stand, obwohl ja nicht an der Rechtgläubigkeit dieses Papstes gezweifelt wird.[116] Dies ist ein sehr gutes Beispiel dafür, wie selektiv selbst die Pius-Päpste von der Bruderschaft wahrgenommen werden. Dass umgekehrt seit Anfang der 1990er Jahre zwischen der rechts-nationalistischen Wochenzeitschrift „Junge Freiheit" und der Bruderschaft zumindest eine informelle Allianz existiert, weil dieses Organ eine programmatische Nähe zur Lefebvre-Bewegung erkannt hat und deren Mitgliedern durch Interviews eine öffentliche Plattform verschafft oder diese in besonderer Weise lobt bzw. den „Ungeist des Konzils" kritisiert, nimmt unter diesen Umstanden nicht Wunder.[117] (Dass in dieser Zeitschrift zugleich beobachtet werden kann, wie über den Religionsdiskurs antijudaistische und antisemitische Bilder reproduziert werden, sei hier nur der Vollständigkeit halber ergänzt[118]).

---

[116] Philippe Chenaux, *L'Eglise catholique et la démocratie chrétienne en Europe 1925–1965*, in: Michael Gehler – Wolfram Kaiser – Helmut Wohnout (Hgg.), Christdemokratie in Europa, Wien – Köln – Weimar 2001, S. 604–615 (hier: S. 608); Wilhelm Damberg, *Entwicklungslinien des europäischen Katholizismus im 20. Jahrhundert*, in: Zeitschrift für moderne europäische Geschichte/Journal of Modern European History 3 (2005), Nr. 2, S. 164–182, bes. S. 175.

[117] Vgl. Klaus Kornexl, *Das Weltbild der Intellektuellen Rechten in der Bundesrepublik Deutschland. Dargestellt am Beispiel der Wochenzeitschrift „Junge Freiheit"* (Beiträge zur Politikwissenschaft 9), München 2008, S. 514–524. Viele Themen der Priesterbruderschaft decken sich mit denen der Intellektuellen Rechten: Kampf gegen Liberalismus, Laizismus, Sozialismus, Freimaurerei, die linken „Meinungsführer", Gotteslästerung, Homosexualität u. a. Veränderte Standpunkte innerhalb der CDU/CSU gegenüber Themen wie Homosexualität werden innerhalb der Bruderschaft mit Argwohn, Enttäuschung und Unmut registriert. P. Niklaus Pfluger, der Amtsvorgänger Schmidbergers, bezichtigte beispielsweise die CDU-Ministerpräsidenten Roland Koch und Günter Oettinger, sie würden in ihren Ländern „die Homosexuellen hochloben und feiern". Hinsichtlich der parteipolitischen Option resümiert Pfluger deshalb: „Angesichts des moralischen und sozialen Niedergangs in Deutschland scheint es nur noch eine wirkliche Möglichkeit und zwei Alternativen zu geben: nicht wählen (dies wäre aber eine schlechte Alternative) oder seine Stimme einer kleinen christlichen Partei geben, die wenigstens versucht, sich nach den Grundsätzen des Christentums auszurichten. Zu sagen ‚die haben sowieso keine Chance' ist sehr unkatholisch. Hätte man dies nicht auch von den Aposteln sagen können? Hätte dies nicht auch für Erzbischof Lefebvre gegolten, ein Bischof damals gegen 2500 Bischöfe?" Niklaus Pfluger, *Vorwort des Distriktsoberen*, in: Priesterbruderschaft St. Pius X. (Hg.), Mitteilungsblatt für den deutschen Sprachraum, Nr. 321, vom September 2005, S. 1–4, S. 3f. Angespielt wird offenbar auf die „Christliche Mitte". Zur „Christlichen Mitte" vgl. Guido Hoyer, *Nichtetablierte christliche Parteien. Deutsche Zentrumspartei, Christliche Mitte, Christliche Partei Deutschlands und Partei Bibeltreuer Christen im Parteiensystem der Bundesrepublik Deutschland* (Europäische Hochschulschriftenreihe XXXI, 434), Frankfurt 2001, bes. S. 24–42.

[118] Regina Wamper, *Das Kreuz mit der Nation. Christlicher Antisemitismus in der*

Der Politikwissenschaftler Gerd Langguth kommt bei seiner Analyse des Civitas-Beitrages zu dem Ergebnis: „Ausgehend von der Überzeugung eines übergeordneten universellen Naturrechts, verleugnen die Piusbrüder in letzter Konsequenz die Autorität des staatlichen Rechts und folgen damit dem Bild einer Theokratie (Gottesherrschaft). Sie lehnen nicht nur die Gestaltungskraft des modernen Rechtsstaates ab. Die Umsetzung seiner d. h. Schmidbergers Ziele führte auch zu einer Alle verpflichtenden Einheitsmoral, die blind ist für moralische Differenzierung der Moderne. Demnach sind seine religiösen Dogmen dem staatlichen Recht übergeordnet."[119] Letztens hat sich Schmidberger für die Pius-Bruderschaft gegen Vorwürfe verwahrt, nicht auf dem Boden des Grundgesetzes und der Demokratie zu stehen, sondern ein katholisches Staatskirchentum anzustreben.[120] Wie diese Erklärung, die nun auch die Lehre Pius' XII. über die Demokratie wenigstens erwähnt, mit seinen bisherigen Ausführungen über das Verhältnis von Kirche und Staat und dem Grundgesetz Art. 4 (Freiheit des Glaubens, ungestörte Religionsausübung) vereinbart werden kann, ist allerdings nicht recht einsehbar und muss daher offen bleiben.

Auch das Dekret *Gaudium et spes*, die fünfte „Zeitbombe", wird sehr ausführlich referiert. Es gilt als das „vielleicht zeitgeschichtlich und gesellschaftswirksam (…) verderblichste im ganzen Konzil; denn sie [die Pastoralkonstitution] verkündet unter dem Mäntelchen der bloßen Beschreibung von Tatsachen einen unbegrenzten, schrankenlosen Heilsoptimismus, die Einrichtung des Paradieses auf Erden durch Technik, Wissenschaft und Fortschritt."[121] Auch hier begegnet wieder der Rekurs auf den *Syllabus* Pius' IX. Zugleich wird auf Kardinal Ratzinger Bezug genommen, der bereits 1982 in seiner theologischen Prinzipienlehre erklärt habe, *Gaudium et spes* stelle einen „Gegen-Syllabus" dar, „verkünde also das, was unter dem Pontifikat von Pius IX. in 80 Sätzen von der Kirche ausführlich verworfen und verurteilt worden ist", was im übrigen eine grobe Verkürzung der betreffenden Passage[122] und damit Verschle-

---

Jungen Freiheit, Münster 2008, S. 184–192, bes. S. 187; vgl. auch: Stephan Braun – Ute Vogt (Hgg.), *Die Wochenzeitung „Junge Freiheit". Kritische Analysen zu Programmatik, Inhalten, Autoren und Kunden*, Wiesbaden 2007.
[119] Gerd Langguth, *Die frommen Verfassungsfeinde*, in: Die Welt, 27.2.2009.
[120] Der Text findet sich unter http://www.piusbruderschaft.de/component/content/article/717-aktuell/2777-priesterbruderschaft_st__pius_x__nimmt_stellung_zu_den_vorw%C3%BCrfen_von_erz__zollitsch, Zugriff am 25.6.09.
[121] Schmidberger, *Zeitbomben*, S. 22.
[122] Vgl. hierzu Joseph Kardinal Ratzinger, *Theologische Prinzipienlehre. Bausteine zur Fundamentaltheologie*, München 1982, S. 398–399: „Wenn man nach einer Gesamtdiagnose für den Text [Anm.: gemeint ist *Gaudium et spes*] sucht, könnte man

bung des ursprünglichen Sinnzusammenhangs darstellt. *Gaudium et spes* behaupte genau das, was zusammenfassend im 80. Satz des Syllabus verurteilt worden sei, nämlich, dass sich der römische Papst mit dem Fortschritt, dem Liberalismus und der neuen Menschheitsbildung versöhnen und befreunden könne.[123] Bemerkenswert ist nun, dass genau in diesem Abschnitt wieder auf Donoso Cortés zurückgegriffen wird, und zwar auf den oben erwähnten Brief an Kardinal Fornari, in dem er im Vorfeld der Arbeiten am *Syllabus* seine Einschätzung der großen Irrtümer der Zeit formulierte. Die bereits eingangs zitierten Irrtümer über Gott und den Menschen ließen sich letztlich auf einen einzigen reduzieren: „Er besteht darin, dass man die hierarchische und unveränderliche

---

sagen, daß er (in Verbindung mit den Texten über Religionsfreiheit und über die Weltreligionen) eine Revision des Syllabus Pius' IX., eine Art Gegensyllabus darstellt. Harnack hat bekanntlich den Syllabus Pius' IX. als Kampfansage an sein Jahrhundert schlechthin interpretiert; richtig daran ist, daß er eine Trennungslinie zu den bestimmenden Kräften des neunzehnten Jahrhunderts zog: zur wissenschaftlichen und zur politischen Weltansicht des Liberalismus. Im Streit um den Modernismus wurde diese doppelte Abgrenzung noch einmal verstärkt und befestigt. Seither hatte sich freilich vieles verändert. Die neue Kirchenpolitik Pius' XI. hatte eine gewisse Offenheit gegenüber dem liberalen Verständnis des Staates geschaffen. Exegese und Kirchengeschichte hatten in einem stillen, aber beharrlichen Ringen mehr und mehr Postulate des liberalen Wissenschaftsbetriebs übernommen, und andererseits hatte sich der Liberalismus in den großen politischen Umbrüchen des zwanzigsten Jahrhunderts erhebliche Korrekturen gefallen lassen müssen. So waren vorab im mitteleuropäischen Raum *via facti* die situationsbedingten Einseitigkeiten an der durch Pius IX. und X. vollzogenen Positionsbestimmung der Kirche gegenüber der mit der Französischen Revolution eröffneten neuen Geschichtsphase weitgehend korrigiert, aber eine grundsätzliche Neubestimmung des Verhältnisses zu der Welt, wie sie sich nach 1789 darstellte, stand noch aus. Tatsächlich herrschte in den Ländern mit starken katholischen Mehrheiten noch weitgehend eine vorrevolutionäre Optik: Kaum jemand bezweifelt heute mehr, dass das spanische und das italienische Konkordat allzu viel von einer Weltsicht zu bewahren versuchten, die längst nicht mehr den Gegebenheiten entsprach. Kaum jemand kann auch bestreiten, daß diesem Festhalten an einer obsolet gewordenen staatskirchenrechtlichen Konstruktion ähnliche Anachronismen im Bereich des Erziehungswesens und im Verhältnis zur historisch-kritischen Methode der modernen Wissenschaft entsprachen. Erst eine sorgfältige Untersuchung der unterschiedlichen Art und Weise, in der in den verschiedenen Teilen der Kirche die Annahme der Neuzeit vollzogen war, könnte das komplizierte Ursachengeflecht entwirren, das hinter der Gestaltwerdung der Pastoralkonstitution steht, und erst so könnte auch das Drama ihrer Wirkungsgeschichte durchsichtig werden. Begnügen wir uns hier mit der Feststellung, daß der Text die Rolle eines Gegensyllabus spielt und insofern den Versuch einer offiziellen Versöhnung der Kirche mit der seit 1789 gewordenen neuen Zeit darstellt."
[123] Schmidberger, *Zeitbomben*, S. 24. Vgl. Pius IX., *Syllabus* Satz 80: „Romanus Pontifex potest ac debet cum progressu, cum liberalismo et cum recenti civilitate sese reconciliare et componere." – „Der Römische Bischof kann und soll sich mit dem Fortschritt, mit dem Liberalismus und mit der modernen Kultur versöhnen und anfreunden." Denzinger/Hünermann, [40]2005, S. 809, Nr. 2980.

Ordnung, die Gott in die gesamte Schöpfung gelegt hat, entweder verkennt oder verkehrt. Diese Ordnung begründet die hierarchische Oberhoheit alles dessen, was übernatürlich ist, über alles das, was natürlich ist: Folglich auch des Glaubens über die Vernunft, der Gnade über den freien Willen, der göttlichen Vorsehung über die menschliche Freiheit und der Kirche über den Staat – mit einem Wort die Oberhoheit Gottes über den Menschen."[124]

Auch in diesem Abschnitt begegnen uns also die schon bekannten Muster: Das Referat oder die zugespitzte Paraphrase der Texte des Zweiten Vatikanischen Konzils werden einerseits „kontrolliert" und überprüft durch einen Rekurs auf die Tradition, die fast ausschließlich an den vom *Syllabus* verworfenen Irrtümern festgemacht wird – und andererseits durch eine vermeintliche Übereinstimmung mit den von Cortés verworfenen „Irrtümern". Schriftzitate begegnen nur im Einzelfall. Weitere Zeugnisse der Kirchenlehre kommen überhaupt nicht vor. Die Rahmung der gesamten Auseinandersetzung mit dem Zweiten Vatikanischen Konzil durch zwei markante Zitate von Donoso Cortés unterstreicht noch einmal seine Bedeutung für den gesamten Argumentationsgang: Cortés – und kein Theologe – ist gewissermaßen das Mastermind in dieser Deutung der Moderne.

Ein letztes Kapitel „Wahre und falsche Restauration" nimmt schließlich einen Brückenschlag zur gegenwärtigen kirchenpolitischen Debatte um die Beziehungen zwischen Rom und der Priesterbruderschaft Pius' X. vor. Der Einstieg ist das erwähnte Zitat von Papst Paul VI., der 1972 erklärte, „der Rauch Satans" sei durch einen Spalt in die Kirche eingedrungen. Für Schmidberger ist nunmehr das Konzil selbst dieser Spalt, wobei die etwas gewundene Formulierung signalisiert, dass er sich der Brisanz dieser Formulierung durchaus bewusst ist. Vor allem die Proklamation der Religionsfreiheit durch das Konzil habe die Tür zur religiösen Indifferenz und zum Abfall vom Glauben geöffnet. Die durch das Konzil eingeleitete Abkehr von der absoluten und verpflichtenden Wahrheit fuhre ins Chaos. „Die Abkehr der Liberalen und Neomodernisten von einer absoluten, unveränderlichen, ausschließlichen, jeden Menschen in gleicher Weise verpflichtenden Wahrheit kann nur in Konsumsucht oder in einer Gewaltherrschaft oder in Terror und Chaos oder in allem zugleich enden."[125] Daher sei es unabdingbar, nunmehr zu einer Prüfung der Texte des Konzils voranzuschreiten,

---

[124] Donoso Cortés, *Die Hauptirrtümer der Gegenwart nach Ursprung und Ursachen. Denkschrift an seine Eminenz Kardinal Fornari vom 19. Juni 1852,* in: Ders., Der Abfall vom Abendland. Dokumente, hrsg. v. Paul Viator, Wien 1948, S. 83–112, S. 108.
[125] Schmidberger, *Zeitbomben*, S. 26.

die „verheerenden Zeitbomben" zu entschärfen und zu beseitigen. Gefordert wird also die Revision des Konzils – aber zusätzlich sei auch ein Schuldbekenntnis der Verantwortlichen gefordert.[126] Abschließend wird erläutert, dass die Priesterbruderschaft seit dem Jahr 2000 einen Drei-Phasen-Plan verfolgt habe: Erstens sei als „Vorleistung" von Rom die Rehabilitierung der tridentinischen Messe gefordert worden, was nunmehr, im Jahre 2007, „einigermaßen" erfüllt sei. Darüber hinaus habe die Bruderschaft die Zurücknahme des Exkommunikationsdekretes gegen die von Lefebvre geweihten Bischöfe erbeten. Sodann wolle die Bruderschaft – so der Text im Oktober 2008 – eine offene Debatte über die „Neuausrichtung der Kirche" mit den römischen Behörden führen, insbesondere über Ökumenismus, Religionsfreiheit und Kollegialität. Besondere Beachtung verdient, dass in diesem Text die Frage gestellt wird, ob in einem „rein praktischen Abkommen, wie Kardinal Castrillon Hoyos es dringend wünscht", die beanstandeten Konzilstexte grundsätzlich anerkannt werden sollten. (Erkennbar wird hier auf einen heiklen Punkt der Verhandlungen rekurriert, der – wenn die Darstellung und Datierung des Textes zutreffend sind – zugleich belegen würde, dass die entscheidende Kursänderung in der Verhandlungsführung des Kardinals, d. h. die Aufgabe dieser Bedingung, recht kurzfristig zwischen November 2008 und Januar 2009 erfolgt sein muss.) In einem dritten Schritt erwartet dann die Priesterbruderschaft – so der Drei-Phasen-Plan –, wenn man sich über die Grundprinzipien in der Lehre mit Rom einig sei, eine „angemessene rechtliche Struktur", um mit Papst und Bischöfen für den „Wiederaufbau der zerstörten Stadt Gottes" zu arbeiten: „Der verheerende Konzilsgeist muss niedergerungen, der Spalt, durch den der Rauch Satans in die Kirche eingedrungen ist, sofort geschlossen werden."[127]

3. Konvergenz und „völkische" Divergenz in den geschichtstheologischen Entwürfen von Lefebvre und Schmidberger

In welchem Verhältnis steht dieser Text zu den Deutungsmustern, wie sie uns bei Lefebvre begegnen? Unzweifelhaft sind die Bezüge sehr eng und insofern kann der Text nicht nur auf Grund der Stellung des Autors, sondern auch auf Grund des Inhaltes als repräsentativ für die Pius-Bruderschaft gelten. Das gilt schon für den Titel, denn das Bild der vom Konzil gelegten „Zeitbomben" hat Lefebvre schon 1972 bei einer Ansprache in Rennes verwandt

---

[126] Vgl. ebd., S. 27.
[127] Ebd., S. 28.

(„Il y a avait dans le Concile des bombes à retardement"), bei der er damals deren drei unterschied, nämlich Religionsfreiheit, Kollegialität und Ökumenismus, die er seinerzeit zugleich auch explizit mit der revolutionären Trias von Freiheit – Gleichheit – Brüderlichkeit gleichsetzte.[128] Das Bild ist zugleich in einem Manuskript Lefebvres mit dem Titel „Principes et directives" von 1977 enthalten, aus dem Tissier de Mallerais auszugsweise zitiert.[129] Insofern muss vermutet werden, dass Schmidberger dieses Manuskript vorgelegen hat und dass es möglicherweise auch weitere inhaltliche Aspekte des Vortrags hinsichtlich der Auseinandersetzung mit den Aussagen des Konzils enthält. Unabhängig davon jedoch entspricht die inhaltliche Schwerpunktsetzung mit den „verhängnisvollen fünf Dekreten" in jedem Falle auch den Interventionen Lefebvres auf dem Konzil, die er erstmals 1976 unter dem Titel „J'accuse le Concile!" publizierte.[130] Bereits hier drehte sich alles um die Ökumene, die Kollegialität, die Religions- und Gewissensfreiheit und *Gaudium et spes*. Bemerkenswert ist zugleich, dass Lefebvre ausgerechnet seine Stellungnahme zur Liturgiekonstitution nicht in diesem Band abgedruckt hat, der er ja zuvor auch zugestimmt hatte, ebenso, wie er sich nicht gegen die bevorstehenden Reformen wandte, was noch einmal unterstreicht, wie sehr das Thema der Liturgie erst allmählich in den Vordergrund rückte.[131] Auch das von Schmidberger verwandte Motiv der „drei Sünden", derer sich das Konzil schuldig gemacht habe, findet sich sachlich – wenn auch nicht begrifflich – bereits in der Intervention Lefebvres vom 9. September 1965 zu *Gaudium et spes*, wo er erstens Aussagen „en contradiction flagrante" (im offenen Widerspruch) zur traditionellen Doktrin, zweitens „propositions ambiguës, trés dangereuses" (ambivalente und sehr gefährliche Lehren) und drittens „bien des omissions" (erhebliche Unterlassungen) kritisierte.[132] Ebenso ist die argumentative Grundlage des Textes über die „Zeitbomben" durchaus insoweit mit zahlreichen Äußerungen Lefebvres vergleichbar, als dass eine

---

[128] Vgl. Lefebvre, *Un Évêque parle* I, S. 196f.
[129] Vgl. Tissier de Mallerais, *Marcel Lefebvre*, S. 527.
[130] Vgl. Lefebvre, *J'accuse*. Vgl. auch die Übersicht bei Tissier de Mallerais, *Marcel Lefebvre*, S. 339f. Mit dem Titel nahm er eine berühmte Formel auf, die in der langen Kontroverse zwischen den „zwei Frankreich" eine besondere Rolle spielte: 1898 hatte Émile Zola im Zuge der „Dreyfus-Affäre" in einem Artikel unter der Überschrift „J'accuse" öffentlich gegen die unberechtigte Verurteilung und Inhaftierung von Alfred Dreyfus protestiert, die wiederum von den anti-republikanischen (und antisemitisch) orientierten Katholiken unterstützt wurde; Dreyfus wurde später rehabilitiert.
[131] Rossi, *Ecône durchleuchtet*, S. 26f.
[132] Lefebvre, *J'accuse*, S. 89.

Berufung auf die Heilige Schrift eher selten erfolgt und insbesondere die gesamte Lehrtradition der Kirchenväter oder der Konzilien vor dem 19. Jahrhunderts nicht präsent zu sein scheint.[133] Dafür wird fast ausschließlich auf die Päpste des 19. und frühen 20. Jahrhunderts rekurriert, insbesondere Gregor XVI., Pius IX. und Pius X. Formal und inhaltlich weist der Text Schmidbergers also zweifellos eine sehr große Nähe zu den verschiedensten Äußerungen Lefebvres auf, und sie haben vor allem einen grundlegenden, gemeinsamen Nenner: Worum es im Einzelnen auch immer gehen mag, letztlich dreht sich alles um die Frage der Autorität. Alle Kritik hebt darauf ab, dass seit der Französischen Revolution ein fundamentales religiöses Ordnungssystem erschüttert wurde, was in ihrer Sicht fatale religiöse, aber auch soziale und politische Folgen zeitigt, und das deshalb über die Betonung der Souveränität Gottes wieder hergestellt werden muss.

Gleichwohl gibt es insoweit einen markanten Unterschied zwischen Schmidberger und Lefebvre, als der signifikante Rekurs des Deutschen auf Cortés für den Franzosen keine Rolle spielt.[134] Das liegt auch insoweit nahe, als Cortés ja die Epoche der Monarchie für beendet und deshalb die Zeit der Diktatur für gekommen hielt, während in Frankreich das Fortwirken monarchistisch-legitimistischer Vorstellungen eine bis in die jüngste Geschichte fortwirkende größere Rolle spielte. In Deutschland freilich hat unter Katholiken außerhalb Bayerns diese normative Orientierung am Ancien Régime niemals eine Rolle gespielt, und hier konnten deshalb Denkformen wie die von Donoso Cortés über Carl Schmitt und seine politische Theologie mitsamt der Forderung der Ablösung der Legitimität durch die Diktatur im nationalistischen Gewand stärkeres Gewicht gewinnen.[135]

Die fatalen Folgen einer Verknüpfung von anti-moderner Geschichtstheologie mit derartigen politischen Denkmustern in Deutschland lassen sich exemplarisch an der Person des katholischen Kirchenhistorikers Joseph Lortz (1887–1975)[136] fest-

---

[133] Diese Beobachtung ist schon verschiedentlich gemacht worden: Vgl. Rolf Decot, *Marcel Lefebvre und die Einheit der Kirche*, in: Ordenskorrespondenz 30 (1989), S. 52–69, hier: S. 66.
[134] In der umfänglichen Biographie Lefebvres von Tissier de Mallerais taucht Cortés nur einmal und in peripherem Zusammenhang auf: Tissier de Mallerais, *Marcel Lefebvre*, S. 610.
[135] Carl Schmitt, *Politische Theologie,* S. 83f; Auf S. 1 ist hier die berühmte Formel „Souverän ist, wer über den Ausnahmezustand entscheidet" enthalten.
[136] Gabriele Lautenschläger, *Joseph Lortz (1887–1975). Weg, Umwelt und Werk eines katholischen Kirchenhistorikers*, Würzburg 1987; Wilhelm Damberg, *Kirchengeschichte zwischen Demokratie und Diktatur. Georg Schreiber und Joseph Lortz in*

machen, dessen zunächst seit 1929 in Teilbänden, dann erstmals 1932 als Gesamtwerk erschienene „Geschichte der Kirche in ideengeschichtlicher Betrachtung"[137] Generationen von katholischen Schülern und Seminaristen geprägt hat. Wie viele Katholiken des 19. und frühen 20. Jahrhunderts – ob in Frankreich oder Deutschland oder an anderen Orten – sah auch er die gesamte Neuzeit, nicht nur seit der Französischen Revolution, sondern seit der Reformation[138] von einem „Zerstörungsprozess" und von „Auflösungstendenzen" geprägt, im Einzelnen „Subjektivismus und Individualismus, Nationalismus, Laikalismus, Säkularisierung und Demokratie."[139] Um 1930 jedoch beobachtete er nun eine Gegenbewegung, „Ethisch: Von der ungebundenen Freiheit zur Autorität, vom Egoismus des Individualismus zum Gemeinschaftsgedanken, ... Politisch: Beschneidung der liberal-demokratischen Idee und ihrer Frucht, des Parlamentarismus, zugunsten des Gedankens der ‚Führerschaft' (Diktatur, überparteiliches Parlament). ... Religiös: Ein ausgeprägteres Verständnis sowohl für das Recht der Organisation im Religiösen (also das ‚Kirchliche'), wie für Eigenart und Eigenrecht des Religiösen überhaupt."[140] So verwundert es nicht, dass Lortz von solchen Positionen her die „Machtergreifung" der Nationalsozialisten als Durchbruch einer geistesgeschichtlichen Wende interpretierte, er sei die *„Erfüllung der Zeit."*[141] Aber auch und gerade nach der Katastrophe des Nationalsozialismus war das Deutungsmuster unter Katholiken weiterhin präsent, denn nun galten der Nationalsozialismus und die Katastrophe von 1945 ihrerseits als logische Folge dieses anhaltenden Auflösungsprozesses. Noch in der 21., völlig neu bearbeiteten Auflage des Lortz'schen Werkes von 1964 ist die Beschreibung der Neuzeit durch ihre „Auflösungstendenzen" deshalb unverändert geblieben, bis auf den Umstand, das nunmehr die „Demokratie"

Münster 1933–1950, in: Leonore Siegele Wenschkewitz – Carsten Nicolaisen (Hgg.), Theologische Fakultäten im Nationalsozialismus (Arbeiten zur kirchlichen Zeitgeschichte, Reihe B, 18), Göttingen 1993, S. 145–167.
[137] Joseph Lortz, *Geschichte der Kirche in ideengeschichtlicher Betrachtung. Eine Sinndeutung der christlichen Vergangenheit in Grundzügen*, Münster 1932. In zahlreichen Überarbeitungen erreichte das Werk bis 1965 23 (!) Auflagen.
[138] Dieser Rekurs ist auch bei der Pius-Brüderschaft nicht ungewöhnlich: Zum Bild der Reformation vgl. die dreiteilige Folge: „Protestantismus – Fluch oder Segen für Deutschland?", in: Priesterbruderschaft St. Pius X. (Hg.), Mitteilungsblatt für den deutschen Sprachraum, Nr. 344, vom September 2007, Nr. 346, vom November 2007 und Nr. 349, vom Februar 2008.
[139] So noch die 17./18. Auflage von 1953: Joseph Lortz, *Geschichte*, S. 217.
[140] Ebd., im Teil IV. der Auflage von 1931, S. 386.
[141] Ebd., 1933 beigefügter Nachtrag „Nationalsozialismus und Kirche", S. 4 (Hervorhebung durch Lortz im Original).

nicht mehr unter die oben genannten Auflösungstendenzen subsumiert wurde.[142] Diese im 19. Jahrhundert entstandene, in bewusster Frontstellung zu allen Facetten der Moderne konzipierte, katholische Geschichts- und Gegenwartsdeutung wirkte also auf unterschiedliche Weise fort, bis in die Epoche des Zweiten Vatikanischen Konzils, und im Kreise der Pius-Bruderschaft noch darüber hinaus. Hier geschieht dies freilich in einer Weise, die auch Joseph Lortz nie in den Sinn gekommen wäre, schon deshalb, weil sie hinter sein unbestreitbar bahnbrechendes Engagement für die Ökumene wieder zurückfällt. Im „Mitteilungsblatt" der Bruderschaft entfaltet sich dagegen ein Szenario, in dem seit Jahrhunderten Protestanten, Freimaurer, Sozialisten[143], Muslime[144] und neuerlich Homosexuelle[145] nicht nur die katholische Kirche von außen bedrängen und von innen zersetzen, sondern auch die (katholische) deutsche Nation. Das hat seinen Grund Schmidberger zufolge darin, „dass offensichtlich die urwüchsige germanische Natur sich in besonders harmonischer Weise der Gnade geöffnet und sich mit ihr vermählt hat und so zur Hauptgrundlage des Heiligen Römischen Reiches wurde. Genau deshalb haben es die Internationalisten auf die Zerschlagung des christlichen Deutschlands abgesehen, damit nie mehr im Herzen Europas ein katholisches Bollwerk aus vollkommener Harmonie zwischen Natur und Gnade entstehe."[146] So wird das Geschichtsbild durch einen naturhaft begründeten, besonderen Sendungsauftrag der Deutschen unter Bezug auf das „Heilige Römische Reich" komplettiert.[147] Zugleich

---

[142] Ebd., 21. Auflage, 1964, Bd. 2, S. 4f.
[143] Exemplarisch die Übersicht in: Franz Schmidberger, *Editorial,* in: Priesterbruderschaft St. Pius X. (Hg.), Mitteilungsblatt für den deutschen Sprachraum, Nr. 348, vom Januar 2008, S. 1f, S. 2; zu den Freimaurern auch Priesterbruderschaft St. Pius X. (Hg.), Mitteilungsblatt für den deutschen Sprachraum, Nr. 343, vom August 2007.
[144] In einem gesonderten kirchengeschichtlichen Kapitel informiert die Piusbruderschaft über „die großen Schlachten der Christenheit zur Abwehr des Islams", von denen vier (Tour und Poitiers, Belgrad, Lepanto, Wien) „im Bewusstsein der Christen niemals vergessen werden" sollten: Priesterbruderschaft St. Pius X. (Hg.), Mitteilungsblatt für den deutschen Sprachraum, Nr. 337, vom Februar 2007, S. 42.
[145] Eine von der Piusbruderschaft durchgeführte Gegendemonstration wird als ein großer „Sieg" gegen „DIE SÜNDE" gefeiert, s. Bericht Stefan Biedermann, *David & Goliath – eine alte Geschichte neu erzählt,* in: Priesterbruderschaft St. Pius X. (Hg.), Mitteilungsblatt für den deutschen Sprachraum, Nr. 320, vom August 2005. Auch: *Völlige Verbannung der Familie,* in: Priesterbruderschaft St. Pius X. (Hg.), Mitteilungsblatt für den deutschen Sprachraum, Nr. 348, vom Januar 2008. Vgl. auch die entsprechenden Passagen in: Schmidberger, *Grundsätze,* S. 43–47.
[146] Franz Schmidberger, *Editorial,* in: Priesterbruderschaft St. Pius X. (Hg.), Mitteilungsblatt für den deutschen Sprachraum, Nr. 355, vom August 2008, S. 1f, S. 1.
[147] Zur Sonderstellung Deutschlands vgl. auch Priesterbruderschaft St. Pius X. (Hg.), Mitteilungsblatt für den deutschen Sprachraum, Nr. 346, vom November 2007, S. 39

ist hier eine bemerkenswerte Anleihe aus Traditionen der ‚Völkischen Theologie' der 1930er Jahre zu beobachten, die sich in Spekulationen über die wechselseitigen Beziehungen zwischen (deutschem) Volkstum und Christentum erging.[148] Dabei wurde das Volkstum der Naturordnung, das Christentum der „Übernatur" oder Gnadenordnung zugeordnet. Das Ziel war jeweils, die ‚organische' Zuordnung von Natur und Übernatur, oder in anderer Terminologie ‚Geist' und ‚Blut' zu finden, wobei freilich die unterschiedlichen Charaktere der einzelnen Nationen bzw. Rassen zu berücksichtigen waren.[149] In dem erwähnten Zitat wird dabei offenkundig dem deutschen Volkscharakter eine gewisse naturhafte Superiorität zugesprochen. Die interessante Frage, ob sich die französischen Mitglieder der Bruderschaft damit abfinden können und wollen, dass sich die germanische Natur in besonders privile-

---

zum Dreißigjährigen Krieg: „Wahrlich ein großartiges Geschenk, das die Reformation dem deutschen Volk gebracht hat. Vor dem Krieg das erste und mächtigste Volk Europas, nach ihm ohnmächtig zu Boden geschmettert!". Entsprechend stehen im Mittelpunkt des Gedächtnisses der Opfer des Nationalsozialismus – der zusammen mit dem Kommunismus verurteilt wird – die eigenen Landsleute. Der Gebetsaufruf anlässlich des 60. Jahrestages des Kriegsendes lautete: „1945–2005. Gedenket eurer Toten! Anläßlich des 60-jährigen Kriegsendes wird die Priesterbruderschaft in allen Kirchen und Kapellen in ganz Deutschland am Allerseelentag ein feierliches Requiem zelebrieren für alle Kriegsopfer der Heimat, seien sie auf dem Schlachtfeld, durch Bombenangriffe, im KZ, durch die Vertreibung oder auf der Flucht gestorben. Der Herr gebe den Millionen von deutschen Kriegsopfern, ganz besonders aber unseren lieben Verwandten und Bekannten, die unschuldigerweise sterben mußten, die ewige Ruhe! In unseren Herzen leben sie fort! Priesterbruderschaft St. Pius X. Distrikt Deutschland." Geziert wird der Aufruf mit Stahlhelm, Schwert, Eichenlaub, dem Eisernen Kreuz sowie den Wappen der Landsmannschaften West- und Ostpreußen, Siebenbürgen, Sudetenland, Ungarn sowie Nieder- und Oberschlesien. *1945–2005. Gedenket eurer Toten!*, in: Priesterbruderschaft St. Pius X (Hg.), Mitteilungsblatt für den deutschen Sprachraum, Nr. 322, vom Oktober 2005, S. 56.
[148] Der Begriff der ‚Völkischen Theologie' umfasst ein sehr heterogenes Feld von theologischen Denkformen, die sich jedoch insgesamt der Definition von Walter Grundmann zuordnen lassen: „Völkische Theologie unterscheidet sich darin von der bisherigen Theologie, dass sie nicht anders denken kann und will, als von der Grundlage einer völkisch-politischen Anthropologie aus. ... Völkisch-politische Anthropologie aber sieht den Menschen als organisch-gliedhafte Einheit, organische Einheit nach Leib und Seele, bestimmt durch seine Rasse; gliedhaft als eingeordnet in die übergreifende Einheit des Volkes." Walter Grundmann, *Völkische Theologie*, Weimar 1937, S. 5f.
[149] Das bekannteste Beispiel katholischer ‚Völkischer Theologie' sind die entsprechenden Beiträge Karl Adams, besonders: *Deutsches Volkstum und katholisches Christentum*, in: Theologische Quartalschrift 114 (1933), S. 40–63. Zur Orientierung im Kontext anderer Versuche des ‚Brückenbaus': Heinz Hürten, *Deutsche Katholiken 1918–1945*, Paderborn 1992, S. 219–221; Robert A. Krieg, *Catholic Theologians in Nazi Germany*, New York 2004, S. 83–106. Aus systematischer Sicht: Lucia Scherzberg, *Kirchenreform mit Hilfe des Nationalsozialismus. Karl Adam als kontextueller Theologe*, Darmstadt 2001, bes. S. 244–248. Dort auch weitere Literatur.

gierter Weise der göttlichen Gnade geöffnet hat, kann hier nicht weiter verfolgt werden.

III. Der Traditionalismus der Pius-Bruderschaft im Kontext zeitgenössischer religiöser Fundamentalismen

Die „Bruderschaft vom Hl. Pius X." bewegt sich – ganz unabhängig von den jeweils erkennbaren nationalen Einflüssen – in einer katholischen Denktradition des 19. Jahrhunderts, die die Moderne insbesondere in Gestalt der Prinzipien der Französischen Revolution nicht anders denn zerstörerisch für die gesamte menschliche Gesellschaft und Kultur und besonders für die Kirche wahrzunehmen vermochte. Niemals kam und kommt deshalb in den Blick, dass es möglicherweise auch eine christliche Fundierung individueller Freiheitsrechte geben könne, wie sie sich explizit in der Amerikanischen Revolution niederschlug, mit der Folge der Schaffung eines Gesellschaftsmodells, das den Kirchen im Vergleich zu Europa optimale ungehinderte Entfaltungsmöglichkeiten bot. Ein besonders eindrücklicher und markanter Reflex auf diese historischen Traditionen war deshalb der Umstand, dass während des Zweiten Vatikanischen Konzils bei den Auseinandersetzungen um die Erklärung zur Religionsfreiheit Marcel Lefebvre als unerbittlicher Vertreter des Ancien Régime auf den Plan trat, während die Konzeption der Konzilskonstitution *Dignitatis Humanae* nicht nur unter Federführung eines Jesuiten aus den Vereinigten Staaten, nämlich John Courtney Murray (1904–1967), entwickelt und verfasst wurde, sondern auch noch während des Konzils die entscheidende „politische" Unterstützung von den US-amerikanischen Bischöfen erhielt. Nicht unterschlagen werden darf dabei allerdings, dass Murray wiederum eng mit einem anderen Franzosen befreundet war, Jacques Maritain (1882–1973), mit dem er sich einig war, dass das verbreitete katholische Narrativ des 19. Jahrhunderts, jede Form des Individualismus zu verdammen, die Verdienste der politischen Individualisierungsprozesse, wie in der Demokratie, zu Unrecht verdunkelt habe.[150] Es gehört zu den Besonderheiten dieser historischen Konstellation, dass Jacques Maritain, der heute als Vordenker der Christdemokratie gilt, in

---

[150] John T. McGreevy, *Catholicism and American Freedom*, New York – London 2003, S. 196. Zur katholischen Wahrnehmungslücke mit Bezug auf die USA vgl. demnächst Hans Maier, Wahrnehmungen demokratischer Entwicklungen im modernen Katholizismus, in: Karl Gabriel (Hg.), Wie fand der Katholizismus zur Religionsfreiheit?

den 1920er Jahren ebenso wie Marcel Lefebvre ein Anhänger der *Action française* gewesen war, mit dem entscheidenden Unterschied, dass die päpstliche Verurteilung der Bewegung bei ihm tatsächlich zu einem Umdenken führte, das sich dann in den 1930er Jahren unter dem Eindruck der faschistischen Bedrohung noch verstärkte.[151]

Der Blick über Europa hinaus trägt aber auch und vor allem dazu bei, das Phänomen der Pius-Bruderschaft in den weiteren historischen Kontext des spannungsreichen Verhältnisses von Religion und Moderne im 20. Jahrhundert einzuordnen. Diesem Ziel ist der folgende, dritte Teil dieses Überblicks gewidmet, in dem beleuchtet werden soll, wie die Denkformen und Aktivitäten der Bruderschaft chronologisch und auch inhaltlich in einer offenkundigen Parallele zu Gruppierungen stehen, die ebenso in anderen Konfessionen oder Religionen wurzeln und umgangssprachlich unter dem Begriff der „Fundamentalisten" subsumiert werden.

Der Begriff des „Fundamentalismus" entstand in den Vereinigten Staaten von Amerika zu Beginn des 20. Jahrhunderts zur Bezeichnung einer Denkrichtung im Protestantismus, die den Eindruck gewann, dass die Theologie mehr und mehr unter den Einfluss von modernen Wissenschaften gerate und so zum Beispiel durch die neuen Methoden der historisch-kritischen Exegese die Offenbarung verfälsche. Der Sache nach war diese Kritik natürlich schon lange bekannt, aber neuartig war, wie einige Theologen nun gegen diese als bedrohlich empfundene Entwicklung in der Öffentlichkeit Stellung bezogen: Von 1910 bis 1915 publizierten sie eine Reihe von Broschüren unter dem Titel *The fundamentals: A testimony to the truth* (Die Fundamente: Ein Zeugnis für die Wahrheit) und begründeten 1919 eine *World's Christian Fundamentals Association*. Als wenig später ein Journalist die Bewegung als „Fundamentalisten" bezeichnete, hatte diese Ausrichtung des amerikanischen Protestantismus ihren Namen bekommen. Großes Aufsehen erregten die „Fundamentalisten" in der Folgezeit insbesondere – wie heute – durch ihren Kampf gegen die Verbreitung der Evolutionslehre nach Darwin. Im sog. „Affen-Prozess" (Scopes v. State of Tennessee) von 1925 im US-Bundesstaat Tennessee verfochten sie vergeblich die buchstäbliche Unfehlbarkeit der Hl. Schrift und den Grundsatz, dass in Zweifelsfragen stets die Aussage der Hl. Schrift den Aussagen der Wissenschaften vorzuziehen sei. Wer dies nicht tue, so die Fundamentalisten, verlasse die

---

[151] Ebd., S. 199. Vgl. zu J. C. Murray sowie seinen Kontakten allgemein: Ebd., bes. S. 189–215, 236–249.

Grundlagen des Christentums. Damit war ein Anspruch formuliert, der bis heute unser Verständnis vom Fundamentalismus prägt. Nach 1925 blieb es lange Zeit ruhiger um diese auch als „Evangelikale" bezeichneten Gruppen, aber in den 1970er Jahren machten sie erneut in der Öffentlichkeit von sich reden. Wie kam es dazu? Ihre soziale Basis waren vor allem kleine Gemeinden im sog. „Bibelgürtel" der Vereinigten Staaten von Amerika, die sich in politischen Fragen auf nationaler Ebene kaum engagierten. Dahinter stand ein Gesellschaftsverständnis, das sich primär auf die lokale Gemeinschaft konzentriert und eine Bundesregierung nur als „notwendiges Übel" versteht. Die 1960er Jahre brachten dann auch in den Vereinigten Staaten von Amerika Umbrüche des gesellschaftlichen, kulturellen und politischen Lebens mit sich, wodurch den Fundamentalisten das christliche Gesellschafts- und Familienbild bedroht erschien. Wiederum gewann ein Urteil in diesem Zusammenhang ein besonderes symbolisches Gewicht, nämlich die sehr weitgehende Freigabe der Abtreibung durch den *Supreme Court* im Urteil Roe v. Wade von 1973. Der Mobilisierungseffekt dieser Gerichtsentscheidung ist wohl kaum zu überschätzen. Zahlreiche fundamentalistische Gemeinschaften begannen sich quasi in Reaktion auf die politische Mobilisierung der in den USA als „Liberale" bezeichneten gesellschaftlichen Linken in den 1960er Jahren politisch zu organisieren. Erstmals bildeten sie nationale Verbände, begannen eine systematische Lobbyarbeit bei den Abgeordneten und nahmen über ein Netz von Fernsehstationen und „Televangelisten" Einfluss auf die Öffentlichkeit. Bekannte Führer dieser Bewegung wurden die Prediger Jerry Falwell oder Pat Robertson. Zur bekanntesten landesweiten Organisation wurde die so genannte *Moral Majority*, die sich insbesondere aller Themen annahm, die irgendwie mit dem Thema Sexualität in Verbindung gebracht werden konnten (Aufklärung in der Schule, Sexualität vor der Ehe, Homosexualität). Für die jüngste politische Geschichte der USA wurde dann entscheidend, dass die Fundamentalisten begannen, mit ihrem Stimmenanteil für die Unterstützung eines Präsidentschaftskandidaten zu werben, diesem aber zugleich entsprechende Gegenleistungen abverlangten. So kam Ronald Reagan 1979 ins Präsidentenamt, obgleich er (geschieden, kein Kirchgänger) nicht eben dem Ideal der Fundamentalisten entsprach. Seither sind die Fundamentalisten in ihren verschiedenen Organisationen zu einem wichtigen politischen Element der amerikanischen Innenpolitik geworden.

Mit Blick auf die „Bruderschaft St. Pius X." fällt sofort die parallele Entstehung und Wellenbewegung der Geschichte der protestantischen „Fundamentalisten" mit den Schüben „anti-modernistischer" Reaktion im Katholizismus auf. Zunächst ist nach der Jahrhundertwende hüben und drüben des Atlantiks eine gleichgerichtete Mobilisierung gegen Annäherungsprozesse von Religion und Moderne zu beobachten, wobei die Enzyklika *Pascendi* Papst Pius' X. im Jahre 1907 den Publikationen der „Fundamentals" ab 1910 ja nur wenige Jahre vorausging. Sodann scheinen seit den 1960er Jahren das II. Vatikanische Konzil einerseits und die gesellschaftliche Liberalisierung in den Vereinigten Staaten andererseits eine neuerliche Mobilisierung dieser religiösen Kräfte herausgefordert zu haben, einerseits durch die Begründung der Bruderschaft durch Lefebvre und anderseits durch die politische Mobilisierung der *Moral Majority* und andere fundamentalistische Gruppierungen. Die Besonderheit im Katholizismus beruhte freilich darauf, dass diese Gegenkräfte nunmehr gegen das Papstamt selbst mobil machten, nachdem dieses Leitungsamt – in ihrer Sicht – im Kampf gegen den „Modernismus" kapituliert hatte. Folgt man der Periodisierung Karl Gabriels hinsichtlich der Entwicklung der Sozialformen des Christentums, liegt es nahe, die Enzyklika *Pascendi* Papst Pius' X. und *The Fundamentals* als Gegenreaktion einem ersten Entwicklungsschub der „halbierten Moderne" zuzuordnen, sodann die Mobilisierung protestantischer Fundamentalisten und der Bruderschaft St. Pius X. seit den 1960er Jahren als einen Reflex auf die Veränderungen zu interpretieren, die sich seit den 1950er Jahren in einem zweiten Modernisierungsschub der Industriegesellschaften vollzogen und die Religion und ihre Lebensformen tiefgreifend in Mitleidenschaft zogen.[152]

Die Frage, was die in ihrer Katholizität so selbstbewussten Anhänger Lefebvres mit den oft dezidiert anti-katholischen fundamentalistischen Gemeinschaften gemein hatten und haben, und ob die Pius-Brüder insofern als „Fundamentalisten" bezeichnet werden können, ist freilich nicht so leicht zu beantworten, wie es zunächst den Anschein hat. Erst recht ist das nicht der Fall, wenn man sich vor Augen führt, dass die Verwendung des „Fundamentalismus"-Begriffs sich mittlerweile weit von dem ursprünglichen Kontext seiner Entstehung entfernt hat. Das hängt damit zusammen, dass die beschriebene Mobilisierung religiöser Identität in

---

[152] Karl Gabriel, *Christentum zwischen Tradition und Postmoderne* (Quaestiones Disputatae 141), Freiburg – Basel – Wien 1992, S. 121–141 und speziell zum „fundamentalistischen Rückzug" S. 196–198.

dezidierter Abwehrhaltung zu bestimmten gesellschaftlichen und religiösen Modernisierungsprozessen im Laufe der 1970er Jahre bekanntlich nicht nur auf Europa und die USA beschränkt blieb, sondern – neben Israel[153] – vor allem auch in der Islamischen Welt zu beobachten war. Insbesondere zur Bezeichnung dieser Vorgänge im Islam bürgerte sich in der Öffentlichkeit bald der Begriff des „Fundamentalismus" ein.

Die Parallelen der Chronologie waren in der Tat erstaunlich und bleiben es auch im Rückblick: Seit 1977 begannen im Iran unter dem Titel „Eine religiöse Ansprache" Tonbandkassetten zu zirkulieren, in denen ein im Exil lebender schiitischer Prediger namens Ruhollah Khomeini den seit Jahrzehnten regierenden Monarchen Schah Pahlewi beschuldigte, den Islam durch eine Verschwörung mit den Mächten des Westens beseitigen zu wollen. Wenig später erklärte er ihn kraft religiöser Autorität für abgesetzt, eine Lawine sozialer Unruhen folgte, die 1979 zur triumphalen Rückkehr Khomeinis und Aufrichtung eines islamischen Gottesstaats führte. Dass die Herrschaft des Schah, der eine konsequent am Westen orientierte Modernisierung seines Landes propagiert hatte und sich auf die mächtigste Militärmacht des Mittleren Ostens stützen konnte, den Predigten eines mittelalterlich anmutenden, greisen Predigers zum Opfer fiel, überstieg zunächst die Fassungskraft der okzidentalen Beobachter. Zumal zeitgleich in Afghanistan islamische Gotteskrieger damit begannen, die Sowjetunion und damit zweitgrößte Militärmacht der Welt zum Rückzug zu zwingen und dort schließlich einen totalitären Gottesstaat zu errichten. (Nur kurz ist in diesem Zusammenhang daran zu erinnern, dass die überraschten Zeitgenossen die politische Dynamik der Religionen praktisch zeitgleich ebenso in Polen beobachten konnten: Während im Iran die Tonbandkassetten Khomeinis zirkulierten, wurde am 16. Oktober 1978 Karol Woityła als Johannes Paul II. zum Papst gewählt, und wenig später nahm im Sommer 1980 auf der Leninwerft im polnischen Gdánsk (Danzig) nach einer Erhöhung der Fleischpreise jene Streikbewegung ihren Anfang, die als Gewerkschaftsbewegung *Solidarność* unter dem omnipräsenten Marienbanner und mit der unübersehbaren moralischen Unterstützung durch den Papst den Auftakt zur Erosion der Herrschaft der Sowjetunion über Ostmitteleuropa markierte[154]).

---

[153] Vgl. Gilles Kepel, *Die Rache Gottes. Radikale Moslems, Christen und Juden auf dem Vormarsch*, München 1991, bes. S. 203–267.
[154] Ausführlicher zur Epochenwende um 1980 vgl. Wilhelm Damberg, *Pontifikate und politische Konjunkturen. Beobachtungen zur kirchlichen Zeitgeschichte*, in: Catherine Bosshart-Pfluger – Joseph Jung – Franziska Metzger (Hgg.), Nation und Na-

Insbesondere für die europäische Öffentlichkeit, die bis dahin weithin in den Bahnen des Säkularisierungsparadigmas dachte, brachten diese Ereignisse in den verschiedenen Weltteilen eine enorme „kognitive Dissonanz" mit sich, die eine „Flut von Publikationen" auslöste, die um den Begriff des „Fundamentalismus" kreisten.[155] Schon bald wurde erkennbar, wie vielfältig die Verwendungszusammenhänge waren, in denen er benutzt wurde. Auch wenn im wissenschaftlichen Diskurs zunächst vor allem das Interpretament des Aufstands der Religionen gegen die von der Aufklärung und der Vorherrschaft der Vernunft geprägte Moderne im Vordergrund stand[156], brachte es jedoch die folgende, bis heute anhaltende öffentliche Konjunktur des Begriffs bald mit sich, dass er faktisch immer diffuser verwandt wurde. Martin Riesebrodt konnte so schließlich treffend formulieren, die kürzeste Antwort auf die Frage „Was ist religiöser Fundamentalismus?" laute: „(E)in Schlagwort, das dringend der Klärung bedarf."[157] Gleichwohl plädiert er dafür, an dem Begriff des „Fundamentalismus" festzuhalten, wobei er ihn, was für unseren Zusammenhang bedeutsam ist, insbesondere durch ein „spezifisches, religiöses Geschichtsbewusstsein" umschreibt: „Als „fundamentalistisch" kann man ... solche religiösen Bewegungen und Gemeinschaftsbildungen der Moderne bezeichnen, die eine von ihnen wahrgenommene, dramatische Krise durch eine „exakte" Rückkehr zu vermeintlich ewig gültigen, heiligen Prinzipien, Geboten oder Gesetzen zu überwinden suchen. Fundamentalisten gehen davon aus, dass es eine zeitlos gültige Ordnung der Welt sowie eine darauf beruhende, religiös verbindliche fromme Lebensführung gibt, die einst in einer exemplarischen Gemeinschaft verwirklicht waren."[158]

---

tionalismus in Europa. Kulturelle Konstruktion von Identitäten (Festschrift für Urs Altermatt), Frauenfeld – Stuttgart – Wien 2002, S. 749–767, bes. S. 755–762.
[155] Martin Riesebrodt, *Fundamentalismus, Säkularisierung und die Risiken der Moderne*, in: Heiner Bielefeldt – Wilhelm Heidmeier (Hgg.), Politisierte Religion, Frankfurt a. M. 1998, S. 67–90, hier S. 67.
[156] Thomas Meyer, *Fundamentalismus. Die andere Dialektik der Aufklärung*, in: Ders. (Hg.), Fundamentalismus in der modernen Welt. Die Internationale der Unvernunft (Edition Suhrkamp NF 526), Frankfurt a. M. 1989, S. 13–22; Vgl. auch Gilles Kepel, *Die Rache Gottes*, S. 272. Gemeinsam sei allen Bewegungen die Ablehnung des durch die Aufklärung herbeigeführten Grundsatzes der Trennung von Staat und Kirche und die Einschätzung, dass die Emanzipation der Vernunft vom Glauben das eigentliche Hauptübel des 20. Jahrhunderts bildet.
[157] Martin Riesebrodt, *Was ist „religiöser Fundamentalismus"?*, in: Clemens Six – Martin Riesebrodt – Siegfried Haas (Hgg.), Religiöser Fundamentalismus. Vom Kolonialismus zur Globalisierung (Querschnitte 16), Innsbruck u. a. 2004, S.13.
[158] Ebd., S.18.

Der Frage, ob auch katholische Gruppierungen unter dem Begriff des „Fundamentalismus" zu fassen seien, und wenn ja, in welchen spezifischen Variationen, sind seit den 1990er Jahren bereits zahlreiche Veröffentlichungen nachgegangen.[159] Dies wurde zumeist grundsätzlich bejaht. Wiederholt wurde aber als markante Differenz zu anderen Konfessionen und Religionen herausgearbeitet, dass der exklusive Rekurs auf das Fundament *einer* Offenbarungsquelle bzw. Heiligen Schrift wie im Protestantismus, Judentum oder Islam auf Grund eines spezifischen „synkretistische(n) Zug(es) am Katholizismus" hinsichtlich seiner Offenbarungsquellen so nicht möglich sei. Dies verhindere einen „Fundamentalismus" im Katholizismus aber nicht, sondern erweitere lediglich das Spektrum möglicher Objekte einer fundamentalistischen Verengung.[160] Die Struktur des Offenbarungswissens mache den katholische Fundamentalismus – so Michael Ebertz – „zu einer weitaus komplexeren und pluralistischeren Erscheinung als den protestantischen Fundamentalismus." Er könne sich ebenso in bestimmten traditionellen Kultformen sowie (zumeist) in der Betonung eines institutionellen Wahrheitsmonopols, besonders des Amtes des Papstes, niederschlagen.[161] Regelmäßig wurde und

---

[159] Józéf Niewiadomski (Hg.), *Eindeutige Antworten? Fundamentalistische Versuchung in Religion und Gesellschaft* (theologische trends 1), Thaur 1988 (3. Aufl. 1989); Klemens Deinzer, *Sicherheit um jeden Preis? Fundamentalistische Strömungen in Religion, Ethik, Gesellschaft und theologischer Ethik* (Dissertationen Theologische Reihe 39), St. Ottilien 1990, bes. S. 84–144; Wolfgang Beinert (Hg.), *„Katholischer" Fundamentalismus. Häretische Gruppen in der Kirche?*, Regensburg 1991; Hermann Kochanek (Hg.), *Die verdrängte Freiheit. Fundamentalismus in den Kirchen*, Freiburg – Basel – Wien 1991; Michael Klöcker, *Römisch-katholischer Fundamentalismus: Typische Ausprägungen*, in: Reinhard Kirste – Paul Schwarzenau – Udo Tworuschka (Hgg.), Interreligiöser Dialog zwischen Tradition und Moderne (Religionen im Gespräch 3), Balve 1994, S. 229–242; Klaus Kienzler, *Der religiöse Fundamentalismus. Christentum, Judentum, Islam* (Beck Wissen 2031), München 1996; Michael N. Ebertz, *Erosion der Gnadenanstalt? Zum Wandel der Sozialgestalt der Kirche*, Frankfurt a. M. 1998, S. 235–259; Klaus Kienzler, *Fundamentalismus in Religion und Gesellschaft – aus katholischer Sicht*, in: Josef Homeyer – Herrmann Barth – Alan Mittelman – Nasr Abu-Zaid u. a., Religion und Politik (Interne Studie Nr. 151/1998), St. Augustin (Konrad Adenauer-Stiftung) 1998, S. 47–56; Peter Hertel, *Glaubenswächter. Katholische Traditionalisten im deutschsprachigen Raum. Allianzen – Instanzen – Finanzen*, Würzburg 2000, S. 111–115; Kurt Remele, *Katholischer Fundamentalismus. Unterscheidungen – Erklärungen – Anfragen*, in: Clemens Six – Martin Riesebrodt – Siegfried Haas (Hgg.), Religiöser Fundamentalismus. Vom Kolonialismus zur Globalisierung (Querschnitte 16), Innsbruck u. a. 2004, S. 53–68.
[160] Józéf Niewiadomski, *Katholizismus – Synkretismus – Fundamentalismus*, in: Ders. (Hg.), Eindeutige Antworten, S. 202.
[161] Michael Ebertz, *Treue zur einzigen Wahrheit. Religionsinterner Fundamentalismus im Katholizismus*, in: Kochanek, Die verdrängte Freiheit, S. 37f.; vgl. Ders., *Erosion*, S. 241–250; Michael Klöcker, *Römisch-katholischer Fundamentalismus*, S. 231.

wird die Bewegung Lefebvres vor diesem Hintergrund zur Bestimmung ihres spezifischen Charakters zumeist als „Traditionalismus" charakterisiert.[162] Diese Charakterisierung kann jedoch nach dem Befund dieser Studie und unter Bezug auf die Definition von Riesebrodt präzisiert werden. „Traditionalismus" kann verharmlosend wahrgenommen werden, wenn unter diesem Begriff bloß die Ewig-Gestrigen vermutet werden; ebenso treten die Lefebvre-Anhänger nicht nur für ein a-historisches „Einfrieren" der Kirchengeschichte etwa im Jahre 1907 oder 1962 ein. Es mutet paradox an, aber bei der „Bruderschaft vom Hl. Pius X." lässt sich offenkundig eben das Phänomen der Mobilisierung eines äußerst lebhaften Geschichtsbewusstseins beobachten, welches Riesebrodt bei allen fundamentalistischen Bewegungen allgemein beobachtet hat. Auch für die Lefebvre-Bewegung ist eine spezifische Geschichtsdeutung theologisch grundlegend: Als deren Dreh- und Angelpunkt fungiert die Französische Revolution, die einen zweiten „Sündenfall" der Menschheit darstellt. Durch das Zweite Vatikanische Konzil habe dieser „Sündenfall" als „Satans Meisterstück" sogar in der Kirche Eingang gefunden, wodurch die im Grunde seit 1789 anhaltende Dauerkrise in der Christenheit beispiellos verschärft worden sei und gegenwärtig apokalyptische Dimensionen erreicht. Der Kampf der Bruderschaft gilt nun der Rückkehr zu einer *regnum* und *sacerdotium* umfassenden göttlichen Ordnung, die einerseits überzeitlich gedacht und in den Proklamationen der Pius-Päpste des 19. Jahrhunderts wieder erkannt, andererseits aber faktisch ebenso mit historischen politischen Formationen des 19. und 20. Jahrhunderts identifiziert und so propagiert wird.

An diesem Punkt war sich der 1905 geborene und 1988 verstorbene Hans Urs von Balthasar, also ein Altersgenosse Lefebvres, in seinem Urteil mit dem angeblichen „Modernisten" Maurice Blondel (1861–1949) offenkundig einig, als er kurz vor seinem Tode aus einem Text des Franzosen von 1910 zitierte, um die „Logik des Integralismus" zu entfalten. „Die klar begriffliche Trennung eines geschlossenen Reiches der Übernatur, die von oben herab herrscht, fordert von den Vertretern der letzteren, ‚sich selbst mit der Offenbarungswahrheit zu identifizieren, oder vielmehr die Of-

---

[162] Z. B. Klaus Kienzler, *Der religiöse Fundamentalismus*, S. 59; Michael Klöcker, *Römisch-katholischer Fundamentalismus*, S. 232; Kurt Remele, *Katholischer Fundamentalismus*, S. 62f; Rudolf Pacik, *Verrat am katholischen Glauben?* *Marcel Lefebvre und die Liturgiereform*, in: Niewiadomski, Eindeutige Antworten?, S. 17–40, hier: S. 17; Wolfgang Beinert, „Katholischer" Fundamentalismus, S. 107f; Hans Urs von Balthasar, *Integralismus heute*, in: Beinert, „Katholischer" Fundamentalismus, S. 171–173.

fenbarungswahrheit mit sich, um schließlich zu einer rein menschgestaltigen Theokratie zu gelangen, die man zwar dauernd ableugnet, aber doch immerfort praktiziert."[163]

Danksagung: Mein besonderer Dank für ihre Mitwirkung gilt Herrn Jens Oboth, der viele Anregungen und Recherchen beigesteuert hat, sowie Frau Kirsten Gläsel.

---

[163] Hans Urs von Balthasar, *Integralismus heute*, S. 166–175 (hier: S. 168).

IV.
Die Theologie des Pascha-Mysteriums im Widerspruch

Bemerkungen zur traditionalistischen Kritik katholischer Liturgietheologie

von Benedikt Kranemann

1. Ein notwendiger Perspektivenwechsel

Wenn man die Diskussion um das Motu Proprio „Summorum Pontificum" und die Aufhebung der Exkommunikation einiger traditionalistischer Bischöfe Revue passieren lässt, fällt ein eigenartiges Faktum auf. Häufig stehen, gleich ob Systematiker, Liturgiewissenschaftler, Historiker o.a. sich zu Wort melden, einzelne Elemente des Ritus oder ausgewählte Aspekte der Theologie im Vordergrund: Welcher Ritus wird für Taufe, Eucharistie oder Priesterweihe verwendet? Feiert man die Liturgie in Latein oder in Deutsch? Welche Bedeutung misst man der Wortverkündigung zu? Welche Rolle spielen Laien im Gottesdienst? Wie geht man mit den verschiedenen Fassungen des Formulars der Karfreitagsfürbitten um?[1] Kirchenbild, Opfertheologie, Fragen der Sakralität, Belange der Ökumene und des interreligiösen Dialogs werden erörtert. Keine dieser Fragen, keines dieser Themen ist überflüssig. Gerade der Liturgiewissenschaftler muss aus wissenschaftlichen Gründen darauf bestehen, dass der liturgische Ritus auch im Detail theologische Bedeutung besitzt, die Auseinandersetzung um den Ritus mithin zugleich theologische Fragen verhandelt und erhebliches Gewicht hat. Die bisherige Diskussion könnte jedoch so verstanden

---

[1] Einen sehr umfangreichen Literaturbericht hat vorgelegt: Winfried Haunerland, Ein Ritus in zwei Ausdrucksformen? Hintergründe und Perspektiven zur Liturgiefeier nach dem Motu proprio „Summorum Pontificum", in: Liturgisches Jahrbuch 58 (2008), 179–203, hier 199–203. Nachzutragen ist mittlerweile: Martin Klöckener, Wie Liturgie verstehen? Anfragen an das Motu proprio „Summorum Pontificum" Papst Benedikts XVI., in: ders. – Benedikt Kranemann – Angelus A. Häußling unter Mitarb. v. Stefan K. Langenbahn, Liturgie verstehen. Ansatz, Ziele und Aufgaben der Liturgiewissenschaft, Fribourg 2008 (= Archiv für Liturgiewissenschaft 50 [2008]), 268–305.

werden, dass es letztlich um diese Einzelfragen geht, die zu diskutieren sind und an denen sich Nähe und Distanz zwischen Traditionalisten bzw. unterschiedlichen traditionalistischen Gruppen und Kirche entscheiden. Die folgenden Überlegungen wollen diese Diskussion um eine entscheidende Perspektive erweitern. Anhand der Analyse einer liturgietheologischen Programmschrift der Priesterbruderschaft St. Pius X. von 2001 soll gezeigt werden,[2] dass hinter den Auseinandersetzungen der letzten Jahre wesentlich komplexere theologische Zusammenhänge stehen. Im Letzten, so wird zu zeigen sein, werden nicht einzelne Aussagen, sondern Kernaussagen des Zweiten Vatikanischen Konzils, insbesondere die Theologie des Pascha-Mysteriums, verworfen. „Pascha-Mysterium" ist tatsächlich ein zentraler Begriff der Liturgiekonstitution, von „Mysterium" sprechen auch andere Konzilsdokumente. Mit diesen und weiteren Begriffen verbinden sich im Konzil und in der nachkonziliaren Liturgiereform bis heute weitreichende theologische Implikationen. Sie betreffen das Sakramentenverständnis, das Gottes- und Menschenbild und die Ekklesiologie. Die Kritik der genannten Programmschrift der Piusbruderschaft führt, blickt man etwa auf die zitierte theologische Literatur, weit in das 20. Jahrhundert und in eine Epoche der Kirchengeschichte zurück, die durch die Auseinandersetzungen mit dem Modernismus und der Nouvelle Theologie gekennzeichnet war.[3] Neben kirchenamtlichen Dokumenten unterschiedlichen Gewichts und einigen wenigen Publikationen aus jüngerer Zeit, so von Annibale Bugnini, werden Schriften aus den 1930er bis 1950er Jahren von Aimé-Georges Martimort, Yves de Montcheuil, Adalbert Hamman, Henry Pinard de la Boullaye, Èmile Mersch, Eugène Masure, Odo Casel, Irénée-Henri Dalmais, Josef Andreas Jungmann, Romano Guardini, Henri-Marie Féret, Jean Hild etc. herangezogen, kritisch beurteilt und deutlich abgelehnt.[4] Die Diskussion, die sich in der Schrift der Pius-Bruderschaft abbildet, weist nicht einfach

---

[2] Vgl. Priesterbruderschaft St. Pius X., Das Problem der Liturgiereform. Die Messe des II. Vaticanum und Pauls VI. Eine theologische und liturgische Studie, Stuttgart 2001. Eine Kommentierung der Publikation vgl. bei John F. Baldovin, Reforming the Liturgy. A Response to the Critics, Collegeville 2008, 137–140.

[3] Zu dieser Einschätzung kommt auch Baldovin, Reforming the Liturgy 140: „The authors […] seem to be opposed to every innovation in theology since the late 1940s and the era of La Nouvelle Théologie. One can agree with their complete rejection of modern theology, of course, but I think that the price is very high indeed."

[4] Vgl. Das Problem der Liturgiereform 25, Anm. 16; 51, Anm. 37f; 53, Anm. 44; 54, Anm. 44; 54, Anm. 47; 63, Anm. 68–71; 67, Anm. 80f; 69, Anm. 85; 71, Anm. 89f; 67, Anm. 94; 78, Anm. 99; 79, Anm. 101–103; 85, Anm. 113f; 86, Anm. 117; 86, Anm. 119.

vor das Konzil zurück, sondern in das frühe 20. Jahrhundert und verwirft auch die hier entstehenden neuen theologischen Leitideen. Theologische Äußerungen über den Primat des geoffenbarten Wortes Gottes, die kritische Auseinandersetzung mit Bibel und Historie, eine Rückkehr zu den Quellen, Auseinandersetzung und Gespräch mit zeitgenössischen Richtungen des Denkens, ja, eine Theologie, die im Kontakt zu den Menschen und der Zeit betrieben wird[5] – dies prägte in unterschiedlicher Weise die „neue Theologie", wie es bezeichnenderweise durchgängig im Text heißt. Wer sich geistes- und theologiegeschichtlich programmatisch davon absetzt und sich gleichsam zeitlich davor verortet, lebt und denkt im „langen 19. Jahrhundert".[6] Das aber impliziert nicht nur eine andere Theologie, sondern auch eine andere Kirche und letztlich wohl auch eine andere Gesellschaft. So wird nicht nur ein Bruch mit der zeitgenössischen Theologie, sondern auch mit dem Zweiten Vatikanum und der auf dieses Konzil zulaufenden Entwicklung in der Kirche vollzogen.

2. Argumentationslinien der traditionalistischen Programmschrift

2.1 Der Charakter der vorangestellten Bittschrift

„Das Problem der Liturgiereform. Die Messe des II. Vaticanum und Pauls VI. Eine theologische und liturgische Studie" lautet der Titel der oben genannten Programmschrift, die in Französisch und u. a. in deutscher Übersetzung erschienen ist. Ihr vorangestellt ist eine Bittschrift, die der Generalobere der Priesterbruderschaft St. Pius X. am 2. Februar 2001 an Papst Johannes Paul II. gerichtet hat. Deren Ziel ist die Rehabilitation des Missale Romanum von 1570, darüber hinaus doktrinale und liturgische „Klarstellungen […], welche die tragische gegenwärtige Situation der Kirche verlangt".[7]

Im Unterschied zur um Sachlichkeit bemühten Programmschrift ergibt sich das Begleitschreiben in Polemik gegen die Liturgie-

---

Schriften von Odo Casel werden zum Teil nach späteren Nachdrucken und Übersetzungen zitiert.
[5] Vgl. aus der vielfältigen Literatur Rosino Gibellini, Handbuch der Theologie im 20. Jahrhundert, Regensburg 1995, 145–244; Peter Neuner – Gunther Wenz (Hg.), Theologen des 20. Jahrhunderts. Eine Einführung, Darmstadt 2002, dort neben den Porträts einzelner Theologen auch Peter Neuner, Einleitung 9–31.
[6] So Jürgen Osterhammel, Die Verwandlung der Welt. Eine Geschichte des 19. Jahrhunderts, München ²2009, 88.
[7] Das Problem der Liturgiereform 9.

reform, insbesondere die unter Papst Paul VI. begonnene Reform der Messfeier. Theologische Mängel hätten zu anhaltender Unordnung und Streitigkeiten in der Kirche geführt, Irritationen und „ein noch nie dagewesenes geistliches Drama"[8] seien die Konsequenzen. Das Schreiben spricht von einer Entwicklung der Liturgie, betrachtet aber die Liturgiereform nach dem Zweiten Vatikanum als radikale und rohe Trennung von der römischen Tradition. Das alles zwinge die Bruderschaft dazu, bei der viele Jahrhunderte alten Liturgie der römischen Kirche zu bleiben. Es hat wenig Sinn, diese Vorwürfe klarzustellen, denn über sie ist immer wieder gestritten worden; aber der Hinweis ist doch notwendig, dass auch Kritiker des jüngsten Konzils und seiner Reformen zu einem sachgerechteren Urteil finden könnten, wenn sie das weite Feld liturgischer Reformen über beinahe zwei Jahrtausende zur Kenntnis nehmen würden.[9] Andernfalls verbieten sich, jedenfalls wissenschaftlich betrachtet, Pauschalverurteilungen wie die gerade referierte.

Bemerkenswert ist, dass für Reformen der Liturgie nur auf die Päpste Pius X., Pius XII. und Johannes XXIII. verwiesen wird.[10] Es wird von einer Entwicklung innerhalb der Liturgiegeschichte gesprochen, doch gibt es keine einzige Passage, wo wirklich auf die Liturgiegeschichte vor dem Konzil von Trient rekurriert wird. Dies hat zwei Konsequenzen: Die reiche Geschichte der Liturgiereformen seit den Anfängen des Christentums einschließlich weitgehender theologischer Neuerungen kommt nicht in den Blick.[11] Es wird ein verkürztes Modell von Liturgiegeschichte zugrunde gelegt, was dann beispielsweise einen sachgerechten Umgang mit der Mysterientheologie und ihren liturgiegeschichtlichen Hintergründen fast unmöglich macht. Und: Man legt sich auf eine Gestalt und – das sei betont – Theologie der Liturgie fest, die unter ganz spezifischen Bedingungen entstanden ist: dem Reformbedarf des Spätmittelalters, der Auseinandersetzung

---

[8] Das Problem der Liturgiereform 7.
[9] Vgl. Martin Klöckener – Benedikt Kranemann, Liturgiereform – Grundzug des christlichen Gottesdienstes. Systematische Auswertung, in: dies. (Hg.), Liturgiereformen. Historische Studien zu einem bleibenden Grundzug des christlichen Gottesdienstes. Teil II: Liturgiereformen seit der Mitte des 19. Jahrhunderts bis zur Gegenwart, Münster 2002 (Liturgiewissenschaftliche Quellen und Forschungen 88), 1083–1108.
[10] Vgl. die wesentlich breitere Geschichte der Reformen der Liturgie, die mittlerweile durch einzelne Studien sehr genau untersucht worden ist; vgl. neben dem in Anm. 9 genannten Band auch Teil I: Biblische Modelle und Liturgiereformen von der Frühzeit bis zur Aufklärung.
[11] Das dokumentiert eindrucksvoll ein Sammelwerk wie Geoffrey Wainwright – Karen B. Westerfield Tucker (Ed.), The Oxford History of Christian Worship, Oxford 2006.

mit der Reformation, mit einem sehr begrenzten Blick auf die Liturgiegeschichte usw.[12] Dieser extrem verengte Fokus auf die Geschichte, ein erhebliches hermeneutisches Defizit, prägt die gesamte Argumentation: Die Liturgiegeschichte wird auf das Konzil von Trient und seine Erneuerung des gottesdienstlichen Lebens verkürzt. Die nachtridentinische Liturgiegeschichte wird zum hermeneutischen Ausgangspunkt für den Blick auf die Liturgiegeschichte wie die gegenwärtige Liturgie der Kirche. Dieses ist schon an und für sich problematisch. Darüber hinaus drängt sich die Frage auf, ob es nicht doch eine recht begrenzte Rezeption der nachtridentinischen Liturgie ist, die hier zugrundegelegt wird. Die Vielfalt und Entwicklung der Liturgiegeschichte nach Trient wird ganz ausgeblendet.[13] So einheitlich, wie der Eindruck erweckt wird, waren weder Theologie noch Ritus.[14] Letztlich scheint in der Publikation ein Bild von Liturgie und Liturgiegeschichte auf, wie es typisch ist für ultramontane Kreise des 19. Jahrhunderts. Das gilt für das Priester- und in der Folge für das Kirchenbild, aber auch für die Vorstellungen von römischer Liturgie und für einige theologische Grundzüge.[15] John Baldovin hat der Publikation eine

---

[12] Vgl. zu den Grenzen der nachtridentinischen Liturgiereform Angelus A. Häußling, Liturgiereform. Materialien zu einem neuen Thema der Liturgiewissenschaft, in: ders., Christliche Identität aus der Liturgie. Theologische und historische Studien zum Gottesdienst der Kirche. Hg. v. Martin Klöckener – Benedikt Kranemann – Michael B. Merz, Münster 1997 (Liturgiewissenschaftliche Quellen und Forschungen 79), 11–45 (zuerst 1989 veröffentlicht), hier 19–23; Winfried Haunerland, Einheitlichkeit als Weg der Erneuerung. Das Konzil von Trient und die nachtridentinische Reform der Liturgie, in: Klöckener – Kranemann, Liturgiereformen I, 436–465, bes. 464f.
[13] Vgl. die Beiträge in Benedikt Kranemann – Klemens Richter (Hg.), Zwischen römischer Einheitsliturgie und diözesaner Eigenverantwortung. Gottesdienst im Bistum Münster, Altenberge 1997 (Münsteraner Theologische Abhandlungen 48).
[14] Vgl. u. a. die Studie von Peter Hersche, Muße und Verschwendung. Europäische Gesellschaft und Kultur im Barockzeitalter. 2 Bde., Freiburg – Basel – Wien 2006, die die Vielfalt des Barockkatholizismus eindrucksvoll beschreibt; für die Liturgiegeschichte sei aus einer Fülle von Literatur, die das Modell einer nachtridentinischen „Einheitsliturgie" widerlegt, genannt: Jürgen Bärsch – Bernhard Schneider (Hg.), Liturgie und Lebenswelt. Studien zur Gottesdienst- und Frömmigkeitsgeschichte zwischen Tridentinum und Vatikanum II, Münster 2006 (Liturgiewissenschaftliche Quellen und Forschungen 95).
[15] Vgl. die kurze Skizze bei Hubert Wolf, Katholische Kirchengeschichte im ‚langen' 19. Jahrhundert von 1789 bis 1918, in: ders. (Hg.), Ökumenische Kirchengeschichte 3: Von der Französischen Revolution bis 1989, Darmstadt 2007, 91–177, hier 114–117 u.ö. Erich Garhammer, Pastoralstrategie im Übergang vom 18. zum 19. Jahrhundert. Von der ‚Säkularisierung' zur ‚Sakralisierung' aufgezeigt an Priesterbild und Priesterbildung, in: Rottenburger Jahrbuch für Kirchengeschichte 23 (2004), 107–121, formuliert als Fazit der entsprechenden Entwicklungen vom 18. zum 19. Jahrhundert: „Der Verlust für die zunehmende Sakralisierung des Priestertums lag in der Abschottung und Immunisierung des Priesternachwuchses, im Antirationalismus der Priesteraus-

„tendency to what could be called ‚creeping doctrinalization'" vorgeworfen.[16]

Die Vorwürfe und Argumentationslinien sind keineswegs neu. Allerdings kündigt der Generalobere der Bruderschaft, Bernard Fellay, für die folgende Studie an, diese wolle die Ursachen in der kirchlichen Lehre aufdecken, die zu der behaupteten Kirchenkrise geführt hätten, und sie „mit der katholischen Lehre […] vergleichen"[17]. Fellay lässt keinen Zweifel, was damit gemeint ist: Abgelehnt wird die Theologie des Pascha-Mysteriums, von der es sachgerecht heißt, sie sei „die Seele der Liturgiereform"[18]. In Kurzform bietet der Generalobere bereits im Begleitschreiben die zentralen Aussagen der dann folgenden Programmschrift: „Weil sie das Geheimnis der Erlösung vermindert; weil sie das Sakrament einzig in der Beziehung zum ‚Mysterium' sieht; weil die Auffassung, die sie sich von der ‚Gedächtnisfeier' macht, die Opferdimension der Messe verändert, entfernt diese ‚Theologie des Pascha-Mysteriums' auf gefährliche Weise die nachkonziliare Liturgie von der katholischen Lehre, der das christliche Gewissen allerdings auf immer verpflichtet bleibt."[19] Damit werden zentrale Begriffe der konziliaren und nachkonziliaren Liturgietheologie aufgegriffen, denn „Mysterium", „Gedächtnisfeier" oder dann das umfassendere „Pascha-Mysterium" gehören ja nicht zu den Randphänomenen dieser Theologie,[20] sondern finden sich explizit oder implizit bereits in den Allgemeinen Grundsätzen des ersten Kapitels der Liturgiekonstitution. Man könnte sogar zuspitzen: Sie stehen am Anfang der Sammlung der konziliaren Dokumente und gehören tatsächlich zur „Seele" des Konzils und der nachkonziliaren Reformen auch über die Liturgiereform hinaus.

Man sollte auch die im Zitat genannten Vorwürfe gegenüber der heutigen katholischen Liturgie nicht überlesen: die Verkürzung der Sakramententheologie, die Veränderung – gemeint ist Verfälschung – der Opferdimension und eine Distanz zur katholischen Lehre, was in der Konsequenz offensichtlich bedeutet,

---

bildung, die mit der Diskreditierung der Universitätstheologie einher ging und einer wachsenden Romzentrierung und Ultramontanisierung der Kirche" (ebd. 121).

[16] Baldovin, Reforming the Liturgy 139.
[17] Das Problem der Liturgiereform 8.
[18] Das Problem der Liturgiereform 8.
[19] Das Problem der Liturgiereform 8.
[20] So auch Baldovin, Reforming the Liturgy 140: „The theology of the paschal mystery – which by no means denies the salvific death of Christ but rather puts it within the context of the whole salvation event – is central to the church's contemporary understanding of the work of Christ".

dass das Zweite Vatikanum nicht katholisch war. Damit ist die Zielstellung des Buches angesprochen, Kernaussagen des Konzils als nicht katholisch zu verwerfen; im Umkehrschluss bedeutet dieses allerdings auch, dass die Verfasser mit der Kirche brechen, die sich auf dieses Konzil beruft.

Die Kirchenkrise, wie die Priesterbruderschaft sie beschreibt, wurzelt in diesen Fundamenten des Konzils, konsequent wird eine Klarstellung hinsichtlich Lehre und Liturgie verlangt. Kirchenkrise meint hier ein defizitäres Priester- und Opferverständnis – beides ist nicht voneinander zu lösen –, ferner eine der Tradition widersprechende Doktrin und Liturgie, mangelnde Heiligkeit der Kirche, den Verlust kirchlicher Einheit usw.[21] Von einer Klarstellung und Umkehr verspricht man sich eine Stärkung der Heiligkeit des Priestertums, ein erneuertes Verständnis des Opfers, mehr Eifer bei den Gläubigen und eine Stärkung der Einheit der Kirche.[22] Schließlich wird ein zu erwartender „starker Impuls für die Missionierung der ehemals christlichen sowie der heidnischen Länder"[23] genannt. Möglicherweise geht es nicht allein um eine innerkirchliche Reform, sondern auch zumindest um eine Veränderung der Rolle der Kirche in der Gesellschaft.

Man muss das Begleitschreiben lesen, um den Stellenwert der folgenden Schrift erkennen zu können. Angestrebt wird eine Veränderung der Liturgie, aber nicht weniger eine andere Kirche; dafür lehnt man das Konzil ab und bricht mit der kirchlichen Lehre. Anders formuliert: Hinter der Diskussion um Probleme der Liturgiereform, die die Verfasser zu erkennen meinen, verbirgt sich eine andere Theologie, die es in ihren Grundsätzen und ihren Konsequenzen zu bedenken gilt.

2.2 Aufbau und Argumentationsstruktur der Programmschrift

Die Studie selbst umfasst drei Teile. Der erste Teil ist überschrieben „Die Reform von 1969: Ein liturgischer Bruch" und behandelt die Themen Opfer/Gedächtnismahl, Christus als Priester und Opfergabe/Christus als Herr der Versammlung, Sühnopfer/Danksagung. Der zweite Teil wendet sich dem theologischen Zentrum der Liturgiereform zu „Das Prinzip der Liturgiereform: Das Pascha-Mysterium" und arbeitet einige Grundaspekte dieses Theo-

---

[21] Auf die Krise der Kirche, wie sie etwa zum Jahrhundertbeginn Romano Guardini formuliert hat, oder die entsprechende gegenwärtige Diskussion, die doch zu anderen Fragen und Lösungsmodellen führen müsste, wird mit keinem Wort eingegangen.
[22] Vgl. Das Problem der Liturgiereform 9.
[23] Das Problem der Liturgiereform 9.

logumenon durch, wobei interessanterweise der Aspekt der Taufe in das Pascha-Mysterium (SC 6), eine doch theologisch folgenreiche Aussage des Konzils, keine Erwähnung findet. „Dogmatischer Bruch?" lautet der Titel des dritten Teils, doch handelt es sich nur um eine rhetorische Frage. Nach allgemeinen Schlussfolgerungen folgt ein kanonistischer Anhang, der der Frage nachgeht, ob man guten Gewissens das von Papst Pius V. revidierte Missale benutzen dürfe. Die Struktur der Argumentation ist schon zu Beginn der Schrift ablesbar. In einem mit „Argument" überschriebenen Kapitel wird zwar SC 21 zitiert, dann aber vor allem die Messopferlehre des Konzils von Trient dargelegt. Es handelt sich, so heißt es weiter, um doktrinale Elemente über die Messe, die für den Glauben unentbehrlich sind, „wir haben eine [sic!] Recht darauf, sie in der Analyse ihrer Riten wiederzufinden."[24] Davor könne aber, so liest man wenig später, der „Novus ordo missae" nicht bestehen, denn er gründe nicht mehr auf dem Opfer, stelle die Gegenwart Christi in Priester und Opfer der Gegenwart in Wort und Gemeinde nach und ersetze die Genugtuung durch die Danksagung. Die grundsätzlichen Kriterien der Argumentation liefert das Konzil von Trient bzw. eine ganz bestimmte Rezeption dieses Konzils, so dass von vornherein das Urteil feststeht: Das heutige Messbuch ist nicht aus einer Reform hervorgegangen, es ist Ergebnis eines Bruchs mit der Tradition.[25]

2.3 Die Theologie des Pascha-Mysteriums – Zielpunkt traditionalistischer Kritik

Da es bei der Ablehnung der Theologie des Mysterium paschale um die zentrale Argumentationsfigur der traditionalistischen Schrift geht, soll die Interpretation hier ansetzen. Begriff und Theologie sind breit im Konzil rezipiert worden. Der Begriff ist immer wieder in der Liturgiekonstitution verwendet worden, das Theologumenon damit in die Mitte der Liturgie gerückt worden.[26] So haben die Konzilsväter mit ihm das Heilswerk Gottes beschrieben, das die Erlösung des Menschen und die Verherrlichung Gottes umfasst (SC 5). Taufe haben sie als Eingliederung in das Pascha-Mysterium (SC 6) gedeutet, die Eucharistie als Versamm-

---

[24] Das Problem der Liturgiereform 16.
[25] Vgl. Das Problem der Liturgiereform 17.
[26] Vgl. Annibale Bugnini, Die Liturgiereform 1948–1975. Zeugnis und Testament. Deutsche Ausgabe. Hg. v. Johannes Wagner unter Mitarbeiter von François Raas, Freiburg – Basel – Wien 1988, 61f.

lung zur Feier dieses Mysteriums (SC 6). Immer wieder wird betont, was die Konzilsväter unter diesem Begriff verstehen: „sein [d.i. Christi] seliges Leiden, seine Auferstehung von den Toten und seine glorreiche Himmelfahrt" (SC 5). Eine Reduktion des Heilsgeschehens allein auf den Tod am Kreuz ist hier undenkbar, ebenso allerdings eine Rede vom Pascha-Mysterium ohne den Kreuzestod. Geht es hier um die liturgietheologische Grundlegung und damit das Fundament der Konstitution, so taucht der Begriff an anderer Stelle dort auf, wo es um einzelne Liturgien geht und konkrete Vorgaben für die Liturgiereform formuliert werden. Wirkung der Sakramente ist die Heiligung des Lebens der Gläubigen durch das Pascha-Mysterium, „aus dem alle Sakramente und Sakramentalien ihre Kraft ableiten" (SC 61). Der Sonntag ist der Tag, an dem das Pascha-Mysterium gefeiert wird und der deswegen als „Ur-Feiertag" bezeichnet wird (SC 106). Eine Neuordnung des liturgischen Jahres soll eine Spiritualität aus der Feier dieser Mitte jeder Liturgie fördern (SC 107). Schon in diesen wenigen Zitaten wird deutlich, dass es nicht um etwas geht, das die Kirche aus sich hervorbringt, sondern um etwas, das ihr vorausliegt, „das Heilshandeln des ewigen Gottes, der immer größer ist, größer auch als selbst seine Sakramente in der Zeit der Kirche."[27] „Gaudium et spes" beschreibt den theologischen Sachverhalt dort, wo es um die Würde der menschlichen Person geht, und sieht darin die Konkretion göttlichen Heilshandelns „für alle Menschen guten Willens" (GS 22). Dieses wird übrigens pneumatologisch interpretiert, eine theologische Dimension, die leider in der Programmschrift viel zu kurz kommt. Nach „Optatam totius" sollen die Priester die Gläubigen in das Pascha-Mysterium einfügen (OT 8). „Auch an dieser Stelle tritt die Grundintention des Zweiten Vatikanums zutage, Sakrament und Lebensgestalt miteinander zu verbinden. Diese lebendige spirituelle Kommunikation mit Christus wird im Paschamysterium erlebt"[28]. Man hat mit Blick auf das „Pascha-Mysterium" von einer „Kurzformel" gesprochen, die das Konzil für die Selbstmitteilung Gottes in der Heilsgeschichte verwendet habe.[29] In der Tat ist hier ein Zentrales der Konzilstexte

---

[27] Angelus A. Häußling, „Pascha-Mysterium". Kritisches zu einem Beitrag in der dritten Auflage des *Lexikon für Theologie und Kirche*, in: Archiv für Liturgiewissenschaft 41 (1999), 157–165, hier 163.
[28] Ottmar Fuchs – Peter Hünermann, Theologischer Kommentar zum Dekret über die Ausbildung der Priester *Optatam totius*, in: Peter Hünermann – Bernd Jochen Hilberath (Hg.), Herders Theologischer Kommentar zum Zweiten Vatikanischen Konzil. Bd. 3, Freiburg – Basel – Wien 2005, 315–489, hier 411.
[29] Vgl. Häußling, „Pascha-Mysterium" 164.

angesprochen, an dem man nachkonziliar theologisch nicht vorbeikommt, für das vielmehr immer wieder neue Übersetzungsversuche unternommen werden müssen.

Diese Theologie ist bekanntlich nicht erst im Konzil entwickelt worden, sondern geht auf Odo Casel zurück, Benediktiner der Abtei Maria Laach.[30] In einer reichen Literatur und in beständiger Auseinandersetzung mit den Kirchenvätern hat Casel die Vorstellung entwickelt, in der Liturgie ereigne sich „die kultische Gegenwärtigsetzung der Heilstat Christi".[31] Casel baut darauf eine eigene Sakramentenlehre, eine Ekklesiologie und eine eigene Vorstellung von Spiritualität auf, wenn er formuliert: „Der Priester vollzieht das Mysterium, die ganze Gemeinde opfert mit und bezeugt dies durch engen Anschluß und besonders auch durch den Opfergang. Die durch Taufe und Firmung geweihte Seele und Kirche wächst so immer tiefer in das mystische Leben und Leiden Christi hinein, wird christusförmig. Die Gläubigen sind Glieder am Leibe Christi, jedes mit seinen speziellen Gaben und Aufgaben, aber alle eins im Geiste Christi. So besteht innerhalb des Kosmos eine hl. Gemeinde des Herrn unter dem sakramentalen Priestertum, die die Mysterien Christi und das daran anschließende, festgeordnete Offizium feiert und so der Ewigkeit entgegenwächst."[32] In nuce sind hier die theologischen Aussagen zum Pascha-Mysterium von Casel zusammengefasst, die Sinnspitze seiner Theologie wird sichtbar: das Christusförmigwerden der Kirche und der einzelnen Christen.

---

[30] Zu Casel vgl. Osvaldo S. Santagada, Dom Odo Casel. Contributo monografico per una Bibliografia generale delle sue opere, degli studi sulla sua dottrina e della sua influenza nella teologia contemporanea, in: Archiv für Liturgiewissenschaft 10,1 (1967), 7–77; Angelus A. Häußling, Bibliographie Odo Casel OSB 1967–1985. Mit einzelnen Nachträgen aus den früheren Jahren, in: Archiv für Liturgiewissenschaft 28 (1986), 26–42; ders., Bibliographie Odo Casel 1986, in: Archiv für Liturgiewissenschaft 29 (1987), 189–198; Arno Schilson, Theologie als Sakramententheologie. Die Mysterientheologie Odo Casels, Mainz 1982 (Tübinger Theologische Studien 18); André Gozier, Odo Casel, Künder des Christusmysteriums. Hg. v. Abt-Herwegen-Institut der Abtei Maria Laach, Regensburg 1986; Angelus A. Häußling, Odo Casel – noch von Aktualität? Eine Rückschau in eigener Sache aus Anlaß des hundertsten Geburtstages des ersten Herausgebers, in: Archiv für Liturgiewissenschaft 28 (1986), 357–387; Maria-Judith Krahe, Der Herr ist der Geist. Studien zur Theologie Odo Casels, 2 Bde., St. Ottilien 1986 (Pietas Liturgica Studia 2/3); Burkhard Neunheuser, Odo Casels Beitrag zur theologischen Fundierung der liturgischen Erneuerung, in: Klöckener – Kranemann, Liturgiereformen II, 649–664; Arno Schilson, Die Gegenwart des Ursprungs. Überlegungen zur bleibenden Aktualität der Mysterientheologie Odo Casels, in: Liturgisches Jahrbuch 43 (1993), 6–29.
[31] Odo Casel, Liturgische Bewegung. 2. In der katholischen Kirche, in: Die Religion in Geschichte und Gegenwart ²3 (1929), 1698–1701, hier 1698f. Es handelt sich um einen programmatischen Artikel, der die Anliegen Casels prägnant wiedergibt.
[32] Casel, Liturgische Bewegung 1699.

Casels Ziel war eine Erneuerung der Kirche aus der Liturgie als Feier des Pascha-Mysteriums. Darin ist ihm das Zweite Vatikanum gefolgt, das aber zugleich eine Liturgiereform in Gang gesetzt hat, die Casel noch nicht vor Augen stand.

Die Programmschrift der Bruderschaft wendet sich zunächst der theologischen Rede vom Ostergeheimnis zu und setzt sich auch hier vor allem mit Theologen der ersten Jahrhunderthälfte auseinander. Konstatiert wird eine neue Theologie der Sünde und der Erlösung. Diese wolle „die Passion Christi nicht mehr als Genugtuung betrachten, die der durch die Sünde beleidigten göttlichen Gerechtigkeit geleistet wird."[33] Stattdessen betone die neue Theologie die unendliche Liebe Gottes, der den Menschen auch trotz seiner Sünde unvermindert liebe.[34] Die Vorstellung, dass die Sünde Gott und seine Gerechtigkeit verletze, sei offenbar aufgegeben worden. Als Beleg für die heutige Rezeption solcher Theologie führt die Schrift u. a. Zitate aus dem Katechismus der katholischen Kirche an und unterstellt diesem ein „Vergessen": „Wenn er von der Hölle spricht, betrachtet er sie einzig und allein als eine Selbstausschließung des Menschen aus der göttlichen Liebe [...], aber nie als eine Strafe, die dem hartnäckigen Sünder von Gott auferlegt wird."[35] Mit der Theologie des Ostergeheimnisses verbindet sich demnach „die vollständige Offenbarung der Liebe des Vaters"[36]. Dieses dränge die Vorstellung der Genugtuung durch das erneut gefeierte Kreuzesopfers zurück.

Mehr noch: Wenn die neue Theologie von Erlösung spricht, steht – so das Programmschreiben – nicht mehr der Kreuzestod, sondern Auferstehung und Himmelfahrt im Mittelpunkt. In beiden sehe diese Theologie das Erlösungsgeheimnis zusammengefasst, hier liege der Mittelpunkt.[37] Dem stellt der Autor eine deutlich zugespitzte Sühnetheologie gegenüber: „Man findet nirgends bekräftigt, daß die Sünde eine Gerechtigkeitsschuld Gott gegenüber nach sich zieht oder ein Hindernis für die Liebe Gottes zu uns ist."[38] Niemals scheine der Gedanke der Genugtuung auf.[39]

---

[33] Das Problem der Liturgiereform 50.
[34] Vgl. Das Problem der Liturgiereform 52.
[35] Das Problem der Liturgiereform 52.
[36] Das Problem der Liturgiereform 55.
[37] Vgl. Das Problem der Liturgiereform 56.
[38] Das Problem der Liturgiereform 57.
[39] Diese Aussage ist eindeutig falsch. Wenn SC 5 mit der Osterpräfation im Missale Romanum formuliert, Christus habe durch sein Sterben den Tod des Menschen vernichtet und durch die Auferstehung neues Leben geschaffen, dann ist mit „Tod" hier das durch die Sünde des Menschen beschädigte Verhältnis zu Gott angesprochen, das

Die Vorwürfe treffen die heutige Liturgietheologie nicht, wie sie auch die Intentionen des Konzils und der Theologie des Pascha-Mysteriums nicht angemessen beschreiben. Dort geht es um das eine Christusmysterium, ein Auseinanderreißen von Passion und Auferstehung ist nicht nur nicht vorgesehen, sondern soll ja gerade überwunden werden. Die Programmschrift schreibt eine Theologie fort, die dieses eine Mysterium nicht in den Blick bekommt, sondern immer bei einem bestimmten Opfer- und Sühneverständnis stehen bleibt. Das aber wollten theologische Entwürfe im 20. Jahrhundert zeigen: Eine solche Theologie ist nur durch einen bestimmten Traditionsstrang gedeckt, die Tradition der Kirche ist in jedem Fall vielfältiger.

Die hier sichtbar werdende Theologie hat Folgen bis in das Gottesbild hinein. So wird kritisiert, dass nach dem Liturgieverständnis einer Theologie auf dem Boden des Zweiten Vatikanums der Vater der eigentlich Heilshandelnde sei, während der Sohn nur Bild der Offenbarung Gottes sei. Wiederum wird dieses unter Verweis auf den Aspekt der Genugtuung abgelehnt.[40] Offensichtlich wird hier versucht, dem Konzil und der nachkonziliaren Kirche eine defizitäre Trinitätstheologie zu unterstellen.

Diese Theologie hat Konsequenzen für die Liturgiefeier. Gefordert wird eine andere Betonung von Sünde, Sündenstrafe und Gottesfurcht. Vor allem aber wird die Grundhaltung der nachkonziliaren Liturgie abgelehnt. Für die Pius-Bruderschaft muss im liturgischen Gebet die Genugtuung Christi als das eigentliche liturgische Geschehen ausgedrückt werden. Das fordert man insbesondere für das Hochgebet. An deren Stelle sei jetzt eine „Handlung des Dankes und der Bitte" getreten.[41] Die Alternativen, die hier aufgemacht werden, lauten auf der einen Seite satisfaktorisches Officium, auf der anderen Seite Eucharistia. Die Deutungsfülle, die die Tradition für die Eucharistie kennt, kommt dabei nicht zur Geltung. Hans Bernhard Meyer hat im Überblick und nach Epochen geordnet u. a. den Communio-Charakter, die Pascha- und Bundesthematik, den Mahl- wie den Opfercharakter,

---

durch Leiden, Tod und Auferstehung Jesu Christi gleichsam selbst neu geschaffen wird.
[40] Auch diese Behauptung entspricht nicht den Konzilstexten und ihrer Trinitätstheologie. Es mag der Verweis auf eine Arbeit von Helmut Hoping genügen, die einen Einblick in jüngere theologische Debatten um die heutige Liturgie und ihre Trinitätstheologie gibt: Das Beten Christi und seiner Kirche. Aspekte einer trinitarischen Theologie der Liturgie, in: Bert Groen – Benedikt Kranemann (Hg.), Liturgie und Trinität, Freiburg – Basel – Wien 2008 (Quaestiones Disputatae 229), 88–107.
[41] Das Problem der Liturgiereform 59.

die lobpreisend-dankende Anamnese wie die somatische Realpräsenz uvm. genannt.[42] Von dieser Vielfalt liest man in der Programmschrift nichts.

Als ein Beispiel für den theologischen Wandel wird auf das 1849 durch Pius IX. eingeführte Fest Pretiosissimi Sanguinis D.N.J.C. hingewiesen, das 1969 mit der Kalenderreform aufgegeben wurde und an dessen Stelle eine Votivmesse trat.[43] Die Orationen aus dem vorkonziliaren Messbuch sprechen in Richtung der durch die Pius-Bruderschaft verfochtenen Theologie, etwa die Secreta des „Festes des kostbarsten Blutes unsres Herrn Jesus Christus": „[...] Laß uns durch diese göttlichen Geheimnisse zu Jesus, dem Mittler des Neuen Bundes, hintreten und auf Deinem Altar, o Herr der Heerscharen, die Besprengung mit dem Blute erneuern, das besser redet als das Blut Abels [...] Durch [...]"[44] Die Versöhnung mit Gott durch das unblutig dargebrachte und erneuerte Opfer soll in der Messe im Mittelpunkt stehen, andere Deutungen dieser Liturgie akzeptiert man offensichtlich nicht.

Die Programmschrift konzentriert sich aber auf das Tagesgebet, weil im Vergleich von vor- und nachkonziliarem Messbuch deutlich werde, dass nachkonziliar die Theologie des Pascha-Mysteriums durchschlage und die Theologie markant verändere. Vorkonziliar heißt es in diesem Gebet „[...] Du hast Deinen eingeborenen Sohn zum Erlöser der Welt eingesetzt und wolltest durch Sein Blut Dich versöhnen lassen; so laß uns denn, wir bitten Dich, den Lösepreis unsres Heiles (in festlicher Feier) verehren und durch seine Kraft vor den Übeln dieses Lebens auf Erden beschirmt werden, so daß wir uns im Himmel ewig seiner Frucht erfreuen dürfen. Durch [...]"[45] Hier sei es der Sohn, der aus freiem Entschluss Erlö-

---

[42] Vgl. Hans Bernhard Meyer, Eucharistie. Geschichte, Theologie, Pastoral. Mit einem Beitrag von Irmgard Pahl, Regensburg 1989 (Gottesdienst der Kirche 4), 520–524. Das Kapitel, zu dem dieser Abschnitt gehört, trägt die sprechende Überschrift „Die eine Eucharistie in katholischer Vielfalt".
[43] Zur den liturgiehistorischen Hintergründen für die Entstehung und die Aufgabe des Festes vgl. Hansjörg Auf der Maur, Feiern im Rhythmus der Zeit I. Herrenfeste in Woche und Jahr, Regensburg 1983 (Gottesdienst der Kirche 5), 194f.
[44] Übersetzung aus: Das vollständige Römische Meßbuch lateinisch und deutsch mit allgemeinen und besonderen Einführungen im Anschluß an das Meßbuch von Anselm Schott O.S.B. hg. von Benediktinern der Erzabtei Beuron, Freiburg/Br. 1958, 937. Der lateinische Text: „Per haec divina mysteria, ad novi, quaesumus, testamenti mediatorem Jesum accedamus: et super altaria tua, Domine virtutum, aspersionem Sanguinis melius loquentem, quam Abel, innovemus. Per [...]." (Missale Romanum anno 1962 promulgatum. Reimpressio, introductione aucta curantibus Cuthbert Johnson O.S.B. / Anthony Ward S.M., Roma 1994 [Bibliotheca Ephemerides Liturgicae. Subsidia; Instrumenta Liturgica Quarreriensia Supplementa 2] 574).
[45] Übersetzung aus: Das vollständige Römische Meßbuch lateinisch und deutsch, 935.

sung bewirke, im nachkonziliaren Messbuch der Vater: „[...] Durch das kostbare Blut deines Sohnes hast du die ganze Menschheit erlöst. Bewahre in uns, was dein Erbarmen gewirkt hat, und schenke uns immer neu die Frucht der Erlösung, sooft wir das Geheimnis unseres Heiles feiern. [...]."[46] Es ist fraglich, ob die Kritik überhaupt trifft, denn hier wie dort ist der Vater derjenige, an den sich das Gebet mit seiner Bitte richtet, vor allem aber auch derjenige, der den Sohn einsetzt und der durch dessen Blut versöhnt wird. Auch wäre trinitätstheologisch zu diskutieren, was die Unterscheidung im Einzelnen besagt. Wichtig ist allein, was die Programmschrift mit diesem Beispiel in den Vordergrund stellen will: Die Messfeier versöhnt den sündigen Menschen durch das Blut Christi mit dem durch die Sünde des Menschen beleidigten Gott. Es geht um „den sühnenden Wert des Todes Christi als wesentlich zum Erlösungswerk gehörend"[47].

Es ist eine aus der Religionsgeschichte bekannte Vorstellung des Opfers, an die aber doch in einer christlich-theologischen Perspektive Fragen zu stellen sind, die keineswegs neu sind: Wer bringt das Opfer eigentlich dar, wenn die „Messe Opferung des durch die Wandlung gegenwärtigen Christus" ist?[48] Wie verhält sich diese Opferung zum einen und einmaligen Kreuzesopfer Jesu Christi? Das Axiom „memores offerimus" beispielsweise taucht in der Programmschrift nicht auf. Welches Priesterbild wird hier geformt? Und natürlich: Was für ein Gottesbild wird tradiert? Diese Fragen sind in der katholischen Kirche und in der Ökumene immer wieder erörtert worden, es gibt einen Diskussionsstand, der in der vorliegenden Schrift ignoriert wird. Umso mehr ist der Hinweis zu beachten: „Es handelt sich [...] bei der Frage nach dem Opfercharakter der Eucharistie um kein isoliertes theologisches Problem, sondern vielmehr um eine Fra-

---

Der lateinische Text lautet: „Omnipotens sempiterne Deus, qui unigenitum Filium tuum mundi Redemptorem constituisti, ac eius Sanguine placari voluisti: concede, quaesumus, salutis nostrae pretium (solemni cultu) ita venerari, atque a praesentis vitae malis eius virtute defendi in terris; ut fructu perpetuo laetemur in caelis. Per [...]". (Missale Romanum anno 1962 promulgatum, 573).

[46] Meßbuch für die Bistümer des deutschen Sprachgebietes. Authentische Ausgabe für den liturgischen Gebrauch. Kleinausgabe. Das Meßbuch deutsch für alle Tage des Jahres. 2. Aufl., Einsiedeln u. a. 1988 (Die Feier der heiligen Messe), 1098. Der lateinische Text lautet: „Deus, qui pretioso Unigeniti tui Sanguine universos homines redemisti, conserva in nobis opus misericordiae tuae, ut, nostrae salutis mysterium iugiter recolentes, eiusdem fructum consequi mereamur" (Missale Romanum ... Editio typica tertia, Roma 2002, 1165).

[47] Das Problem der Liturgiereform 60.

[48] Das Problem der Liturgiereform 24.

gestellung, die [...] die Grundfragen des christlichen Glaubens berührt."[49]

2.4 Infragestellung des Begriffs „Mysterium"

Am Beispiel des Festes Pretiosissimi Sanguinis D.N.J.C. lässt sich auf eine innertheologische Spannung hinweisen, die bereits Pius Parsch im dritten Band von „Das Jahr des Heiles" angesprochen hatte. Parsch notierte 1932: „Das Fest gehört der streng-klassischen Liturgie nicht an, denn es entstammt der Reflexion, der Betrachtung; die alte Liturgie liebt in ihren Festen mehr die Tat als den Gedanken."[50] Genau dieser Aspekt taucht in der Programmschrift wieder auf, wenn es um das „Mysterium" und damit um Kernfragen der Sakramententheologie geht. Die theologische Rede vom „Mysterium", die die neue Theologie pflege und die dann auch durch das Konzil rezipiert worden sei, entspreche dem Menschen, der nach Erfahrung suche und deshalb auf das Sehen und Berühren angewiesen sei. Der Vorwurf lautet, durch ein Aggiornamento Wesentliches des kirchlichen Sakramentenbegriffs verloren zu haben. Sakrament bedeute nämlich ein Mittel, das Gnade hervorbringe, während die Mysterientheologie darunter allein ein symbolisches Bild verstehe, „das die heiligmachende Wirklichkeit wahrhaft gegenwärtig macht".[51] Noch knapper: Das Sakrament ist Gnadenmittel, während im Mysterium die heilschaffende Wirklichkeit repräsentiert wird, diese also gegenwärtig ist. Im Sakrament geht es um das Hervorbringen einer Wirkung, im Mysterium um Gegenwärtigsetzung. Die Programmschrift zitiert Odo Casel mit einem Aufsatz, der 1933 im Jahrbuch für Liturgiewissenschaft erschienen ist; demnach ist das Mysterium „nicht detaillierte Zuwendung von Gnaden, die aus der vergangenen Heilstätigkeit Christi abgeleitet und zugewandt werden, sondern stellt die Wirklichkeit des Heilswerks in sakramentaler Weise hin; aus dieser Wirklichkeit strömt die Wirkung".[52] Casel beruft sich für

---

[49] Martin Stuflesser, Memoria Passionis. Das Verhältnis von lex orandi und lex credendi am Beispiel des Opferbegriffs in den Eucharistischen Hochgebeten nach dem II. Vatikanischen Konzil, Altenberge 1998 (Münsteraner Theologische Abhandlungen 51), 144. Der Vf. referiert ausführlich aus liturgiewissenschaftlicher Perspektive Forschung und Diskussion.
[50] Pius Parsch, Das Jahr des Heiles. Klosterneuburger Liturgiekalender. Für immerwährenden Gebrauch. 3. Nachpfingstzeit, Klosterneuburg [10]1932, 443f.
[51] Das Problem der Liturgiereform 62.
[52] Zit. aus Das Problem der Liturgiereform 63, wo die Passage übernommen wird aus: Odo Casel, Neue Zeugnisse für das Kultmysterium, in: Jahrbuch für Liturgiewissenschaft 13 (1933), 99–171 (mit drei Anhängen), hier 123.

seine Argumentation auf die Mystagogischen Katechesen des Cyrill von Jerusalem, entwickelt seinen Ansatz also aus der Tradition. Die folgenden Sätze machen aus liturgiewissenschaftlicher Sicht deutlich, worum es ihm eigentlich geht: Präsenz von Heilsgeschichte, an der der Gläubige Anteil erhält, mehr noch: in die er hineingestellt wird. Es geht um das Heilsgeschehen der Liturgie, um die symbolische Anteilhabe an einer Wirklichkeit, deren Vollendung aussteht. Casel formuliert: „Die gläubige Gemeinde und der einzelne Christ erfährt durch das Mysterium die Hineinstellung in die Oikonomia Christi, d. h. in jenes Heilswerk göttlicher Offenbarung, wodurch Christus die Welt erlöst und zu Gott führt. Dieses Heilswerk dauert durch das Mysterium in der Kirche fort bis zur Parusie. Die Liturgie ist also wahrhaft das ‚Heilsdrama', in dem die Tat Gottes durch Christus an der Kirche und der Seele zur Ausführung gelangt."[53] Die Kritik der Pius-Bruderschaft bezieht sich darauf, dass im Symbol bereits das enthalten ist, was es bezeichnet, also nicht erst eine Gnade hervorgebracht wird. Es gehe dabei um den Kontakt mit dem Gottesgeheimnis, weshalb die neue Theologie das „Symbol" hervorheben müsse, es gehe um die kognitive Seite des Sakraments. Der Mensch müsse das sakramentale Geschehen als Verwirklichung des Glaubens betrachten,[54] die ontologische Ordnung des Sakraments und damit die Anerkenntnis der „Instrumentalursache der heiligmachenden Gnade in der Seele"[55] trete demgegenüber zurück. Sakramententheologisch betrachtet findet hier eine extreme Engführung statt. Die Art und Weise, wie die Wirkung der Sakramente beschrieben wird, folgt ganz dem Duktus neuscholastischer Theologie. Der Zeichencharakter der Sakramente, den die katholische Theologie spätestens seit dem Konzil und in ihrer ganzen Breite vertritt und argumentativ immer wieder neu entfaltet hat, kommt überhaupt nicht in den Blick.

Zwei unterschiedliche Liturgiekonzepte stoßen hier aufeinander: Ist die Liturgie Gnadenmittel oder ist sie Feier gegenwärtiger Heilsgeheimnisse, wobei natürlich klar ist, dass auch diese Feier ein Gnadengeschehen ist? Die Programmschrift sieht als negative Konsequenz, dass bei einem solchen Liturgieverständnis die liturgische Versammlung zur Notwendigkeit wird, denn sie werde als Ort benötigt, in dem das „kognitiv" betrachtete Sakrament gedeutet werden muss.[56] Demgegenüber vertraue die „klassische" Theo-

---

[53] Casel, Neue Zeugnisse 123.
[54] Vgl. Das Problem der Liturgiereform 68 und 72.
[55] Das Problem der Liturgiereform 68.
[56] Vgl. Das Problem der Liturgiereform 69.

logie auf die heiligmachende Gnade im Sakrament. Im 20. Jahrhundert werde ein Perspektivenwechsel vollzogen von der Handlung des sich selbst aufopfernden Hohenpriesters zur Handlung der versammelten Gemeinde.[57] Im Letzten endet die Argumentation dann wieder bei der Opfertheologie.

Die Argumentation läuft auf zwei Ebenen – sie wendet sich einmal gegen die Theologie des Paschamysteriums bei Odo Casel, dann gegen das Konzil und die nachkonziliaren Dokumente. In beiden Fällen überrascht mit Blick auf die Theologiegeschichte, wie sehr die Patristik ausgeblendet werden kann; gerade deren Zeugnis war ja durch die Nouvelle Theologie und verwandte Strömungen wiederentdeckt worden. Indem diese Quellenzeugnisse vernachlässigt werden, scheint Casels Theologie gleichsam in der Luft zu hängen, mutet sie wie ein Neologismus an. Liest man die Passagen zum Begriff des Mysteriums, entsteht der Eindruck, als hätte eine Epoche der Theologiegeschichte im 20. Jahrhundert, die gerade aus der Relecture der Vätertexte entscheidende Impulse empfangen hat, gar nicht stattgefunden. Was bedeutet es wohl für eine Theologie wie die hier dargelegte, wenn Theologen, die in ihrem Geiste gemaßregelt worden sind, zur Zeit des Zweiten Vatikanum rehabilitiert und einige später sogar zu Kardinälen erhoben worden sind? Sicherlich wird man über einzelne Thesen und auch ganze Schulen immer wieder neu streiten können, aber das Verlangen dieser Theologen aus dem frühen 20. Jahrhundert, in einer Zeit der Umbrüche und Krisen in Kirche, Glaube und Gesellschaft durch die Auseinandersetzung mit den Anfängen von Kirche und Theologie neue Impulse zu erhalten und den Glauben als Existenzform des Menschen der Moderne zu buchstabieren, kann man nicht in dieser Weise übergehen, wenn man seriös Theologie angesichts der Zeichen der Zeit betreiben will. Die Theologie, die im Namen der Pius-Bruderschaft hier entfaltet wird, ist vom Fragen und Suchen der Zeit in keiner Weise berührt.

Weder Casel noch dem Konzil kann man eine kognitive Verkürzung des Sakramentenbegriffs unterstellen. Behauptet wird: „Die Mysterienlehre stellt das Phänomen als ein ‚Symbol' dar, das mittels einer angemessenen Hermeneutik (Deutung) den objektiven Kontakt des Menschen mit den transzendentalen Wirklichkeiten, dessen Zeichen es ist, ermöglicht."[58] Auf die Liturgie bezogen soll das heißen, dass die Teilhabe am Mysterium vom Glauben des

---

[57] Vgl. Das Problem der Liturgiereform 72.
[58] Das Problem der Liturgiereform 67.

Menschen abhängt.[59] Bei Casel ist aber etwas ganz anderes gesagt. Das Heilswerk Christi ist ein „himmlisches Werk", die ihm eigene Wirklichkeit ist die Wirklichkeit Gottes. Das Mysterium erhebt den Menschen über die Zeitlichkeit. Und im Mittelpunkt aller Liturgie steht der Auferstandene selbst, der Handelnder ist. Es ist das Mysterium, das im Symbol angeldhaft Anteil an der Wirklichkeit Christi gibt.[60]

Auch den Konzilstexten wird die Kritik der Schrift der Bruderschaft nicht gerecht. Geht es im Konzil wirklich darum, dass „das Sakrament in erster Linie als Verwirklichung des Glaubens betrachtet"[61] wird? Eine besondere Kritik erfährt SC 59, demzufolge Sakramente den Glauben nicht nur voraussetzen, sondern ihn auch nähren, stärken und anzeigen. Der Ausdruck „Sakramente des Glaubens" erregt vor allem Anstoß. Emil Joseph Lengeling hat kommentiert, die besondere Gewichtung des opus operatum sei einer antireformatorisch zugespitzten Sakramentendefinition des Tridentinums geschuldet.[62] Reiner Kaczynski hat von Befähigung und Intensivierung geschrieben: „Denn sie [die Sakramente] sind Zeichen des Glaubens derer, die sie feiern und damit Zeichen des Glaubens der Kirche. Sie sind Zeichenhandlungen, die den Glauben voraussetzen und anzeigen, ihn aber auch nähren und festigen. Sie teilen Gnade mit, aber ihre Feier befähigt die Gläubigen gleichzeitig auf beste Weise dazu, diese Gnade zu empfangen und auch in sich fruchtbar werden zu lassen in Gottesverehrung und tätiger Liebe."[63] Die subjektive Seite der Sakramente wird damit angesprochen, ohne dass die Unverbrüchlichkeit der Zusage Gottes an den Menschen im Sakrament in Frage gestellt wird.

SC 59 erklärt sich übrigens, liest man den Text weiter, von selbst. Die Gläubigen sollen mit – man wird ergänzen dürfen: gläubiger – Hingabe die Sakramente feiern. Wo das fehlt, ist ein magisches Missverständnis der Sakramente nicht fern.[64] Wenn die Stu-

---

[59] „Da das Sakrament unter einem kognitiven Aspekt betrachtet wird, muß es – durch den Glauben – gedeutet werden, um den Beteiligten die bezeichnete Wirklichkeit gegenwärtig zu machen." (Das Problem der Liturgiereform 70).
[60] Vgl. Casel, Neue Zeugnisse 124f.
[61] Das Problem der Liturgiereform 71f.
[62] Vgl. Emil Joseph Lengeling, Die Konstitution des Zweiten Vatikanischen Konzils über die heilige Liturgie. Lateinisch-deutscher Text, Münster ²1965 (Lebendiger Gottesdienst 5/6), 133.
[63] Reiner Kaczynski, Theologischer Kommentar zur Konstitution über die heilige Liturgie *Sacrosanctum Concilium*, in: Peter Hünermann – Bernd Jochen Hilberath (Hg.), Herders Theologischer Kommentar zum Zweiten Vatikanischen Konzil. Bd. 2, Freiburg – Basel – Wien 2004, 1–227, hier 143.
[64] Lengeling, Kommentar 133.

die dem Katechismus die Formulierung von den „im Glauben würdig gefeierten Sakramente(n)" vorwirft,[65] droht eine Grenze zum Ritualismus überschritten zu werden. Dem Vorwurf, die „neuere Theologie" habe die Wirkung der Sakramente verloren, als sie diese als Glaubensnahrung gepriesen habe, lässt sich neben anderem SC 61 entgegensetzen: „Wenn die Gläubigen recht bereitet sind, wird ihnen nahezu jedes Ereignis ihres Lebens geheiligt durch die göttliche Gnade, die ausströmt vom Pascha-Mysterium des Leides, des Todes und der Auferstehung Christi, aus dem alle Sakramente und Sakramentalien ihre Kraft ableiten." Mitte ist und bleibt das Heilshandeln Christi.

Folgerungen, die die nachkonziliare Kirche aus der Theologie des Mysteriums gezogen hat (wie die Aufwertung der Liturgie des Wortes, die Betonung der Bedeutung der Eucharistie für den Glauben, die Neugewichtung des gemeinsamen Priestertums), werden abgelehnt. Einmal mehr gilt: Aus einer enggeführten Theologie heraus, die die Tradition in ihrer Fülle nicht in den Blick nimmt, verweigert man sich „Neuerungen", die in der Auseinandersetzung mit eben dieser Tradition entwickelt worden sind. Die Neugewichtung der Heiligen Schrift, über die die Vätertheologie sich eindeutig geäußert hat,[66] kann dann ebenso wenig akzeptiert werden wie die Wiederentdeckung der Rolle der Getauften in der Liturgie und der liturgischen Versammlung. Damit ist man noch nicht bei der Frage, wie im Einzelnen Gemeindeliturgie Gestalt gewinnen soll, sondern ist zunächst beim grundsätzlichen Faktum, den Getauften den ihnen gemäßen Platz im Gottesdienst einzuräumen. Einmal mehr lässt die Programmschrift sichtbar werden, wie theologisch weitreichend die Ablehnung der konziliaren Liturgietheologie ist.

2.5 Diskussion um den „Gedächtnis"-Charakter der Liturgie

Es fügt sich in die innere Logik der Schrift der Pius-Bruderschaft, dass auch der Begriff „Gedächtnisfeier" abgelehnt wird, zumindest dann, wenn er den hermeneutischen Ausgangspunkt für das Verständnis der Liturgie bildet.[67] Die Beschreibung des anamnetischen Charakters von Liturgie, die vorgenommen wird, ist korrekt, auch der Verweis auf die immer wieder in der jüngeren Literatur ange-

---

[65] Das Problem der Liturgiereform 72 unter Bezug auf den Katechismus der katholischen Kirche, München u. a. 1993, Nr. 1127.
[66] Vgl. Otto Nußbaum, Von der Gegenwart Gottes im Wort, in: Josef G. Plöger (Hg.), Gott feiern. Theologische Anregung und geistliche Vertiefung zur Feier von Messe und Stundengebet, Freiburg – Basel – Wien 1980, 116–132.
[67] Vgl. Das Problem der Liturgiereform 76.

führten jüdischen Hintergründe dieser Theologie.[68] Sprachlich nicht zutreffend ist allerdings, wenn von einer historischen Betrachtung des Mysteriums in der heutigen Liturgie gesprochen wird. „Anamnese" oder „Gedächtnis" zielt auf andere, vor allem transzendente Dimensionen, die der Begriff „Historie" nicht zwangsläufig implizieren muss.[69] Erinnerung, Gegenwart und Erwartung künftiger Fülle werden als Dimensionen des jüdischen Pascha genannt,[70] in diesem Kontext werden theologische Spezifika der Eucharistie erläutert. Die als „Pascha des Herrn" gefeierte Messe lebt ebenfalls aus diesen Zeitdimensionen.[71] Mit einem Zitat von Odo Casel wird darauf hingewiesen, dass es um „ein objektives Gedächtnis mittels einer Handlung" geht.[72] Der sozial-gemeinschaftliche Charakter der Messe leitet sich von hierher ab, ebenso der Mahlcharakter.[73] Wieder wird richtig erkannt, dass diese Theologie der Liturgie vorzüglich im Begriff des Pascha-Mysteriums erfasst wird. Auch das Handeln Christi in den Sakramenten wird u. a. mit einem Zitat von Cypriano Vagaggini treffend beschrieben: Der Auferstandene und Verherrlichte handelt im Sakrament.[74]

Was man leider nicht erfährt und was nicht reflektiert wird, ist der bibel- und theologiegeschichtliche Hintergrund der Rede vom Gedächtnischarakter der Liturgie. (Ein Rekurs auf die entsprechenden kulturwissenschaftlichen Debatten war an dieser Stelle nicht zu erwarten, wenngleich er anthropologisch die Bedeutung von Gedächtnis und Erinnerung unterstreichen würde).[75] Dass hier ein in den Anfängen des Christentums und seiner Liturgie angelegter Zug etwa der Messfeier zutage tritt, wird ausgeblendet. Auch die Vätertexte, die sich in dieser Richtung äußern – und Casel stellt die reichen Zeugnisse zusammen[76] –, kommen einmal mehr nicht zur Sprache. Die breite theologisch-liturgische Tradi-

---

[68] Vgl. Gerard Rouwhorst, Christlicher Gottesdienst und der Gottesdienst Israels. Forschungsgeschichte, historische Interaktionen, Theologie, in: Karl-Heinrich Bieritz u. a., Theologie des Gottesdienstes 2, Regensburg 2008 (Gottesdienst der Kirche 2.2), 491–572.
[69] Vgl. Das Problem der Liturgiereform 77.
[70] Vgl. Das Problem der Liturgiereform 77.
[71] Vgl. Das Problem der Liturgiereform 80f.
[72] Das Problem der Liturgiereform 79.
[73] Vgl. Das Problem der Liturgiereform 79.
[74] Vgl. Das Problem der Liturgiereform 81.
[75] Vgl. dazu Gunda Brüske, Die Liturgie als Ort des kulturellen Gedächtnisses. Anregungen für ein Gespräch zwischen Kulturwissenschaften und Liturgiewissenschaft, in: LJ 51 (2001), 151–171.
[76] Vgl. den folgenden Reader: Odo Casel, Mysterientheologie. Ansatz und Gestalt. Hg. v. Abt-Herwegen-Institut der Abtei Maria Laach. Ausgewählt und eingeleitet v. Arno Schilson, Regensburg 1986.

tion der Kirche wird wieder auf die Opfertheologie reduziert, die von anderen theologischen Zusammenhängen getrennt wird. Hier bleibt die theologische Schrift einer extrem verengten Rezeption des Tridentinums verhaftet, die u. a. bereits Burkhard Neunheuser vor Jahrzehnten als eine zunehmende Ablösung des Opfers vom Sakrament analysiert hat.[77] Er sprach von „zeit- und situationsbedingten Grenzen dieser Definition",[78] die vor allem aus der Auseinandersetzung mit der Reformation erwachsen seien. Aus dieser historisch bedingten Verengung, die eigentlich eine weiterführende und wichtige Aspekte ergänzende theologische Interpretation erfordert hätte, konnte sich die Theologie, so Neunheuser, aber bis ins 20. Jahrhundert nicht lösen. Stattdessen „bemühte man sich bezüglich des Meßopfers in stark polemisch und antireformatorisch bedingter Weise, die Wirklichkeit seines Opfercharakters möglichst umfassend darzutun."[79] Genau auf dieser Linie bewegt sich durchgehend die Schrift der Priesterbruderschaft. Sie sucht das Heilsmysterium Christi nicht als Einheit, sondern rückt die Passion in den Mittelpunkt: „Die klassische Theologie bekräftigt, obgleich sie der Auferstehung eine gewisse Heilskausalität nicht absprechen will, und dies vor allem in der Ordnung der Exemplarität, daß einzig der Tod Christi einen verdienstlichen und genugtuenden Wert besitzt und nicht seine Auferstehung. Deshalb sieht sie die Zusammenfassung unseres Heils eher im Leiden Christi als in seiner Auferstehung."[80] Es ist dann theologisch konsequent, die Messe „vollständig" als Opferhandlung anzusehen.[81] In dieser Einseitigkeit widerspricht man aber beispielsweise SC 47, wo folgende Akzente gesetzt werden: „Fortdauer des Kreuzesopfers und Gedächtnisfeier (memoriale) des Todes Christi und seiner Auferstehung [...] – Ostermahl – Zeichen der Einheit und Band der Liebe [...] – Ausblick auf die Vollendung im ewigen Gastmahl [...] – Verzicht auf die Trennung von Sakrament und Opfer",[82] Auch das Messbuch spricht in AEM 2 von der Messe als Herrenmahl, als eucharistischem Opfer seines Leibes und Blutes sowie als Gedächtnisfeier seines Leidens und seiner Auferstehung. Das aber lehnt die Pius-Bruderschaft ab, denn dann wäre die Eucharistie allein Gedächtnisfeier, nicht aber

---

[77] Vgl. Burkhard Neunheuser, Eucharistie in Mittelalter und Neuzeit, Freiburg – Basel – Wien 1963 (Handbuch der Dogmengeschichte IV. 4b), 62.
[78] Neunheuser, Eucharistie in Mittelalter und Neuzeit 63.
[79] Neunheuser, Eucharistie in Mittelalter und Neuzeit 63.
[80] Das Problem der Liturgiereform 82.
[81] Das Problem der Liturgiereform 83.
[82] Lengeling, Kommentar 106f.

„ein wirkliches rituelles Opfer".[83] Doch die beiden kirchlichen Dokumente können sich auf eine theologische Bedeutungsvielfalt der Messe berufen, wie sie u. a. die liturgiewissenschaftliche Forschung des 20. Jahrhunderts herausgearbeitet hat; kirchlicherseits ist diese Forschung in vielen Dokumenten und durch die Liturgiereform breit rezipiert worden.[84]

Ein Dreh- und Angelpunkt ist die Übersetzung des Begriffs „repraesentare". Meint er „wirklich gegenwärtig machen" oder aber „versinnbilden oder bezeichnen"?[85] Geht es um die eine Heilstat und damit das ganze Heilsmysterium, das gegenwärtig ist, oder um ein Opfer, dessen unblutiger ritueller Vollzug sühnend ist? Letztere Position machen sich die Autoren aus der Pius-Bruderschaft zueigen. Sie berufen sich dabei auf das Konzil von Trient, doch auch jetzt mangelt es an einer wirklichen Konzilshermeneutik, erkennt man nicht einmal den Versuch, dieses Konzil im zeit- und theologiegeschichtlichen Kontext zu verstehen.[86] Es handelt sich um theologische Aussagen, die sich jeder historischen und zeitgenössischen Kontextualisierung verweigern. Wie hermetisch die Argumentation für eine solche Position ist, kann man einem Passus über die sühnende Genugtuung Christi entnehmen: „Ferner darf man den von den Päpsten und Konzilien verwendeten Ausdrücken keine andere Bedeutung geben ..., als sie haben."[87] Allerdings muss man zugeben, dass das Tridentinum eine begriffliche Präzisierung dieses Begriffs nicht gegeben habe, was angesichts einer jahrhundertelangen Lehrtradition auch nicht notwendig gewesen sei. Die gewünschte Präzisierung übernimmt man aus dem Catechismus Romanus, was recht willkürlich erscheint. Weder gelingt es den Verfassern der Schrift, das Konzil von Trient und seine Aussagen über das Opfer im historischen Kontext und d. h. hier vor allem in der Auseinandersetzung mit der Reformation und ihren theologischen Positionen zu interpretieren, noch zeigen die Autoren Verständnis dafür, dass die Aussagen eines solchen Konzils einer immer neuen Rezeption und damit aktualisierenden Aneignung bedürfen.

---

[83] Das Problem der Liturgiereform 85.
[84] Vgl. bei Josef Andreas Jungmann, Missarum Sollemnia. Eine genetische Erklärung der römischen Messe. 2 Bde., Wien ⁵1962, den II. Teil „Wesen und Gestaltungen der Messe in der kirchlichen Gemeinschaft"; Meyer, Eucharistie.
[85] Das Problem der Liturgiereform 85.
[86] Vgl. die Hinweise zur konziliaren Hermeneutik, die auf das Zweite Vatikanum bezogen sind, aber auch die klassischen Auslegungsregeln referieren: Hermann Josef Sieben, Katholische Konzilsidee im 19. und 20. Jahrhundert, Paderborn [u. a.] 1993 (Konzilsgeschichte B. Untersuchungen), 414–421.
[87] Das Problem der Liturgiereform 93.

Es ist von dieser Theologie her nicht weit, die heutige Messe und ihre Theologie als Gefährdung des Glaubens zu bezeichnen[88] und die Theologie des Pascha-Mysteriums und Konzil wie nachkonziliare Kirche der Häresie zu verdächtigen. Nach Meinung der Programmschrift erweist sich die Theologie des Pascha-Mysteriums „als außerstande, eine Glaubenswahrheit zu ehren, und scheint daher der Verurteilung nicht entgehen zu können, die das Konzil von Trient hinsichtlich der ‚nuda commemoratio' ausgesprochen hat"[89]. In aller Sachlichkeit wird man allerdings feststellen müssen, dass man sich so Kernaussagen des Zweiten Vatikanums verweigert und sich weit außerhalb der kirchlichen Gemeinschaft stellt.

3. Der Ertrag der Theologie des Pascha-Mysteriums und ihre bleibende Bedeutung

Das Ziel Odo Casels war, und das Zweite Vatikanum ist ihm darin gefolgt,[90] die Feier des Heilsmysteriums Christi wieder in den Mittelpunkt christlicher Existenz zu rücken. Die Gedächtnisfeier des Heilshandelns Gottes in Christus sollte wieder zum Zentrum christlicher Spiritualität werden. Darin sieht man heute, neben weitreichenden Impulsen für die Theologie, einen wesentlichen Beitrag des Benediktinertheologen. „Pascha-Mysterium" ist eine theologische Kurzformel, die eine Zersplitterung des Christusgeschehens überwinden und das Heilsgeheimnis wieder als Einheit sehen wollte und will. Dafür musste Casel die Konzentration von Theologie und Spiritualität auf Inkarnation und Kreuzestod überschreiten, er sprach umfassender von „der Selbstmitteilung Gottes in der Geschichte des Heils"[91]. Die Liturgie feiert die Gegenwart der einen Heilstat Christi, die Eucharistie ist dann Danksagung, sie ist Gedächtnis des einen Opfers, ist Real-Symbol.[92] Als tätig Teilnehmender ist der Mensch in dieses Heilsgeschehen hineingenommen, was sich in der Kommunion verdichtet. In der Feier

---
[88] Vgl. Das Problem der Liturgiereform 102–105.
[89] Das Problem der Liturgiereform 101.
[90] Vgl. Arno Schilson, Der Gottesdienst als ‚Höhepunkt und Quelle' des christlichen Lebens. Herkunft und Bedeutung einer programmatischen Aussage des Konzils, in: Bernd Jochen Hilberath – Dorothea Sattler (Hg.), Vorgeschmack. Ökumenische Bemühungen um die Eucharistie. Festschrift für Theodor Schneider, Mainz 1995, 293–307, hier 299.
[91] Häußling, „Pascha-Mysterium", 164.
[92] Vgl. Neunheuser, Odo Casels Beitrag 649–664, hier 655.

von Tod und Auferstehung Christi ereignet sich Begegnung mit dem Auferstandenen. Ähnliche Aussagen finden sich später in der Liturgiekonstitution, so in SC 61, und werden zum Fundament der nachkonziliaren Reform.

Odo Casel gewann diese theologischen Einsichten in der Auseinandersetzung mit Liturgie und Theologie der Alten Kirche. Er besaß ein weites Traditionsverständnis, konnte aufgrund hervorragender Kenntnisse die Vätertheologie integrieren und dadurch Verengungen der Theologie seiner Zeit aufbrechen. Dieses ist immer wieder betont worden,[93] nicht zuletzt durch Joseph Ratzinger, der im Zusammenhang mit der Mysterientheologie Casels von einem Aufblühen der Sakramententheologie gesprochen und auf die Liturgische Bewegung und die Wiederentdeckung des altchristlichen Gottesdienstes als maßgeblichen Hintergrund hingewiesen hat.[94] Der Laacher Theologe hat Impulse gesetzt, die über die Theologie hinaus sichtbare Spuren im katholischen Glaubensleben des 20. Jahrhunderts hinlassen haben, die die Eucharistie und Initiation, das Kirchenjahr und insbesondere die „Ausformung *genuiner* liturgischer *Spiritualität*" betreffen.[95] Den Beitrag Casels und der Theologie des Pascha-Mysteriums zur spirituellen Erneuerung hat Burkhard Neunheuser zusammenfasst: „Wir finden den Herrn Jesus Christus, den Gekreuzigten und Auferstandenen, in diesem zentralen Geschehen des danksagenden Gedächtnisses seiner Heilstat, um mit ihm zu sterben und neu zu erstehen in einem Leben des Zeugnisses zur Verherrlichung Gottes des Vaters."[96] Einfacher ausgedrückt: Katholische Spiritualität kann neu aus der Christusbegegnung im Sakrament leben, diese kann ihr aus der Liturgie heraus zu einem Lebensmodell werden.

---

[93] Schilson, Theologie als Sakramententheologie 98, spricht von einer normativen Rolle des patristischen Denkens.
[94] Vgl. Joseph Ratzinger, Die sakramentale Begründung christlicher Existenz, in: ders., Theologie der Liturgie. Die sakramentale Begründung christlicher Existenz, Freiburg – Basel – Wien 2008 (Gesammelte Schriften 11), 197–214 (zuerst 1966 erschienen), hier 197. Wörtlich heißt es dort: „Die vielleicht fruchtbarste theologische Idee unseres Jahrhunderts, die Mysterientheologie Odo Casels, gehört dem Bereich der Sakramententheologie zu und man kann wohl ohne Übertreibung sagen, dass seit dem Ende der Väterzeit die Theologie der Sakramente keine solche Blüte erlebt hat, wie sie ihr in diesem Jahrhundert im Zusammenhang mit den Ideen Casels geschenkt wurde, die ihrerseits nur auf dem Hintergrund der Liturgischen Bewegung und ihrer Wiederentdeckung des altchristlichen Gottesdienstes zu begreifen sind."
[95] Neunheuser, Odo Casels Beitrag 654, der ebd. zusammenstellt, was Casel zur theologischen Vertiefung der liturgischen Erneuerung beigesteuert hat; man kann das auch als Beitrag zum konziliaren Reformwerk und zur Liturgiepraxis lesen. Die Initiation muss sicherlich gegenüber Neunheuser ergänzt werden.
[96] Neunheuser, Odo Casels Beitrag 663.

In einem in Westeuropa veränderten religiösen Umfeld ist noch auf einen weiteren Zug dieser Theologie hinzuweisen: Casel hat der Liturgie- und Sakramententheologie eine einzigartige Konzentration auf das Kerngeschehen des christlichen Glaubens wiedergegeben, die sich gerade für eine Kirche in säkularisierter Gesellschaft bewährt. In einem Umfeld, in dem in neuer Weise und verdichtet auf das Zentrale der Glaube gelebt, verkündet und bezeugt werden muss,[97] ist eine solche Ausrichtung auf das Zentrale der Glaubensgeheimnisse gefordert. Eine Theologie und Liturgie ist hier am Platze, die, wie Casel selbst geschrieben hat, „nicht in nebensächlichen Fragen und Gefühlen stecken[bleibt], sondern [...] unmittelbar zum Zentrum, zum Christusmysterium [führt], das seinen höchsten Ausdruck in dem Meßopfer findet, das aber nun nicht mehr bloßer ‚Gottesdienst', sondern von der Christusmystik erfüllt ist."[98] Geradezu providentiell hat sich das Konzil in der Liturgiekonstitution und anderen Dokumenten Kerngedanken dieser Theologie zueigen gemacht.

Auch für die Liturgie der Kirche selbst ist diese eigentliche Mitte wiederentdeckt worden. Das Pascha-Mysterium wird ja nicht nur in der Eucharistie, sondern in jeder Liturgie gefeiert. Die Liturgie erscheint so theologisch wieder als eine Einheit, zugleich eröffnet jede Feier ihren spezifischen Zugang zum Christusgeheimnis.[99] Von dieser Theologie ist wiederum eine weiterreichende theologisch-spirituelle Erneuerung der Liturgie ausgegangen. Die Taufliturgie, so beispielsweise die Erwachseneninitiation, hat in Ritus und Theologie wesentliche Impulse erhalten. „In der Taufe wird das Paschamysterium vergegenwärtigt, werden Menschen, wie die Schrift sagt, mit Christus begraben und auferweckt (vgl. Röm 6,4). Damit wird das Tor zum Leben im Reich Gottes geöffnet, das Jesus verkündet hat."[100] Man wird fragen müssen, ob dieses Moment der Liturgiereform, dessen Wert für das Leben der Kirche fraglos sein dürfte, ohne jene Theologie, die die Bruder-

---

[97] Vgl. dazu Anmerkungen des Erfurter Bischofs Joachim Wanke, Liturgie und säkulare Gesellschaft. Erwartungen eines Bischofs, in: Martin Klöckener – Benedikt Kranemann (Hg.) unter Mitarb. v. Andrea Krogmann, Gottesdienst in Zeitgenossenschaft. Positionsbestimmungen 40 Jahre nach der Liturgiekonstitution des Zweiten Vatikanischen Konzils, Fribourg 2006, 209–220.
[98] Odo Casel, Das sakramentale Leben der Kirche, in: ders., Mysterientheologie 165–174 (zuerst 1932 erschienen), hier 173.
[99] Vgl. Irmgard Pahl, Das Paschamysterium in seiner zentralen Bedeutung für die Gestalt christlicher Liturgie, in: Liturgisches Jahrbuch 46 (1996), 71–93.
[100] Die Feier der Eingliederung Erwachsener in die Kirche. Grundform. Manuskriptausgabe zur Erprobung, hg. v. den Liturgischen Instituten Deutschlands, Österreichs und der Schweiz, Trier 2001, 7.

schaft St. Pius X. so massiv ablehnt, überhaupt möglich gewesen wäre. Für das Kirchenjahr, um ein weiteres Beispiel zu nennen, ist durch das Pascha-Mysterium eine neue Bewertung seiner Sinnmitte erzielt worden, der Sonntag ist theologisch neu konstituiert und in seiner Feiergestalt freigelegt worden. Auch hier greifen Theologie, liturgische Feier und Spiritualität ineinander, ohne dass Idealisierungen Defizite in der Praxis überdecken sollen. Schließlich sei zumindest darauf hingewiesen, dass sowohl im Osten wie im Westen durch diese Konzilstheologie neue Wege der Ökumene eröffnet worden sind.

Dieser Kernbegriff des Konzils, der auf Odo Casel zurückgeht, hat vielfältige Dynamiken in Kirche und Liturgie in Gang gesetzt. Das Gottesbild in der Liturgie ist neu konturiert worden. Man hat den Begriff „Gottes-Gedenken" auf die Liturgiefeiern übertragen, um im gegenseitigen Gedenken Liturgie als Geschehen zwischen Gott und Mensch, als Dialog, als Begegnungsgeschehen zu begreifen. So bekennt und feiert die Liturgie Gott als denjenigen, dessen Handeln in der Geschichte erhofft wird. Sie verkündet ihn als Gott der Geschichte, der der Menschen gedenkt und ihnen darin der nahe Gott ist. Das korrelative Moment des liturgischen Gedächtnisses[101] bringt dieses zum Ausdruck: Es geht um Liturgiefeier „im Gedenken Gottes, an das appelliert wird […], damit die des Handelns Gottes gedenkenden Menschen in die Gegenwart der in Gottes Gedächtnis präsenten Heilstat eintreten können."[102] Das darf keine „Kopfgeburt" sein, sondern muss sich in der Glaubenspraxis bewähren. In jüngerer Zeit ist wiederholt auf die lebenspraktische Relevanz solch einer Liturgietheologie hingewiesen worden: Das, was in der Feier der Liturgie von Gott her widerfährt, ist Imperativ für das Handeln des Christen im Alltag.[103] Gottesverehrung und christliches Engagement gehen Hand in Hand, das ist neben aller Erfahrung in der Praxis auch Programm der Kirche.[104] Ohne anderen Liturgietheologien der Geschichte dieses

---

[101] Vgl. Reinhard Meßner, Einführung in die Liturgiewissenschaft, Paderborn ²2009, 163.
[102] Meßner, Einführung 163.
[103] Vgl. aus einer umfangreichen Literatur Benedikt Kranemann, Feier des Glaubens und soziales Handeln. Überlegungen zu einer vernachlässigten Dimension christlicher Liturgie, in: Liturgisches Jahrbuch 48 (1998), 203–221; Helmut Hoping, Der Geist der Lebensdiakonie Christi und die Liturgie, in: Philipp Müller – Hubert Windisch (Hg.), Seelsorge in der Kraft des Heiligen Geistes. Festschrift für Weihbischof Paul Wehrle. Freiburg – Basel – Wien 2005, 65–77; Stephan Wahle, Gottes-Gedenken. Untersuchungen zum anamnetischen Gehalt christlicher und jüdischer Liturgie, Innsbruck 2006 (Innsbrucker Theologische Studien 73) 454–462.
[104] Vgl. dazu jüngst die Praxisstudie von Barbara Feichtinger, Liturgie und soziales

absprechen zu wollen, gibt es zwischen der Gott-Mensch-Relation in der Liturgie und ihrer ethischen Relevanz heute einen Konnex: „Aus einer konsequenten Berücksichtigung der personal-dynamischen Struktur christlicher Liturgie als relationalem Begegnungsgeschehen ergibt sich eine notwendige Gestalt von Liturgie, die erleben lässt, wie der Christ im Alltag die gottesdienstliche Begegnung fortsetzend leben kann."[105] Das hat Konsequenzen auch für das Menschenbild der Liturgie. In dem Moment, wo Erinnerung, Geschichte, Dialog und Begegnung so sehr gewichtet werden, fällt ein anderes Licht auf den Menschen in der Liturgie. Katabase und Anabase konstituieren das gottesdienstliche Geschehen. Der Mensch wird zum Adressaten des Engagements Gottes, und dieses Engagement ist konkret. Es richtet sich an den Einzelnen in der Gemeinschaft, der zum Mitwirken in der Liturgie als Lebensmitte befähigt wird, in welcher Intensität auch immer dies geschehen mag. Und es nimmt ihn in seiner Würde als Person ernst. Der liturgiefeiernde Mensch ist einbezogen in den Gottesbund.[106] Mit seinen Befindlichkeiten soll der Mensch sich in die Liturgie einbringen können, die deshalb neben dem gemeinschaftlichen Tun auch immer Raum für das persönliche Gebet gibt, die das Mitwirken des Einzelnen im Gottesdienst als persönliches Zeugnis ernstnimmt. Jedes Mitbeten besitzt den Charakter von Mitwirkung in diesem Sinne. In diesem Kontext muss beispielsweise dem Fürbittgebet der Eucharistie als Oratio fidelium ein hoher Stellenwert beigemessen werden, dem Gebetsakt an und für sich, aber vor allem auch den Intentionen dieses Gebets. Gottesdienst kann in dieser Perspektive als „Gottes Dienst an der Personwerdung des Menschen"[107] verstanden werden. Wird er in diesem Sinne als Zuwendung Gottes zum Menschen gefeiert, sollte er auch in einer säkularisierten Gesellschaft sprechen können.

Auch das Verständnis von Kirche im Gottesdienst – und über den Gottesdienst hinaus – verändert sich. Nur ein Aspekt aus einer

---

Handeln. Afrikanische Praxis als Inspiration, Stuttgart 2008 (Praktische Theologie heute 93).
[105] Wahle, Gottes-Gedenken 458. Wahle zeigt überzeugend, wie eine solche Weise liturgischen Gedenkens dann auch eine gesellschaftskritische Dimension entfalten kann (ebd. 459–462).
[106] Die vorausgehenden Überlegungen verdanken sich Albert Gerhards, Menschwerden durch Gottesdienst? Zur Positionsbestimmung der Liturgie zwischen kirchlichem Anspruch und individuellem Erleben, in: Benedikt Kranemann – Klemens Richter – Franz-Peter Tebartz-van Elst (Hg.), Gott feiern in nachchristlicher Gesellschaft. Die missionarische Dimension der Liturgie, Stuttgart 2000, 20–31 (erstmals 1995 erschienen).
[107] Gerhards, Menschwerden durch Gottesdienst? 31.

ganzen Reihe sei hervorgehoben: Durch die Theologie des Pascha-Mysteriums ist in der Liturgie wieder die Gemeinschaft in den Vordergrund gerückt, die Casel als „Gemeinschaft in Christo" verstand.[108] Dass die ganze Kirche an der Liturgie beteiligt ist, dass allen Getauften Recht und Pflicht zur Mitwirkung am Gottesdienst zugesprochen wird (SC 14), ist als theologische Größe zu verstehen. Die Getauften wissen sich berufen, am Dialog zwischen Gott und Mensch teilzunehmen, sich an Verkündigung, Gesang, Gebet und Zeichenhandlung zu beteiligen. Das ist mittlerweile selbstverständliche Haltung in der Kirche. Die These, dass auch durch die Liturgie das Selbstbewusstsein der Gläubigen gestärkt worden ist,[109] besitzt Plausibilität.

Und das Liturgieverständnis hat sich in der Folge der Theologie des Pascha-Mysteriums entwickelt. Nicht die individuelle Gnadenwirkung des Sakraments steht im Vordergrund, sondern die liturgische Handlung, in der die Menschen mit Christus und seinem Heilswerk vereint werden.[110] Damit entsteht ein neues Modell von Liturgie. Nicht nur, dass die Gestalt der Liturgiefeier in concreto damit neue Relevanz gewinnt. Dem Gläubigen wird zugesagt, dass er in diesem gottesdienstlichen Geschehen am Erlösungswerk Gottes teilnimmt und daran Anteil erhält. Damit ist der Stellenwert der Wortverkündigung gewachsen, sie wird als Anamnese von Heilsgeschichte verstanden. Die liturgische Versammlung erhält, wie beschrieben, neues Gewicht; sie wird zur Keimzelle der Existenz von Kirche. Schließlich ereignet sich in der Liturgie eine Weise des Gedenkens, die das Erinnerte in seiner existentiellen Bedeutung für die Gegenwart begreift; dann aber ist Liturgie mehr als allein ein Gnadenmittel, dann ist sie wirklich Lebensform.

Ohne Zweifel besitzt die heutige Liturgiepraxis der katholischen Kirche Schwächen. Das gilt aber für alle Epochen der Liturgiegeschichte. Ob es heute mehr Probleme gibt als zu anderen Zeiten der Geschichte, darf aus guten Gründen bezweifelt werden. Die Theologie der Liturgie, um die im 20. Jahrhundert gerungen wurde und an der im 21. Jahrhundert unter neuen Voraussetzun-

---

[108] Odo Casel, Katholische Kultprobleme, in: Jahrbuch für Liturgiewissenschaft 7 (1927), 105–124, hier 116.
[109] Vgl. entsprechende Überlegungen bei Bernd Jochen Hilberath, „Participatio actuosa". Zum ekklesiologischen Kontext eines pastoralliturgischen Programms, in: Hansjakob Becker – Bernd Jochen Hilberath – Ulrich Willers (Hg.), Gottesdienst – Kirche – Gesellschaft. Interdisziplinäre und ökumenische Standortbestimmungen nach 25 Jahren Liturgiereform, St. Ottilien 1991 (Pietas Liturgica 5), 319–338, hier 337.
[110] Vgl. Wahle, Gottes-Gedenken 98.

gen weitergeschrieben werden muss, bietet aber offensichtlich viele, auch noch ungenutzte Chancen, in säkularisierter Gesellschaft Glauben zu leben und zu feiern. Die Theologie des Pascha-Mysteriums und dann das Konzil, das diese Theologie aufgegriffen hat, lieferten das Fundament dafür. Deshalb ist gegen jeden Versuch, diese Theologie in Frage zu stellen, erheblicher Widerspruch angezeigt. Vor allem muss seitens der theologischen Wissenschaft auf die weitreichenden Konsequenzen von Programmen aufmerksam gemacht werden, die einer „Reform der Reform" das Wort reden. Es geht längst nicht „nur" um ästhetische Fragen der Liturgie, es geht um eine völlige (liturgie)theologische Kehrtwende. Für die katholische Kirche würde dies bedeuten, sich der Chancen zu berauben, die sie im 20. Jahrhundert mit der Erneuerung von Liturgie und Spiritualität gewonnen hat. Das aber fordert zum Widerspruch heraus!

V.
Die kulturelle und politische Relevanz des II. Vatikanischen Konzils als konstitutiver Faktor der Interpretation[1]

von Massimo Faggioli

1. Jahresgedächtnisse, Feiern und Rezeption des II. Vatikanums

Der 40. Jahrestag des Abschlusses des Konzils 2005 hat keine bedeutsamen Spuren im kirchlichen Bereich hinterlassen. Es war ein Jahr, das von der Agonie Johannes Pauls II., dem Konklave, das in kürzester Zeit Benedikt XVI. gewählt hat, und vom Anfang des Pontifikats von Benedikt XVI. geprägt war. Noch weniger Bedeutung hatte das Jubiläum des Jahres 2000 beim Auslaufen der Debatte über die Rezeption des II. Vatikanums: Seiner Hinterlassenschaft galt im Wesentlichen eine Feier mit teilweise triumphalistischen Zügen, wenn man absieht vom Nachhall der Diskussion zwischen Kardinal Josef Ratzinger und Walter Kasper über die Beziehung zwischen der Ekklesiologie der Ortskirche und der Universalkirche.[2] Der 50. Jahrestag der Ankündigung des Konzils durch Johannes XXIII. (25. Jan. 1959) zu Beginn des Jahres 2009 – der wie ein Jahrestag zwischen so vielen anderen im Kalender hätte vorübergehen können – hat hingegen ein internationales Echo gefunden und die ganze Kirche gebieterisch zum Nachdenken aufgerufen. Er zeichnete sich durch eine Freiheit des Wortes auf allen Ebenen aus: Bischöfe und Bischofskonferenzen, Kardinäle der Kurie, einzelne Theologen und ganze theologische Fakultäten, die katholische Presse, politische Führer und katholische Par-

---

[1] Der Artikel stellt eine erweiterte und ergänzte Fassung des Artikels „Il Vaticano II come ‚Costituzione' e la ‚recezione politica' del concilio", dar, in: Ressegna di teologia, 1–2009, 107–122.

[2] Vgl. Walter Kasper, Zur Theorie und Praxis des bischöflichen Amtes, in: Werner Schreer und Georg Stein (Hgg.), Auf eine neue Art Kirche sein, FS J. Hohmeyer, München 1999, 32–48; Joseph Ratzinger, L'ecclesiologia della Costituzione Lumen gentium, in: Il Concilio Vaticano II, Recezione e attualità alla luce del Giubileo, R. Fisichella (Ed.), San Paolo Cinisello B. 2000, 66–81; vgl. Kilian McDonell, The Ratzinger/Kasper Debate: The Universal Church and local Churches, in: Theological Studies, June 2002, 222–250.

lamentarier und nicht-katholische Parlamentarier, die öffentliche Meinung der Welt haben sich auf ihm ausgesprochen.

Die Entscheidung Benedikts XVI. vom 21. Januar 2009, die Exkommunikation aufzuheben, die Johannes Paul II. 1988[3] über die vier von Msgr. Marcel Lefebvre geweihten Bischöfe verhängt hatte, hat das II. Vatikanische Konzil in den Mittelpunkt der Diskussionen des zeitgenössischen Katholizismus gerückt, das von dieser kleinen schismatischen Sekte immer als häretisch und als Ursprung allen Übels in der Kirche[4] angeprangert worden ist. Diese Entscheidung Benedikts XVI. hat die katholische Kirche – zusammen mit den anderen christlichen Kirchen – die jüdischen Gemeinden und die öffentliche Meinung dazu bewegt, über das II. Vatikanische Konzil zu reflektieren, und zwar in einer viel intensiveren Weise als es jede Studientagung oder feierliche Ansprache hätte bewirken können. Diese Debatte hat bestätigt – sonst wäre sie nicht notwendig gewesen –, dass sich durch das II. Vatikanum „etwas ereignet hat"[5].

Felix culpa, glückliche Schuld, ist man versucht zu sagen. Doch die Reaktionen auf die Aufhebung der Exkommunikation der Lefebvre-Anhänger haben sich nicht in der „Schadensbegrenzung" erschöpft, sie sind inzwischen eine internationale Kommunikationsform im inneren der „Liturgien", der sozialen und politischen Kommunikation in der globalen Ära geworden. Der Fall repräsentiert erheblich mehr als einen diplomatischen, internationalen Kommunikationszwischenfall oder eine Administrationspanne des vatikanischen Apparates.

Die vorzeitige Publikation der Leugnung des Holocaust und der antisemitischen Äußerungen eines der Bischöfe, die Marcel Lefebvre anhängen, Richard Williamson, über Internet – eine Erklärung, welche nur jene überraschen konnte, die die politischen und kulturellen Wurzeln der anti-konziliaren Lefebvre – Bewegung

---

[3] Motu proprio Ecclesia Dei, 2. Juli 1988, in: AAS 80 (1988) 1498, DH 4820–4823.
[4] Vgl. Emile Poulat, Une église ébranlée. Changement, conflit et continuité de Pie XII à Jean-Paul II, Paris: Castermann 1980; Daniele Menozzi, Opposition to the Council (1966–1984), in: Giuseppe Alberigo, Jean-Pierre Jossua, Joseph A. Komonchak (Ed.), The reception of Vatican II, Washington D.C.: Catholic University of America Press 1987, 325–348. Zur Rekonstruktion der Beziehungen zwischen Lefebvre und Rom mit einer scharfen Stellungnahme vgl. P. Hünermann, Excommunicatio – Communicatio. Versuch einer Schichtenanalyse", in: Herder Korrespondenz 63 (2009) 3, 119–125.
[5] Vgl. David G. Schultenover (ed.), Vatican II: Did Anything Happen?, Continuum, New York–London 2007; vgl. insbesondere auch John W. O'Malley, What Happened at Vatican II, Belknap Press of Harvard University Press, Cambridge MA-London 2008.

ignorieren – war das auslösende Element einer öffentlichen Reaktion, die ein bislang unbekanntes Echo, vor allen Dingen in Europa und in den Vereinigten Staaten,[6] ausgelöst hat. Nicht nur die Reaktionen der Repräsentanten der nationalen Episkopate und einzelner Bischöfe, sondern auch der Repräsentanten des weltweiten Judentums und der europäischen politischen Führer, der Gruppen katholischer Parlamentarier haben den Heiligen Stuhl zu zahlreichen und wiederholten Klarstellungen hinsichtlich der Entscheidung Benedikts XVI. veranlasst, was schließlich dahin geführt hat, den eigentlichen Gegenstand anzuerkennen, um den es geht: Das II. Vatikanische Konzil oder besser, die immer wieder verkündete Ablehnung der Lefebvre - Anhänger, das II. Vatikanische Konzil anzuerkennen, d. h. vor allem einige Momente des gesamten Konzilscorpus wie das Dokument *Nostra aetate* über die Beziehung zu den anderen Religionen und das darin ausgesprochene Bedauern des Antisemitismus.

Der Versuch Benedikts XVI. ein Schisma aufzuheben, das aus dem Rückweis des II. Vatikanums durch eine kleine Gruppe ausgelöst wurde, hat offenbar gemacht, dass das Konzil über die kleine Zahl der Mitglieder des Schismas hinaus, das Marcel Lefebvre verursacht hat, für die Kirche des 21. Jahrhunderts eher ein Element der internen Debatte darstellt als einen Kompass der Kirche[7]. Dieses Faktum besagt etwas für die Fachleute in internationalen Beziehungen, im kanonischen und kirchlichen Recht und die Beobachter der katholischen Kirche auf der Weltbühne. Es spricht aber auch zu den Historikern, den Kirchengeschichtlern und den Historikern des II. Vatikanums und den Interpreten des Konzils in der gegenwärtigen Phase, in der die „kontinuistischen", wenn nicht „revisionistischen" Lesearten des größten religiösen Ereignisses des 20. Jahrhunderts zahlreich sind.[8]

Unter vielen anderen sind zwei Motive dieses internationalen theologischen „Zwischenfalls" für die Forscher des II. Vatikanums von besonderem Interesse. Das erste Moment besteht in dem Fak-

---

[6] Für die Stellungnahmen der französischen, deutschen und schweizerischen Bischöfe vgl.: Il Regno – documenti, 3–2009, 72–75; zum Überblick über die Erklärungen der theologischen Fakultäten vgl. Erik Borgmann, Die Aufhebung der Exkommunikation von Bischöfen der Priesterbruderschaft St. Pius X., Dokumentation der theologischen Reaktionen, in: Concilium 45 (2009) 245–255; ferner: Wolfgang Beinert (Hg.), Vatikan und Pius – Brüder. Anatomie einer Krise, Freiburg 2009.
[7] Johannes Paul II., Novo millenio ineunte, in: AAS 93 (2001) 266–309, vgl. insbesondere Nr. 57.
[8] Ein Beispiel für diese Tendenz findet sich in: Matthew L. Lamb, Matthew Levering (Ed.), Vatican II: Renewal within Tradition, Oxford-New York, Oxford University Press 2008.

tum, dass in den Augen des zeitgenössischen Katholizismus, der internationalen Politik und der Weltmeinung, das Konzil unzweifelhaft seine Garantiefunktion für die „Bürgerschaft" der katholischen Kirche in der zeitgenössischen Welt bekräftigt hat. Wenn für die Forscher des Konzils dieses Faktum eine Bekräftigung der epochalen, d. h. eine geschichtliche Periode charakterisierenden Bedeutung des II. Vatikanums ist, so erfordert die Bedeutung dieses besonderen Momentes der „politischen Rezeption" des II. Vatikanums in der Morgendämmerung des 21. Jahrhunderts eine tiefergehende Reflexion.

Das zweite Element besteht in dem Faktum, dass diese „Garantie" vor allem von der internationalen Politik und von der Weltmeinung – gleichsam in negativo – in der definitiven Zurückweisung des Anti-Judentums und des Antisemitismus als keineswegs sekundären Elemente einer vormodernen, sozialen und politischen antidemokratischen Kultur erkannt worden ist und – gleichsam in posivito – in einigen spezifischen Elementen des II. Vatikanums, insbesondere in jenen, in denen die „Diskontinutät" in Bezug auf die Überlieferung, die dem Konzil voraufgeht, festgestellt wurde: Die religiöse Freiheit, die Gewissensfreiheit, der Ökumenismus, der Dialog mit dem Judentum, der Dialog mit den anderen Religionen, die Kollegialität und die Mitverantwortung in der Leitung der Kirche.

Es ist kein Zufall, dass diese zentralen Elemente für die „politische Rezeption" des Konzils jene sind, die das Lefebvrianische Schisma immer zurückgewiesen hat, weil sie Früchte der „Häresie des II. Vatikanums" sind.[9] Dieses zweite Moment bringt die Bedeutung eines Begriffs zum Vorschein, der in der jüngeren hermeneutischen Debatte um das II. Vatikanum aufgetaucht ist, nämlich die Bedeutung des II. Vatikanums als „Verfassung" für die katholische Kirche.

2. *Der Begriff der „Verfassung" in der jüngsten Debatte über das II. Vatikanum*

Der Tübinger Dogmatiker Peter Hünermann hat vor einigen Jahren den Begriff der „Verfassung" zur Kennzeichnung der Texte des II. Vatikanums vorgeschlagen. Der Gebrauch dieses Terminus, der

---

[9] Vgl. Luc Perrin, Il caso Lefebvre, in: Daniele Menozzi (Hg). – Genova: Marietti, 1991; Nicolas Senèze, La crise intégriste: vingt ans après le schisme de Mgr Lefevre, Bayard Paris 2008.

nicht verwechselt werden darf mit dem Terminus „Konstitution" im Sinne der vier Konstitutionen des II. Vatikanums, sondern der – in wesentlich analoger Weise – den juristischen Begriff eines „Grundgesetzes" in der politisch-juridischen Erfahrung des Westens aufgreift, ist eingehend diskutiert worden,[10] und es lohnt die Mühe, hier die Ergebnisse der wichtigsten Punkte zusammenzufassen.
Im 5. und abschließenden Band des gewichtigen „Herderschen Theologischen Kommentars zum II. Vatikanischen Konzil"[11], den Hünermann zusammen mit Bernd-Jochen Hilberath herausgegeben hat, entwickelt Hünermann Aspekte einer Vorlesung, die er auch auf dem Symposion in Bologna von 1996 über das II. Vatikanum und über die „Pragmatik der konziliaren Texte"[12] vorgetragen hat. Er hat dabei einige wesentliche Beiträge der hermeneutical principles von Ormond Rush aufgegriffen[13] und zugleich vertieft. In den Schlussfolgerungen im Theologischen Kommentar unterstreicht Hünermann die Charakterstik des Corpus der konziliaren Texte als einer „Verfassung" für die katholische Kirche.[14]

„Sucht man im Sinne einer ersten Annäherung an das Profil der Texte des II. Vatikanischen Konzils nach einer Analogie, um die Beschlüsse zu charakterisieren, so ergibt sich eine gewisse *Ähnlichkeit* mit Verfassungstexten, die von repräsentativen verfassunggebenden Versammlungen ausgearbeitet werden. Diese Ähnlichkeit ist bei den Texten des II. Vatikanums besonders ausgeprägt und zeigt sich, lediglich in stark vermittelter und abgestufter Form, auch im Blick auf das Trienter Konzil und das I. Vatikanum. Ähnlichkeiten sind keine Identitäten. Sie sind immer mit Differenzen verknüpft. Ähnlichkeiten und Differenzen wollen beachtet sein."[15]

Hünermann weist nach, dass es zahlreiche Analogien zwischen einer Verfassung und dem II. Vatikanum gibt: 1. Die Situation einer Krise oder die Notwendigkeit, welche – im Staat wie in der Kirche – eine Verfassung erforderlich macht; 2. die Qualität der

---

[10] Vgl. die Aufsatzsammlung Alberto Melloni – Giuseppe Ruggieri (Ed.), Chi ha paura del Vaticano II?, Carocci, Roma 2009.
[11] Vgl. Peter Hünermann, Bernd-Jochen Hilberath (Hgg.), Herders Theologischer Kommentar zum Zweiten Vatikanischen Konzil, 5 Bde., Freiburg i. Br. 2004–2005.
[12] Vgl. Peter Hünermann, Il concilio Vaticano II come evento, in: Maria T. Fattori, Alberto Melloni (Edd.), L'evento e le decisioni. Studi sulle dinamiche del concilio Vaticano II, Il Mulino, Bologna 1997, 63–92.
[13] Vgl. Ormond Rush, Still interpreting Vatican II: Some Hermeneutical Principles, Paulist, New York 2004.
[14] Vgl. Peter Hünermann, „Der Text": Werden-Gestalt-Bedeutung. Eine hermeneutische Reflexion, in: Herders Theologischer Kommentar zum Zweiten Vatikanischen Konzil, Bd. V, 5–101, insbesondere 11–17 und 85–87.
[15] Vgl. a. a. O. 12.

endgültigen Texte als Texte, die von großen Versammlungen, die unterschiedliche, ja gegensätzliche politische Positionen repräsentieren, diskutiert und approbiert sind; 3. eine Ähnlichkeit im Vorgehen (Kommissionen, Unterkommissionen, Vollversammlungen); 4. die Beziehung zwischen den Fragen, die auf dem Tisch liegen und den Texten, welche die Situation beschreiben und beeinflussen; 5. die Beziehung zwischen der endgültigen Approbation einer Konstitution und dem Akt der Rezeption des II. Vatikanischen Konzils.[16]

In der Tat weist das Textcorpus dieses Konzils eine Ähnlichkeit mit den Texten einer verfassunggebenden Versammlung auf, dabei ergeben sich zugleich tiefgreifende Differenzen auf Grund der anderen Autorität und der Eigentümlichkeit der Sache, die in den Konzilstexten zur Sprache kommt. Auf Grund dieses Befundes kann der Text des II. Vatikanischen Konzils vorsichtig als „konstitutioneller Text des Glaubens" bezeichnet werden. Ist dieser „Vorbegriff vom Text des II. Vatikanischen Konzils richtig, dann ergibt sich daraus, dass eine ganze Reihe von Problemstellungen und Anfragen, Kritiken und nicht zuletzt Auslegungsweisen in unbegründeter, weil in einer dem Text nicht entsprechenden Weise an das II. Vatikanische Konzil herangetragen werden".[17] Indem Hünermann die Unterschiede zwischen der Eigenart des Typus des II. Vatikanischen Konzils und der des I. Vatikanums oder des Trienter Konzils unterstreicht, nimmt er Bezug auf einen anderen Referenzpunkt, die Regel Benedikts, um so eine korrekte Interpretation der endgültigen Texte des II. Vatikanums[18] zu umreißen und eindeutig jedes Missverständnis einer möglichen Rückkehr zur Hypothese einer Lex fundamentalis Ecclesiae durch den Begriff des Corpus des II. Vatikanums als „konstitutionellem Text" auszuschließen.[19] Die Identifikation des Corpus des II. Vatikanischen Konzils als konstitutionelle Texte bedeutet nach Hünermann nicht, diese Texte des Konzils über das Evangelium zu stellen: „Die Legitimation eines Konzils, und damit seiner Autorität, ist eine wesentlich andere als die einer verfassunggebenden Ver-

---

[16] Hünermann verweist insbesondere auf die Untersuchung von Paolo Pombeni, La dialettica tra evento e decisioni nella ricostruzione delle grandi assemblee parlamentari e le assemblee costituenti, in: Maria T. Fattori, Alberto Melloni, L'evento e le decisioni, 17–49.
[17] Vgl. Hünermann, „Der Text": Werden-Gestalt-Bedeutung, a. a. O. 17.
[18] Vgl. a. a. O. 12.
[19] Vgl. auch Peter Hünermann, Der Text. Eine Ergänzung zur Hermeneutik des II. Vatikanischen Konzils, in: Cristianesimo nella storia XXVIII/2 (2007), 339–358; italienische Fassung in: Melloni-Ruggieri, Chi ha paura del Vaticano II?, 85–105.

sammlung im staatlichen Sinne", „der Konzilstext besitzt von daher eine wesentlich andere Autorität als ein Verfassungstext"[20].

Wer sich vom „konstitutionellen" Charakter dieses Textcorpus überzeugt, für den ergeben sich bedeutsame Konsequenzen für die theologische Interpretation und Rezeption der Konzilstexte.[21] Auch wenn der Versuch neu ist, das Konzil zu schützen und zur gleichen Zeit die Kirche zu dynamisieren, und zwar durch den Begriff des Textcorpus des II. Vatikanischen Konzils als „konstitutioneller Text", ist die Idee eines besonderen inneren Kerns des II. Vatikanischen Konzils nicht neu.[22]

Der Vorschlag von Hünermann hat einige Einwände von Forschern hervorgerufen, die mit ihm in einem internationalen Team in dem Projekt der „Geschichte des II. Vatikanischen Konzils", das Giuseppe Alberigo[23] geleitet hat, zusammengearbeitet haben. Der französisch-deutsche Jesuit Christoph Theobald hat die Idee der Konzilstexte als „konstitutioneller Texte" im Ausgang von einer komplexen Hermeneutik der konziliaren Texte und dem Vorrang der Heiligen Schrift kritisiert und die Möglichkeit in Frage gestellt, die Einheit des konziliaren Corpus ohne Bezug auf die Normativität des Kanons der Schriften zu definieren, ohne aufzuzeigen, wie das Corpus des II. Vatikanums sich selbst in Bezug auf die Schriften, in Bezug auf ihre einzigartige Stellung und zugleich in Bezug auf die Tradition situiert.[24]

Über die theologische Frage der Koexistenz zwischen unterschiedlichen normativen Texten im Leben der Kirche (Bibel, Tradition) und der Aktion des Geistes hinaus hat Theobald den Vorschlag von Hünermann kritisiert, weil die „Konstitutionalisation"

---

[20] Vgl. Hünermann, „Der Text". Werden-Gestalt-Bedeutung, a. a. O. 15–16.
[21] Vgl. Hünermann, „Der Text. Eine Ergänzung, a. a. O. 358; vgl. ferner: Peter Hünermann, Zur theologischen Arbeit am Beginn des dritten Milleniums, in: Peter Hünermann (Hg.), Das Zweite Vatikanische Konzil und die Zeichen der Zeit heute, Freiburg i. Br. 2006, 569–593.
[22] Giuseppe Dossetti sah in der Liturgiekonstitution und der Konstitution Dei Verbum die Interpretationsachse des gesamten Konzils, sprach aber von der Notwendigkeit einer „auf Zuwachs" angelegten Interpretation des II. Vatikanums: vgl. Giuseppe Dossetti, Il Vaticano II. Frammenti di una riflessione, edited by Francesco Margiotta Broglio, Il Mulino Bologna 1996; Giuseppe Dossetti, Per una „chiesa eucaristica". Rilettura della portata dottrinale della Costituzione liturgica del Vaticano II. Lezioni del 1965, eds. Giuseppe Alberigo, Giuseppe Ruggieri, Il Mulino, Bologna 2002.
[23] Vgl. Giuseppe Alberigo, Alberto Melloni (Ed.), Storia del concilio Vaticano II, 5 voll., Leuven-Bologna 1995–2001 (englische, französische, deutsche, spanische, portugiesische, russische Ausgaben. Deutsche Ausgabe: Klaus Wittstadt (Hg.), ab Bd. 4, Günther Wassilowsky, Mainz-Leuven.
[24] Vgl. Christoph Theobald, Mise en perspective, in: Christoph Theobald (Ed.), Vatican II sous le regard des historiens. Colloque du 23 septembre 2005 (Centre Sèvres – Faculté jésuites de Paris), Paris 2006, 3–23, insbes. 12–13.

des II. Vatikanischen Konzils in einer gewissen Weise die Position von Hervé Le Grand radikalisiert bezüglich der ungelösten Beziehung (unter einem juridischen und institutionellen Blickwinkel) zwischen dem I. und dem II. Vatikanum mit der Tendenz, das konziliare Ereignis ganz auf die Kirche zu konzentrieren.[25] Schließlich hat Theobald die Hypothese Hünermanns kritisiert, da sie die Möglichkeit bedrohe, die konziliaren Texte als Kompromisstexte zu interpretieren – als ob die Konstitution nicht auch Kompromisstexte seien, die ihrerseits ebenso einer Vergeschichtlichung und einer Rezeption unterworfen sind.[26]

Der erste Einwand aber gegen die Idee des Textcorpus des II. Vatikanums als „Verfassung" stammt von Benedikt XVI., der dieser Frage einen Abschnitt in seiner berühmten Rede an die römische Kurie vom 22. Dezember 2005 gewidmet hat. In dieser Ansprache hat der Papst – nachdem er festgestellt hat, dass die „Hermeneutik der Diskontinuität" in einem Bruch zwischen der vorkonziliaren und der nachkonziliaren Kirche enden könne – die Idee einer Hermeneutik des Konzils „nach dem Geist und nicht nach dem Text" angegriffen. Er fuhr fort: „In diesem Fall bleibt ein breiter Raum für die Frage, wie man diesen Geist jetzt definiert, und in der Folge ergibt sich Raum für jede Äußerlichkeit. Damit aber missversteht man im Grunde das Wesen eines Konzils als solchen. In dieser Weise wird es als eine Art verfassunggebender Versammlung betrachtet, die eine alte Verfassung auflöst und eine neue schafft. Doch eine verfassunggebende Versammlung hat einen Auftraggeber nötig und ferner eine Bestätigung von Seiten des Auftraggebers, das heißt des Volkes, dem diese Konstitution dienen soll. Die Konzilsväter hatten keinen solchen Auftrag und niemand hat ihnen einen solchen je gegeben; niemand konnte ihn im Übrigen geben, denn die wesentliche Verfassung der Kirche stammt vom Herrn und ist gegeben, damit wir das ewige Leben erlangen können und ausgehend von dieser Perspektive in der Lage sind, auch das Leben in der Zeit und die Zeit selbst zu erleuchten."[27]

---

[25] Vgl. Theobald, Mise en perspective, 15. Vgl. Hervé-Marie Legrand, Relecture et évaluation de l'Histoire du Concile Vatican II d'un point de vue ecclésiologique, in: Vatican II sous le regard des historiens, 49–82. Zu den Studien von Legrand über die Ekklesiologie des II. Vatikanums vgl. vor allem: Hervé-Marie Legrand, Les évêques, les églises locales et l'église entière. Evolutions institutionelles depuis Vatican II et chantiers actuels de recherche, in: Revue des Sciences philosophiques et théologiques, 85 (2001), 461–509.
[26] Vgl. Christoph Théobald, Enjeux herméneutiques des débats sur l'histoire du Concile Vatican II, in: Cristianesimo nella Storia XXVIII (2007) 2, 359–380 (ital. Übersetzung, in: Chi ha paura del Vaticano II?, 45–68, bes. 52–53).
[27] Benedikt XVI., Ansprache an die römische Kurie vom 22. Dez. 2005, in: Inseg-

Diese Kritik an den Konzilstexten als „Verfassung" gründet bei Benedikt XVI. in dem Faktum, dass die einzige Verfassung der Kirche vom Herrn selbst gegeben sei und dass ein Verfassungsprozess einem „Bruch" gleiche und etwas anderes als eine „Reform" sei, und weiter darin, dass die Idee einer Diskontinuität zwischen einer katholischen Kirche vor und nach dem II. Vatikanischen Konzil zurückgewiesen wird. In analoger Weise zu Theobald, der die Plausibilität des Terminus „Verfassung" als eine tendenziell ekklesiozentrische zurückgewiesen hat, kritisiert der Papst diesen Terminus und seine Untauglichkeit für das Konzil im Ausgang von einer strikt ekklesiologischen Analyse einiger Elemente: der Unmöglichkeit, in Bezug auf die Kontinuität der Tradition der Kirche den Übergang von einer alten zu einer neuen Konstitution zu denken, sowie der Differenz über die Rolle des „Auftraggebers", das heißt des Souveräns in der Kirche, die vom Herrn geleitet ist, und dem Volkswillen, der von einer Konstitution ausgesprochen und zugleich begrenzt wird.[28]

3. Das II. Vatikanum und der „konstitutionelle" Charakter der nachkonziliaren Kirche

Das Motu Proprio „Ecclesia Dei" von 1988 hatte bereits aus Anlass der Exkommunikation Latae sententiae das Lefebvre-Schisma zum Anlass einer Reflexion über das II. Vatikanum genommen. Bei dieser Gelegenheit hatte Johannes Paul II. bekräftigt:

„Tatsächlich kann und muss der Ausgang, den die Bewegung des Erzbischofs Lefebvre unlängst genommen hat, allen Gläubigen Anlass geben, offen und gründlich über die eigene Treue zu der Überlieferung der Kirche nachzudenken, aufrichtig gegenüber dem ordentlichen wie dem außerordentlichen Lehramt, besonders den Konzilien, vom Nicaenum bis zum II. Vatikanum. Aus diesem Nachdenken heraus nämlich sind alle auf wiederholte und wirksame Weise davon zu überzeugen, dass der Glaube durchaus noch weiter entfaltet und gemehrt werden muss, nachdem falsche Auslegungen, sowie willkürliche und unrechtmäßige Erweiterungen in Angelegenheiten, die die Lehre, die Liturgie und die (Le-

---

namenti di Benedetto XVI, vol. I (2005), Libreria Editrice Vaticana, Città del Vaticano 2006, 1018–1032. Zur Interpretation des Textes vgl. Joseph A. Komonchak, Benedict XVI and the Interpretation of Vatican II, in: Cristianesimo nella Storia XXVIII (2007) 2, 323–337; (ital. Übersetzung in: Chi ha paura del Vaticano II?, 69–84).

[28] Die deutsche Übersetzung der Ansprache Benedikts XVI. spricht von „Auftraggeber" anstelle von „Souverän" und von „Verfassung" und nicht von „Konstitution" oder „Grundgesetz" für „Costituzione".

bens-) Ordnung betreffen, beseitigt worden sind. Vor allem die Bischöfe haben durch ihre eigene pastorale Sendung die schwere Verpflichtung, eine klarsichtige Sorge voll Liebe und Stärke auszuüben, damit diese Treue überall gewahrt bleibt. Außerdem wollen wir die Theologen und andere der kirchlichen Wissenschaft Kundige auffordern, dass unter diesen Umständen auch ihre Auffassung erforscht werde, denn die Weite und Höhe der Vorschriften des II. Vatikanums fordern einen erneuerten Eifer des Erforschens, durch den der ununterbrochene Zusammenhang des Konzils mit der Überlieferung völlig erhellt wird, vor allem in den Stücken der Lehre, die, weil sie vielleicht neu sind, von einigen Teilen der Kirche noch nicht gut verstanden worden sind"[29].

Indem Benedikt XVI. gerade im Zusammenfall mit dem 50. Jahresgedächtnis der Ankündigung des Konzils die Exkommunikation der Lefebvre-Bischöfe aufgehoben hat, hat er indirekt diese Absicht Johannes Paul II. wiederum hervorgehoben. Aber die Debatte über das II. Vatikanum am Beginn des Jahres 2009 wirft ein neues Licht auf den Rezeptionsprozess des Konzils und seine konstitutionelle Funktion. Sie erlaubt es, die vorgeschlagene Interpretation der Konzilsbschlüsse als „Corpus konstitutioneller Texte" besser zu verstehen, da sie befreit wird von ekklesiozentrischen Lesarten und in den Bereich einer Argumentation über die Rolle der Loci theologici und der Kultur für die theologische Hermeneutik der postkonziliaren Kirche eingeordnet wird, was dem Dogmatiker aus Tübingen in besonderer Weise am Herzen liegt.[30]

Der Vorschlag von Peter Hünermann ist es wert, wieder aufgegriffen und analysiert zu werden, und zwar losgelöst von der Frage nach der inneren Geometrie der Konzilstexte oder von der umstrittenen Erinnerung an die Kontroverse um die schon seit langem fehlgegangene nachkonziliare Unternehmung, eine Lex fundamentalis für die Kirche zu erlassen.[31]

In der Tat ist es notwendig – und zwar im Licht der Hinterlassenschaft des „globalen Pontifikats" Johannes Pauls II. und der theologischen und politischen Impulse, die Benedikt XVI. der Rezeption des Konzils gegeben hat – eine Reflexion über die Rezeption des II. Vatikanums vorzulegen, die sich von einer „politisch-kulturellen" Annäherungsweise her abzeichnet und die Be-

---

[29] Motu proprio „Ecclesia Dei", Nr. 5
[30] Vgl. Peter Hünermann, Dogmatische Prinzipienlehre. Glaube, Überlieferung, Theologie als Sprach- und Wahrheitsgeschehen, Aschendorff, Münster 2003.
[31] Vgl. Legge e Vangelo. Discussione su una legge fondamentale per la chiesa, Brescia, Paideia 1972; Daniel Cenalmor Palanca, La ley fundamental de la iglesia. Historia y analisis de un proyecto legislativo, Eunsa, Pamplona 1991.

sonderheiten der verschiedenen Milieus der Rezeption in den unterschiedlichen Bereichen der Welt (im Westen, insbesondere im euroatlantischen Westen) in Bezug auf einen konstitutionellen Kern des Konzils beachtet.[32]
Durch die Diskussionen, resultierend aus der Aufhebung der Exkommunikation der vier Bischöfe der Piusbruderschaft, gegründet von Msgr. Lefebvre 1970, hat sich klar gezeigt:
Es waren nicht nur die antisemitischen Erklärungen eines der Bischöfe, die eine politische und diplomatische Problematik entstehen ließen, sondern die Positionen des Schismas von Lefebvre in Bezug auf das II. Vatikanum und insbesondere in Bezug auf einen Kern von Elementen, die neu sind und in Diskontinuität zur jüngeren Tradition der Kirche stehen. Zu diesem Kern gehören in evidenter Weise die Anerkennung der Religionsfreiheit und der Gewissensfreiheit, die Verpflichtung zum ökumenischen und interreligiösen Dialog. Ebenso aber gehören zu diesem Kern auch die liturgische Reform und ihr theologischer Inhalt. Schließlich war die liturgische Konstitution die Erstlingsfrucht des II. Vatikanischen Konzils.[33] Ebenso hat daran teil die Positionsbestimmung der Heiligen Schrift in der Kirche und die Existenz und Aufgabe der Bischofskonferenzen wie der bischöflichen Kollegialität, beides wird von den Lefebvre-Anhängern als Diskontinuität mit der monarchischen Tradition in der Leitung der Kirche zurückgewiesen.[34]

Diesen Kern von neuen Elementen kann man nicht nur als „konstitutiv" für das Corpus der Dokumente des II. Vatikanums bezeichnen, sondern als „konstitutionell", denn diese Erklärungen des II. Vatikanums bilden das neue konziliare Gesicht der katholischen Kirche nicht nur nach innen, sondern auch nach außen und auf der Ebene der Öffentlichkeit und der Internationalität: nicht nur auf der Ebene eines „Image" im Sinne der öffentlichen Beziehungen oder – im Fall der Holocaust-Leugnung – auf der Ebene

---

[32] Hinsichtlich einer Reflexion auf die politisch-juridische Rezeption des II. Vatikanums ist von der Rezeption des II. Vatikanums im Codex Iuris Canonici auszugehen, vgl. die Studien Eugenio Corecos, insbesondere: Die kulturellen und ekklesiologischen Voraussetzungen des neuen CIC, in: „Archiv für katholisches Kirchenrecht", 152 (1983) 3–30.
[33] Vgl. Giuseppe Dossetti, Per una „chiesa eucaristica".
[34] Die „Europäische Gesellschaft für Katholische Theologie" nennt in ihrer Erklärung vom 15. Februar 2009 unter den Grundfragen zur Rezeption des II. Vatikanums jene, die sich auf die Dokumente *Dei Verbum* und *Sacrosanctum concilium* (für den dynamischen Charakter der Tradition des Magisteriums und der Liturgie), *Lumen gentium* (für die kollegiale Ausübung der Leitung der Kirche), *Dignitatis humanae* (für die Achtung der Gewissensfreiheit und der Religionsfreiheit), *Unitatis redintegratio* und *Nostra aetate* (für die aktive Verpflichtung zum ökumenischen und interreligösen Dialog). Vgl. http://www.kuleuven.be/thomas/evkt.

des Strafrechts, sondern im eigentlichen Sinn auf der politisch-kulturellen Ebene.[35]

Durch die jüngsten Ereignisse um den „Fall Lefebvre" hat sich für die Historiker und die Interpreten des II. Vatikanischen Konzils ein interessanter Sachverhalt ergeben: Das II. Vatikanische Konzil ist in seinem „konstitutionellen Kern", der unabhängig von den formalen Texthierarchien (Konstitutionen, Dekreten, Erklärungen) existiert, getroffen worden, und dieser konstitutionelle Kern hat mehr mit der Geschichte der gegenwärtigen nachkonziliaren Phase und mit der Stellung der Kirche auf der rechtlich-politischen internationalen Ebene zu tun als mit der „technischen", theologischen Hermeneutik der Texte.

All das versteht man nicht nur im Ausgang von einem Studium der theologischen Kultur des II. Vatikanischen Konzils, sondern von einer Reflexion auf die „politische Kultur des II. Vatikanums" oder, um im Bereich eines bislang nur teilweise erforschten Feldes zu bleiben, von dem „politischen" Verständnis des konziliaren „Aggiornamento" und seiner Konsequenzen für die internationale Stellung der katholischen Kirche während und durch das II. Vatikanische Konzil.[36] Als die deutsche Kanzlerin, Angela Merkel, in den zurückliegenden Monaten daran erinnert hat, dass die Ablehnung des Antisemitismus eine tragende Säule der deutschen Bundesrepublik ist, hat sie dem zeitgenössischen Katholizismus ein „Memento" hinsichtlich der kulturellen und politischen Verantwortung der Kirche nicht nur in Deutschland, sondern auf globaler Ebene zugerufen. Sie hat sich so indirekt als Interpretin des II. Vatikanischen Konzils und seiner Diskontinuitäten im Bereich der Beziehung zwischen Kirche und Judentum gemacht. Mit anderen Worten: Wenn man für die Geschichte der Hermeneutik der Ekklesiologie des I. Vatikanums auf den Briefwechsel zwischen dem Reichskanzler Bismarck, den deutschen Bischöfen und Pius IX.[37] zurückgreifen muss, dann ist es, um die gegenwärtige Rezeption des II. Vatikanums zu werten, ebenso angezeigt, zusammen mit der Rezeption durch die Bischöfe, die Bischofskonferenzen und

---

[35] Vgl. Giuseppe Alberigo, „Il concilio Vaticano II e le trasformazioni culturali in Europa", in: Transizione epocale. Studi sul concilio Vaticano II. Prefazione di Karl Lehmann, Il Mulino Bologna 2009, 601–627.

[36] Vgl. Alberto Melloni (Ed.), Vatican II in Moscow (1959–1965), Leuven: Bibliotheek van de Faculteit Godgeleerdheid, 1997; Alberto Melloni, L'altra Roma. Politica e S. Sede durante il Concilio Vaticano II (1959–1965), Il Mulino, Bologna 2000.

[37] Vgl. Klaus Schatz, Storia dei concili: la Chiesa nei suoi punti focali, EDB, Bologna 1999, 218–220 (dt. Ausgabe: Allgemeine Konzilien – Brennpunkte der Kirchengeschichte, Paderborn 1997, 2008); DH 3112–3117.

die theologischen Fakultäten auch die Reaktionen der jüdischen Kommunität, die Initiative der deutschen Kanzlerin, der Protestantin Angela Merkel, und die darauf folgende Präzisierung von Benedikt XVI. zu betrachten.[38] Vor zwanzig Jahren hat Hermann Josef Pottmeyer sich gefragt, ob das II. Vatikanum im Lichte des I. Vatikanums gelesen werden müsse, oder ob das I. Vatikanum im Licht des II. Vatikanums zu lesen ist.[39] Das Moment der „politischen Rezeption" des II. Vatikanums vom Anfang des Jahres 2009 scheint diese Frage nach der Beziehung zwischen den beiden letzten Konzilien definitiv gelöst zu haben. Es hat die zeitgenössische Kirche an ein wesentliches Element der Konzilshermeneutik erinnert: Das II. Vatikanum wurde *nach* dem 2. Weltkrieg und der Shoa und nicht *vor* der Milleniumsfeier abgehalten. Die tiefsten Sachverhalte des Konzils sind nicht verständlich, wenn es verstohlener Weise politisch-kirchlichen Agenden dienstbar gemacht wird, insbesondere wenn diese losgelöst sind von einem Einsehen in die historische, politische, kulturelle Tiefe des Übergangs des Katholizismus vom „langen 19. Jahrhundert" in die konziliare Periode der Mitte des 20. Jahrhunderts, eine historische Tiefe, die nicht nur theologisch auszuloten ist.

Die Erklärungen der deutschen Kanzlerin Angela Merkel zusammen mit jenen großer Sektoren der Kirche wie der öffentlichen Meinung der Welt haben dazu beigetragen – neben der Theologie und der Konzilsgeschichtsschreibung – den Stab über eine selbstbezügliche und unsensible Weise der Konzilsrezeption zu brechen, welche in den letzten zwei Jahrzehnten eilfertig benutzt worden ist, um einige Charakteristiken des jüngsten Katholizismus – darunter den Triumphalismus der katholischen Bewegungen – durch den Zoll zu schmuggeln.[40]

---

[38] S. die Erklärung von Angela Merkel, 4. Febr. 2009, auf die wenige Stunden später das Vatikanische Staatssekretariat mit einer Note antwortet, die feststellt, dass jede kanonische Anerkennung der Lefebvre-Bischöfe von Seiten des Heiligen Stuhles an die „nicht dispensierbare Bedingung" einer „vollen Anerkenntnis des II. Vatikanischen Konzils und des Lehramtes der Päpste Johannes XXIII., Pauls VI., Johannes Pauls I., Johannes Pauls II. und Benedikts XVI. selbst"geknüpft ist.
[39] „Ist das II. Vatikanum im Licht des I. Vatikanums zu lesen oder ist das unmittelbare Gegenteil der Fall oder wird die noch unerreichte Versöhnung der beiden Konzilien die Notwendigkeit einer weiterer Etappe in der Entwicklung des kirchlichen Selbstverständnisses erweisen?": Hermann Joseph Pottmeyer, A New Phase in the Reception of Vatican II: Twenty Years of Interpretation of the Council, in: Giuseppe Alberigo, Jean-Pierre Jossua, Joseph A. Komonchak (ed.), The Reception of Vatican II, Washington D.C.: Catholic University of America Press 1987, 27–43, hier 33. Auf die gleiche Frage ist Pottmeyer mehrfach zurückgekommen, auch in: Die Rolle des Papsttums im Dritten Jahrtausend, QD 179, Freiburg i. Br. 1999.
[40] Vgl. Massimo Faggioli, Breve storia dei movimenti cattolici, Carocci, Roma 2008;

4. Momente der Konzilsrezeption zwischen 1959–2009

Der Tod von Johannes Paul II. – dem letzten Konzilsvater des II. Vatikanums, der zum Bischof von Rom gewählt wurde – und die Wahl Benedikts XVI. bilden zweifelsohne zwei wichtige Momente im kulturellen und theologischen Panorama des zeitgenössischen Katholizismus, vor allem aber in Bezug auf die Debatte zur Hermeneutik des II. Vatikanums.[41] Von seiner Wahl im April 2005 an hat Benedikt XVI. die Debatte über die Rolle des II. Vatikanums neu entzündet, das lange Zeit nur in einer „nominalistischen" Weise in breiten Bereichen der katholischen Kirche angenommen war: Er hat diese Debatte mit einer Diskussion über das Erbe des Konzils für die zeitgenössische Kirche und die westliche Kultur verbunden.

Auch aus diesem Grunde ist jeder Versuch unfruchtbar, die gegenwärtige Debatte über das Konzil so zu führen, dass man von der politischen Orientierung der Interpreten des II. Vatikanums auf der einen Seite und auf der anderen Seite von einem Bewusstsein der langfristigen politisch-kulturellen Konsequenzen absieht, die eine minimierende oder „kontinuistische" Deutung des II. Vatikanums mit sich bringen.

Die gegenwärtige Politik des Heiligen Stuhles, geleitet von Benedikt XVI. hat, so scheint es, der Titelrolle Woityłas auf der politischen Weltbühne den Rücken gekehrt, aber auch dem Bewusstsein von der „globalen Politik des Konzils". Der Fall der Aufhebung der Exkommunikation für die Lefebvre-Bischöfe bekräftigt dies erneut. Auf der anderen Seite scheint sich die Zurückweisung der Idee einer möglichen Diskontinuität des II. Vatikanums in Bezug auf die voraufgehende katholische Tradition mit einer deutlichen Diskontinuität des gegenwärtigen Pontifikats in Bezug auf dasjenige Johannes Paul II. vor allem im Hinblick auf die politische Sensibilität des Katholizismus für die Weltbühne zu vermählen.[42]

---

ders., Council Vatican II between Documents and Spirit:The Case of „New Catholic Movements", in: Proceedings of the University of Southern California conference, 27–28 February 2009 (erscheint demnächst).

[41] Vgl. Massimo Faggioli, „Concilio Vaticano II: bollettino bibliografico (2000–2002)", in: Cristianesimo nella Storia, XXIV/2 (2003), 335–360; ders., „Concilio Vaticano II: bollettino bibliografico (2002–2005)", in: Cristianesimo nella Storia, XXVI/3 (2005), 743–767; ders., „Council Vatican II: Bibliographical Overview 2005–2007", in: Cristianesimo nella Storia XXIX/2 (2008), 567–610.

[42] Vgl. Massimo Faggioli, „La politica estera della Santa Sede", in Il Mulino, 6/2006, 1137–1146. Zur Beziehung Benedikts XVI. zur Politik cfr. Hansjürgen Verweyen, Joseph Ratzinger – Benedikt XVI. Die Entwicklung seines Denkens, Primus, Damstadt 2007, insbes.11–78.

Am Ende der 50er Jahre war die Entscheidung, „die konstantinische Ära" (so definiert von Marie-Dominique Chenu)[43] zu den Akten zu geben, eine Wendung, die in der Biographie von Angelo Giuseppe Roncalli – Johannes XXIII.[44] – aufgekeimt war und in den Jahren des Konzils zur Reife gebracht wurde. Das Ende der konstantinischen Ära zeigte schrittweise alle ihre Implikationen während des II. Vatikanischen Konzils: die universale katholische Identität der Kirche erwies sich als notwendige Voraussetzung für eine Kultur des Dialogs, des Dialogs zwischen den Kulturen und den politischen Ideologien. Es war eine theologische Wahl, die im Zentrum der katholischen Kirche herangereift war. In ihrer politischen und diplomatischen Deklination setzte sie der Durchführung des neuen kollegialen Bildes der Kirche einige Grenzen und stellte mehrfach die Notwendigkeit, die Begünstigten dieser Politik des Dialogs mit dem kommunistischen Osten zu „überzeugen" und die Schwierigkeiten heraus, diese Politik den nationalen Katholizismen (wie dem polnischen und deutschen, aber aus unterschiedlichen Motiven) akzeptabel zu machen.[45]

In der unmittelbaren nachkonziliaren Periode ließen der Doppelsinn des jüngsten Lehramtes in Bezug auf den „gerechten Krieg" und die „Reinigung des Gedächtnisses"[46] keinen Zweifel an der effektiven Diskontinuität (und zwar im Blick auf die dem Konzil voraufgehende Periode wie auch im Blick auf die nachfolgende Periode des Konzils), eine Diskontinuität der Handlungen und Symbole, zusätzlich zur Diskontinuität der Worte des Heiligen Stuhles unter Paul VI. und Johannes Paul II. in Bezug auf die Konzeption der Globalität und der Bedeutung der Religionen für den Weltfrieden.[47]

---

[43] Vgl. Marie-Dominique Chenu, „La fin de l'ère constantinienne", in: Un concile pour notre temps, Cerf: Paris 1961, 59–87.
[44] Vgl. beispielsweise, Angelo Giuseppe Roncalli – Giovanni XXIII, Tener da conto. Le agendine di Bulgaria, 1925–1934, Massimo Faggioli (Ed.), Fondazione per le scienze religiose, Bologna 2008; ders., La mia vita in Oriente. Agende del delegato apostolico, I. 1935–1939, Valeria Martano (Ed.), Fondazione per le scienze religiose, Bologna 2006.
[45] Vgl. Hans-Jakob Stehle, Die Ostpolitik des Vatikans 1917–1975, München-Zürich: Piper, 1975; Karl-Joseph Hummel (Hg.), Vatikanische Ostpolitik unter Johannes XXIII. und Paul VI. 1958–1978, Ferdinand Schöningh, Paderborn 1999; Alberto Melloni (Ed.), Il filo sottile. L'Ostpolitik vaticana di Agostino Casaroli, Il Mulino, Bologna 2006.
[46] Vgl. Daniele Menozzi, Chiesa, pace e guerra nel Novecento. Verso una delegittimazione religiosa dei conflitti, Il Mulino, Bologna 2008; Giovanni Miccoli, In difesa della fede. La Chiesa di Giovanni Paolo II e Benedetto XVI, Rizzoli, Milano 2007.
[47] Diese Frage wird stark unterstrichen von Andrea Riccardi, Governo carismatico: 25 anni di pontificato, Mondadori, Milano 2003, und unterbewertet von George Wei-

In der Zeit des gegenwärtigen Pontifikats scheinen die nicht zurückgewiesenen höfischen Huldigungen der „frommen Atheisten", der Neokonservativen und der Theo-Traditionalisten (vor allem italienische und nordamerikanische) darauf aus zu sein, der internationalen Ausrichtung, die dem nachkonziliaren Katholizismus von Paul VI. und Johannes Paul II. gegeben worden ist, ein Ende zu bereiten bzw. die Wendung der 60er Jahre zu beenden: Es war eine kulturelle und theologische, viel mehr als eine politische und diplomatische Wendung, deren epochale Bedeutung weniger als ein Jahrhundert nach dem Verlust der zeitlichen Macht des Papstes von einigen westlichen Staaten bereits während des II. Vatikanums erkannt wurden.

In einer, im engeren Sinne politisch-diplomatischen Sicht zeigt sich deutlich, dass eine Reihe von jüngeren Interpretationen des II. Vatikanums (und die Konsequenzen dieser Interpretation auf der Ebene der „vatikanischen Politik" im weiten Sinn) nicht die Kosten einer solchen Verzichtshaltung oder eines solchen Skeptizismus der katholischen Kirche auf der internationale Bühne in Bezug auf den Dialog zwischen den Kirchen und den Religionen in Rechnung stellen, und dies nachdem in den letzten Jahrzehnten das römische Papsttum, das konziliare und nachkonziliare, bei seinen Gesprächspartnern, auch bei den weitest entfernten oder feindseligsten, Erwartungen und Vertrautheiten geschaffen hat. Aus einer mehr theologisch-hermeneutischen Sicht hat die gegenwärtige Vision der Rolle der Kirche in der Welt direkte Konsequenzen in Bezug auf die Weise, wie das Konzil gelesen wird. Der Fall Lefebvre ist die Bestätigung dafür.

In anderen Worten: sowohl die „Diskontinuität des Konzils" in Bezug auf die voraufgehende Periode (im Hinblick auf das Verhältnis zwischen Kirche und Demokratie, die Kollegialität und Synodalität, die Religionsfreiheit, den Ökumenismus, den interreligiösen Dialog) wie die die Diskontinuität in der politischen Interpretation des II. Vatikanums (von der weiten und manchmal nominalistischen Vision des II. Vatikanums von Seiten Johannes Paul II. bis zu der wesentlichen einschränkenderen von Benedikt XVI.) haben politische Auswirkungen, und sie stellen zugleich die Existenz eines nicht zu leugnenden „konstitutionellen Kerns" innerhalb des II. Vatikanums unter Beweis. Dieser konstitutionelle Kern des II. Vatikanums ist ein Kern, den die politischen Akteure (hier in einem weiten Sinn genommen: politische Führer, Par-

---

gel, Witness to Hope: The Biography of Pope John Paul II, New York: Cliff Street Books, 1999, 2005.

lamentarier, öffentliche Meinung, religiöse und kulturelle Gemeinden, die außerhalb und innerhalb des Katholizismus aktiv sind), die mit der Kirche Austausch pflegen, als definitiven und nicht mehr in Frage zu stellenden Erwerb ansehen. Diese Akteure leisten so einen Beitrag – auch wenn er indirekt und vielleicht unbewusst ist – zur Debatte über das II. Vatikanum, denn es sind sie, die am sensibelsten auf diesen konstitutionellen Kern des Konzils achten, der vom Lefebvre-Schisma zurückgewiesen wird.

Die Elemente dieses Kerns sind die Entdeckung der Demokratie und des Wertes der Partizipation, der Repräsentativität und der Mitentscheidungen,[48] auch innerhalb der Kirche, als Wiederentdeckung des Sensus fidelium[49]; die Wertung der modernen Freiheit, ein Jahrhundert nach dem Syllabus von Pius IX.; die volle Wertschätzung der Beziehung zwischen Geschichtlichkeit und Kirche, und nicht nur deren mühselige Tolerierung; die Kontrolle des Verhältnisses zwischen Autorität des Lehramtes der Kirche und der Ideologien (des Antikommunismus wie des Antiliberalismus), die Aneignung der Lektion über die tragische Erfahrung des zweiten Weltkriegs auf einem hohen Niveau, und vor allem auch die Verbindung zwischen den Ursprüngen der antijüdischen Kultur der Christenheit und dem rassistischen Antisemitismus wie der Geschichte der Shoa in Europa.[50] In anderen Worten: Wenn man die jüngsten Debatten über die Rolle des II. Vatikanums in der katholischen zeitgenössischen Kirche analysiert, speziell von 2005 an, dann kann man nicht umhin festzustellen, dass die Erklärung *Nostra aetate* über die Beziehung der Kirche zu den nichtchristlichen Religionen,[51] die Erklärung *Dignitatis humanae* über die Reli-

---
[48] Vgl. Massimo Faggioli, Alberto Melloni (Eds.), Repraesentatio: Mapping a Keyword for Churches and Governance. Proceedings of the San Miniato International Workshop (October 13–16 2004), Münster. LIT, 2006.
[49] Vgl. Ormond Rush, The Eyes of Faith. The Sense of the Faithful and the Church's Reception of Revelation, Washington: The Catholic University of America Press, 2009.
[50] Vgl. Peter Hünermann, Thomas Söding (Hg.), Methodische Erneuerung der Theologie. Konsequenzen der wieder entdeckten jüdisch-christlichen Gemeinsamkeiten, QD 200, Freiburg i. Br. 2003.
[51] Vgl. Philip A. Cunningham, Norbert J. Hofmann, Joseph Sievers (eds.), The Catholic Church and the Jewish people: Recent Reflections From Rome, New York: Fordham University Press, 2007; Neville Lamdan and Alberto Melloni (eds.), Nostra aetate: Origins, Promulgation, Impact on Jewish-Catholic Relations, Berlin: LIT, 2007; J. Sinkovits, U. Winkler (Hrsg.), Weltkirche und Weltreligionen. Die Brisanz des Zweiten Vatikanischen Konzils 40 Jahre nach Nostra Aetate, Innsbruck: Tyrolia, 2007; H. Henrix (Hrsg.), Nostra aetate – Ein Zukunftsweisender Konzilstext. Die Haltung der Kirche zum Judentum 40 Jahre danach, Aachen: Einhard Verlag, 2006.

gionsfreiheit[52] und die Konstitution *Gaudium et spes* über die Kirche in der gegenwärtigen Welt[53] in einer besonderen Weise die Fragen des II. Vatikanums repräsentieren. Auf der anderen Seite ist es unmöglich, die drei „Themen der Themen", das heißt jene Grundfragen des Konzils, die John O'Malley kürzlich aufgewiesen hat – die Veränderung in der Kirche, die Beziehung zwischen Zentrum und Peripherie der Kirche, das Konzil als sprachliches und stilistisches Ereignis des Katholizismus – in ihrer engen Verbindung zu negieren, noch lässt sich übersehen, dass die Negation eines dieser Elemente unmittelbar die Sterilisierung der anderen zwei mit sich führt.[54] Zu den Elementen einer epochalen Wandlung durch das II. Vatikanum gehört sicherlich auch eine Veränderung der Kategorien des Denkens, welche – um zwei Beispiele zu zitieren – einen exegetisch-kritischen modernen Zugang zur Interpretation der Schrift und eine Beziehung zwischen Papst, Bischöfen und Laien voraussetzen, die – auch unter dem Gesichtspunkt der institutionellen Konkretisierung – der Freiheit und Verantwortlichkeit entsprechen. Aus dieser epochalen Wandlung ergibt sich eine Form des Glaubens, die – um kommunikabel und bezeugbar in der Welt zu sein – sich in der Form „Kirche-Welt" artikulieren muss.[55]

Es ist evident, dass die epochalen Veränderungen, die mit dem II. Vatikanischen Konzil einhergegen, nicht nur eine Auswirkung auf das innere Leben der Kirche haben. In Wirklichkeit haben sie eine unmittelbare Wirkung auch in Bezug auf die Zeitgenossenschaft der Kirche, und zwar ebenso im Blick auf die politisch-kulturelle Beurteilung wie in Bezug auf die Substanz des Daseins der Kirche in der zeitgenössischen Welt. Alle diese Elemente gehören zur kulturellen Diskontinuität des II. Vatikanums, sie fallen – werden sie zurückgewiesen – mit der antikonziliaren Kultur des Lefebvre-Schismas zusammen. Sie korrespondieren dem konstitutionellen Kern des II. Vatikanums.

Deshalb gilt: die Beziehung zwischen der Deutung des II. Vatikanischen Konzils und der Politik seiner Ausleger (politische In-

---

[52] Vgl. Silvia Scatena, La fatica della libertà. L'elaborazione della dichiarazione „Dignitatis humanae" sulla libertà religiosa del Vaticano II, Il Mulino, Bologna, 2004.
[53] Vgl. Giovanni Turbanti, Un Concilio per il mondo moderno. La redazione della costituzione pastorale „Gaudium et spes" del Vaticano II, Il Mulino, Bologna, 2000.
[54] Vgl. O'Malley, What Happened at Vatican II, 309–311.
[55] Vgl. Karl Rahner, Der Welt der Weltkirche. Die dritte Epoche der Kirchengeschichte hat begonnen, in: Ders., Horizonte der Religiosität. Kleine Aufsätze, Georg Sporschill (Hg.), Wien: Herold, 1984, 119–123. Vgl. auch Giuseppe Alberigo, „Transizione epocale", in: Storia del concilio Vaticano II, vol. V, Il Mulino, Bologna 2001, 577–646.

terpreten, die zum Klerus oder zu den Laien gehören) anzuerkennen, das bedeutet in erster Linie die Notwendigkeit eines Studiums der politischen Kultur des II. Vatikanums anzuerkennen und an zweiter Stelle, über die Unmöglichkeit zu reflektieren, hinter wesentliche Elemente dieser politisch konstitutionellen Kultur des II. Vatikanums zurückzukehren.[56] Dies bedeutet nicht, der Versuchung einer neuen „konstantinischen" Ära zu erliegen und impliziert auch nicht, sich den Sirenenklängen einer „Zivilreligion" auszuliefern. Es geht auch nicht darum, das Wort Böckenfördes zu verkehren, um so eine Kirche zu charakterisieren, die von juridisch-konstitutionellen Voraussetzungen lebt, die sie nicht garantieren kann,[57] noch bedeutet dies, einer zeitlichen Priorität der Aneignung von einigen juridisch-politischen Grundprinzipien in Bezug auf Christentum und politische westliche Kultur nachzujagen. Noch viel weniger heißt dies, das Christentum an seine westliche Wiege auszuhändigen, gleichsam als Morgengabe an die Sänger des neukonservativen Denkens.[58] Es handelt sich vielmehr darum, sich bewusst zu werden, wie heute die Beziehung zwischen Katholizismus und zeitgenössischer Gesellschaft im Umfeld und dank des Konzils und insbesondere im Umfeld seines „konstitutionellen Kerns" der Diskontinuität funktioniert und wie dieses Verhältnis ein einflussreicher „Beobachter"[59] bei der gegenwärtigen Debatte über die Interpretation des II. Vatikanums ist.

---

[56] Vgl. die grundlegenden Reflexionen von Gilles Routhier über die Erfahrungen der lokalen Rezeption des II. Vatikanums Anm. 62 und zur Entwicklung der Konzilsidee: vgl. Hermann Josef Sieben, Katholische Konzilsidee im 19. und 20. Jahrhundert, Schöningh: Paderborn, 1993.

[57] Das Böckenförde-Wort: „Der freiheitliche, säkularisierte Staat lebt von Voraussetzungen, die er selbst nicht garantieren kann" – entstammt einem Beitrag von 1967, Die Entstehung des Staates als Vorgang der Säkularisation, jetzt abgedruckt in: Ernst Wolfgang Böckenförde, Kirche und christlicher Glaube in den Herausforderungen der Zeit: Beiträge zur politisch-theologischen Verfassungsgeschichte 1957–2002, Münster: LIT, 2004, 213–230.

[58] Einige Beispiele für diese Tendenz bieten: Flavio Felice, Neocon e teocon. Il ruolo della religione nella vita pubblica statunitense. Prefazione di George Weigel, Rubbettino, Soveria Mannelli 2006; Joseph Ratzinger – Benedict XVI and Marcello Pera, Without Roots: The West, Relativism, Christianity, Islam. Foreword by George Weigel, New York: Basic Books, 2006. S. auch die Rezension von Richard John Neuhaus, der Bände von John O'Malley und Lamb-Levering mit dem Titel: What Really Happened at Vatican II, publiziert in der Zeitschrift „First Things" (October 2008).

[59] Der Verfasser spielt hier auf die einflussreichen Beobachter während des II. Vatikanischen Konzils an, evangelische und orthodoxe Theologen und Kirchenleiter, jüdische, muslimische, politische Beobachter, wie die Angehörigen der Medien.

5. Für ein Studium der politischen und kulturellen Rezeption des Konzils

Wenn es wahr ist, dass das Konzil „weder die Verfassung der Kirche geworden ist, noch die Liste der vergessenen Dinge (...), so war und ist es doch eine dynamische Realität"[60], und so scheint es trotz dieser Beobachtungen legitim, und zwar im Licht der internationalen Reflexe des Falles Lefebvre, festzustellen, dass das II. Vatikanum sich in einer allseits anerkannten Weise als eine entscheidungsscharfe Instanz für die Akzeptanzmöglichkeit des römischen Katholizismus im Raum der politischen und sozialen Kultur der Gegenwart erwiesen hat: Für die westliche Kultur, aber auch – in einer besonderen Weise – in einer Situation einer neu versuchten Europäisierung des Katholizismus – im Hinblick auf seine Interaktionspotentiale mit nicht-europäischen und nicht-westlichen Kulturen.

Wenn das Jahr 2006 – nach der Rede in Regensburg – die Bedeutung hatte, Nostra aetate für die Beziehung zum Islam neu zu entdecken,[61] dann kann das Jahr 2009 eine Etappe im Bewusstwerdungsprozess des Wertes des Konzils für das Verhältnis Kirche-Judentum bedeuten. Die Reise Benedikts XVI. ins Heilige Land im Mai 2009 hat diese Erwartungen zum Teil enttäuscht. Aber jenseits der Reaktionen gegen den Antisemitismus (der nicht zufällig zu einem guten Teil ein Zwilling der antikonziliaren Kultur ist) ist es in einer weitergefassten Perspektive evident, dass der 50. Jahrestag der Ankündigung des Konzils und die Reaktionen auf die Aufhebung der Exkommunikation der Lefebvre – Bischöfe sich als ein „Moment der Rezeption" des II. Vatikanums darstellen[62]: einer kirchlichen, aber auch einer politisch-kulturellen Rezeption des Konzils, welche die nachkonziliare Geschichte ausmacht und welche die „Kontinuitäts-Interpreten" des Konzils ignorieren oder zur Seite schieben, indem sie eilfertig diese Rezeption typisch nord-westlichen Phänomenen zuordnen, wie die Ereignisse von 1968 und die Säkularisierung.

---

[60] Alberto Melloni, „Breve guida ai giudizi sul Vaticano II", in: Chi ha paura del Vaticano II?, 107–145, hier: 132.
[61] Vgl. Alberto Melloni, Da Nostra aetate ad Assisi '86. Cornici e fatti di una ricezione creativa del concilio Vaticano II, in: Convivium Assisense 9(2007)/1, 63–89.
[62] Zur Rezeption des II. Vatikanums vgl. man die Studien von Gilles Routhier von: La réception d'un concile, Paris, Cerf, 1993 bis: Il Concilio Vaticano II. Recezione ed ermeneutica, Vita e Pensiero, Milano 2007 (or.: Vatican II. Herméneutique et réception, Fides, Montréal 2006).

Aus diesem Faktum der Rezeption ergibt sich, dass – wenngleich das II. Vatikanum schwerlich die Rolle einer „positiven Verfassung" im *klassisch-juridischen* Sinn für die Kirche besitzt – sich gleichwohl derjenige, der das Konzil zurückweist, als gleichsam von selbst, automatisch, auf die „außerparlamentarische" und „außer-konstitutionelle" Ebene der Kirche begibt, insbesondere in den Augen jener, die sie von außen beobachten: in Politik, Kultur, internationalen Beziehungen, in den Augen von Mann und Frau unserer Zeit. In diesem Sinn wirkt das II. Vatikanische Konzil sicherlich wie ein konstitutioneller Text für die Kirche des II. Vatikanums. Dies gilt in einer besonders offensichtlichen Weise für die Garantie der Verpflichtung zum interreligiösen Dialog und mit dem Judentum, für die Anerkennung der Gewissensfreiheit wie für den Schutz der religiösen Freiheit; für die Verpflichtung zum Ökumenismus und zum Frieden zwischen den Völkern. Der „dialogische" Stil der Konzilsdokumente drückt einen Wertgehalt aus, der als konstitutiv und konstitutionell für das II. Vatikanum zu bezeichnen ist, und den man nicht auf einen illusorischen Optimismus, wie er für die Kultur der 60er Jahre typisch gewesen sei, zurückführen kann.[63]

Dass das Konzil die „konstitutionelle Garantie" des zeitgenössischen Katholizismus, insbesondere in Bezug auf die westliche Kultur geworden ist, ist nicht schwierig anzuerkennen. Die „kontinuistischen" (wenn nicht „revisionistischen") Lesarten des größten religiösen Ereignisses des 20. Jahrhunderts sind von einer ideologischen, theo-konservativen Sicht geprägt, welche in einem „identischen", vorkonziliaren „Ordungs-Christentum" den einzigen Ausweg aus einer westlichen Zivilisation in der Krise sieht. Aber es ist heutzutage evident, dass für die katholische, zeitgenössische Kirche das „Sich Befreien" vom II. Vatikanischen Konzil – in Einklang mit der politischen Agenda der neokonservativen und Theo-Traditionalisten auf beiden Seiten des Atlantik – mit der Konstruktion einer domestizierten und minimalisierten epochalen Bedeutung seiner Diskontinuitäten zu politisch-kulturellen Folgerungen führt, die in genau entgegengesetzte Richtung weisen als jene, welche sich die Think-Tank-Westler versprechen. Vor etwa 20 Jahren hat der konservative Politologe – allerdings deutlich zu unterscheiden von den Neo-Konservativen – Samuel Huntington darauf aufmerksam gemacht, dass die Demokratisierungsprozesse

---

[63] Zur Beziehung zwischen der Rhetorik der Dokumente des II. Vatikanischen Konzils und dem „Stil" des Katholizismus vgl. John W. O'Malley, The Style of Vatican II, in: „America" 24 February 2003.

im 20. Jahrhundert höchstwahrscheinlich mehr mit dem II. Vatikanischen Konzil als mit der Verbreitung des freien Marktes zu tun hatten.[64] Den Einfluss von äußeren Akteuren (und zwar weder kirchlichen, noch theologischen) auf die Debatte über die Rolle des Konzils in der Kirche anzuerkennen, führt unmittelbar dahin, die Existenz eines „konstitutionellen Kerns" im II. Vatikanum anzuerkennen. Dieses Element führt über eine sterile Disputation zwischen „Wort" und „Geist" des Konzils hinaus und kann eine Reflexion auf eine dritte Phase der Studien über das II. Vatikanum einleiten, welche nach einer ersten Phase der Kommentierung der Texte (zwischen den 60er und 80er Jahren) und einer zweiten Phase der historischen Rekonstruktion des Ereignisses (80er Jahre bis zum Jahr 2000) in der Lage ist, die Beziehung zwischen dem Konzil und den geschichtlich-kulturellen Bewegungen langfristiger Art auszuarbeiten, und zwar auf der Basis eines geschichtlichen Wissens um die endgültigen Texte des Konzils.

---

[64] Vgl. Samuel P. Huntington, The third wave: democratization in the late twentieth century, Norman; London: University of Oklahoma Press, 1991. Vgl. Massimo Faggioli, Vatican II comes of age, in „The Tablet", 11. April aprile 2009, 16–17.

VI.
Joseph Ratzinger/Benedikt XVI. und die Moderne

von Magnus Striet

I. Irritierende Entscheidungen

Die Erschütterungen, welche die Katholische Kirche rund um die Aufhebung der Exkommunikation von vier Bischöfen der Priesterbruderschaft St. Pius X. erfassten, waren sicherlich regional unterschiedlich ausgeprägt. Aber selbst wenn es stimmt, dass sich die Auseinandersetzungen auf die USA und einige Länder Westeuropas konzentriert haben sollten, sie hier andauern, so kann man daraus nicht schließen, dass diese Ereignisse ohne weltkirchliche Bedeutung sind.[1] Die Möglichkeit diskursiver Auseinandersetzung hängt eben auch von entsprechenden institutionellen Voraussetzungen ab; zumindest werden sie durch solche begünstigt. Zumal im deutschsprachigen Raum bieten sich institutionelle Möglichkeiten, die offene, auf die Sache konzentrierte Diskurse erlauben. Eine immer wieder zu hörende, besonders die deutsche Theologie relativierende Rhetorik, welche unausgewiesen, und das heißt: ohne inhaltlich-normative Kriterien zu benennen, „Defekte" in Theologie und Kirche insinuiert[2], geht an der Problematik vorbei.

---

[1] Dies gilt schon für das Zweite Vatikanische Konzil selbst. Es war sicherlich nicht nur, aber eben doch zumindest auch maßgeblich Impulsen aus der westeuropäischen Theologie ausgesetzt. Ohne diese Theologie zu erinnern, wäre die Gestalt, die das Konzil seinen Konstitutionen, Dekreten und Erklärungen gegeben hat, ja wäre schon die in der Dynamik der konziliaren Ereignisse erfolgte Identifikation mit Problemkonstellationen und deren Durchdringung historisch nicht rekonstruierbar. Eine solche historische Rekonstruktion kann freilich nicht dazu führen, in eins mit ihr die so erfassbar gewordenen normativen Ansprüche dieser Theologie als zeitbedingt zurückzuweisen. Die Unterscheidung zwischen historischer Genese und normativer Geltung ist auch im Kontext der gegenwärtig schwelenden Auseinandersetzungen innerhalb der katholischen Kirche anzuwenden. Der immer wieder zu beobachtende unmittelbare und voreilige Rekurs auf ein ius divinum in strittigen Fragen ist ein Indiz dafür, dass ein für die realisierte Moderne kennzeichnendes geschichtliches Denken, welches sich der Methode der Historisierung bedient, um so neu nach den bleibenden normativen Ansprüchen des Tradierten auf die Gegenwart zu fragen, nicht stattfindet.

[2] Vgl. H. Windisch, Das Elend der deutschen Kirche und ihrer Theologie. Ein

Zumal sich diese Rhetorik der institutionellen Möglichkeiten bedient, die sie in Frage stellt oder die sie gar offensiv bekämpft. In der medialen Dimension der Auseinandersetzung war es die unsägliche Holocaust-Lüge durch Bischof Richard Williamson, die die Aufhebung der Exkommunikation zu einem öffentlichen Skandal werden ließ. Eine differenziertere Beobachtung der Vorgänge führt jedoch zu dem Schluss, dass die durch die Aufhebung ausgelöste Debatte letztendlich ein Streit um die Hermeneutik des Zweiten Vatikanischen Konzils und damit eine Debatte um die Öffnung der Katholischen Kirche zur Neuzeit und zur Moderne darstellt. Man kann das Motiv Papst Benedikts XVI., einen Akt der Barmherzigkeit setzen zu wollen[3], durchaus respektieren – die Aufhebung der Kirchenstrafe der Exkommunikation der betreffenden Bischöfe musste einen Richtungsstreit innerhalb der Katholischen Kirche auslösen. Anderes war nicht zu erwarten. Schließlich gehörten diese erstens einer streng antimodern eingestellten Gruppe an, und zweitens handelte es sich, kirchenrechtlich betrachtet, bei der Exkommunikation als Tatstrafe lediglich um die Konsequenz eines selbstverschuldet schismatischen Aktes. Nicht zu vergessen ist, dass das eigentliche Motiv, das den damaligen Erzbischof Marcel Lefebvre dazu bewogen hat, bewusst unerlaubt Weihen vorzunehmen, darin bestand, dass er zentrale Beschlüsse des Zweiten Vatikanischen Konzils strikt ablehnte.[4]

---

kath.net-Kommentar vom 26. März 2009, in: http://www.kath.net/detail.php?id=22486 (zuletzt aufgerufen am 15.06.2009).

[3] Man kann aber auch nachvollziehen, dass man sich fragt, warum solche Akte der Barmherzigkeit nicht auch gegenüber anderen Gruppen möglich sein sollen. Es scheint nicht nur die Tragik der Betroffenen, sondern auch des kirchlichen Amtes zu sein, sich in diesen Fällen an ein ius divinum gebunden zu wissen. Gleichzeitig indiziert dieser immer wieder zu beobachtende Rekurs auf ein ius divinum ein gebrochenes Verhältnis wenn nicht ein Nicht-Verhältnis zum Diskurs der Moderne, zu dessen Eigenart es gehört, tradierte Wissensbestände und Normativitätskonzepte zu historisieren, um sie so im Durchgang durch ein kritisches Prüfverfahren neu bewerten zu können.

[4] Vgl. Marcel Lefebvres, 21.11.1974: „Wir hängen mit ganzem Herzen und mit ganzer Seele am katholischen Rom, der Hüterin des katholischen Glaubens und der für die Erhaltung dieses Glaubens notwendigen Traditionen, am Ewigen Rom, der Lehrerin der Weisheit und Wahrheit. Wir lehnen es hingegen ab und haben es immer abgelehnt, dem Rom der neu-modernistischen und neo-protestantischen Tendenz zu folgen, die klar im Zweiten Vatikanischen Konzil und in allen Reformen, die daraus hervorgingen, zum Durchbruch kamen. […] Keine Autorität, selbst nicht die höchste in der Hierarchie kann uns zwingen, unseren Glauben, so wie er vom Lehramt der Kirche seit neunzehn Jahrhunderten klar formuliert und verkündet wurde, aufzugeben oder zu schmälern […]. Da diese Reform [des Konzils, M.S.] vom Liberalismus und Modernismus ausgeht, ist sie völlig vergiftet. Sie stammt aus der Häresie, selbst dann, wenn nicht alle ihre Akte direkt häretisch sind! Daher ist es jedem wachen und treuen Katholiken unmöglich, diese Reform anzunehmen und sich ihr, in welcher Weise

Es ging ihm um die Rettung des seiner Ansicht nach wahrhaft Katholischen. Im Zweiten Vatikanischen Konzil sah er, völlig zu recht, den Versuch einer Neupositionierung der Kirche gegenüber einer veränderten Welt. Nicht weniger wurde in diesem Konzil vollzogen als die Abkehr von der streng antimodernen Einstellung der Katholischen Kirche. Von daher musste die – zunächst jedenfalls[5] – an keine Bedingung geknüpfte Aufhebung der Beugestrafe der Exkommunikation der vier von Erzbischof Lefebvre geweihten Bischöfe die Frage aufwerfen, ob diese Aufhebung entweder einem Richtungswechsel bezogen auf das Verhältnis des römischen Lehramtes zur Moderne gleichkomme oder aber ob damit einem Pluralismus in der Katholischen Kirche Raum gegeben werde, der von einem Relativismus kaum noch zu unterscheiden ist. Denn nicht-relativistisch verdiente die Aufhebung der Exkom-

---

auch immer, zu unterwerfen. Die einzige Haltung der Treue gegenüber der Kirche und der katholischen Lehre besteht um unseres Heiles willen in der kategorischen Weigerung der Annahme der Reform. Deshalb setzen wir unser Werk der priesterlichen Ausbildung vor ..." Zitiert nach J. Anzévui, Das Drama von Écône, Sitten 1976, 90f. Im Exkommunkationsdekret „Motu Proprio Ecclesia Dei" vom 2. Juli 1988 spicht Johannes Paul II. davon, dass die „Wurzel dieses schismatischen Aktes ... in einem unvollständigen und widersprüchlichen Begriff der Tradition zu suchen" sei: „unvollständig, da er den lebendigen Charakter der Tradition nicht berücksichtigt, die, wie das Zweite Vatikanische Konzil sehr klar lehrt, ‚von den Aposteln überliefert, ... unter dem Beistand des Heiligen Geistes einen Fortschritt kennt: es wächst das Verständnis der überlieferten Dinge und Worte durch das Nachsinnen und Studium der Gläubigen ...'" Im Schreiben von Bischof Fellay, in dem Papst Benedikt XVI. um die Aufhebung der Exkommunikation gebeten wird, findet sich keinerlei Hinweis, dass sich etwas an der ablehnenden Haltung dem Zweiten Vatikanischen Konzil gegenüber geändert hätte, ganz im Gegenteil: „Wir sind bereit, mit unserem Blut das Credo niederzuschreiben, den Antimodernisten-Eid und das Glaubensbekenntnis von Pius IV. zu unterzeichnen. Wir akzeptieren und machen uns alle Konzilien bis zum I. Vatikanum zu eigen. Aber wir kommen nicht umhin, in Bezug auf das II. Vatikanum unsere Vorbehalte zum Ausdruck zu bringen." Zit. nach Priesterbruderschaft St. Pius X. Mitteilungsblatt für den deutschen Sprachraum, Februar 2009, Nr. 361.
[5] Vgl. aber dann die „Note des Staatssekretariats zu den vier Bischöfen der Bruderschaft ‚St. Pius X.'", jetzt in: W. Beinert (Hg.), Vatikan und Pius-Brüder, Freiburg 2009, 237–239, 238. „Für eine künftige Anerkennung der Bruderschaft St. Pius X. ist die volle Anerkennung des Zweiten Vatikanischen Konzils und des Lehramtes der Päpste Johannes XXIII., Paul VI., Johannes Paul II. sowie Benedikt XVI. unerlassliche Bedingung." Das Dekret der Kongregation für die Bischöfe zur „Aufhebung der Exkommunikation von vier Bischöfen der Bruderschaft ‚St. Pius'" deutet zwar Gesprächsbedarf an, spricht aber nicht ausdrücklich vom Zweiten Vatikanischen Konzil – dem Grund des schismatischen Aktes. Dies musste deshalb irritieren, weil Bischof Bernard Fellay in seinem Schreiben vom 15. Dezember 2008 an S. Em. Kardinal Castrillón Hoyos davon spricht, dass die Bischöfe der Bruderschaft zwar die Lehren der römisch-katholischen Kirche „in kindlichem Gehorsam" annehmen wollen und dass diese „fest an den Primat Petri und an seine Vorrechte" glaubten, sich in diesem Schreiben aber keine Veränderung in der Haltung zum Zweiten Vatikanischen Konzil findet.

munikation nur dann genannt zu werden, wenn in den substantiellen Lehrfragen ein Konsens festgestellt wäre. Dazu würde dann auch gehören, dass das vom Zweiten Vatikanischen Konzil geforderte Lernverhältnis, welches die Kirche zur Welt und damit zur Moderne einzunehmen habe[6], von der Piusbruderschaft anerkannt würde. Wobei hinzuzufügen ist: Es ist kaum zu erwarten, dass sich das kirchliche Lehramt durch relativistische Standpunkte selbst aufzuheben gewillt ist. Auf das Zweite Vatikanische Konzil bezogen wird ein solcher Konsens aber zumindest von der Priesterbruderschaft mit Nachdruck bestritten. Im Kern der Auseinandersetzung um die Priesterbruderschaft geht es deshalb nicht nur um die vom Zweiten Vatikanischen Konzil vorgenommene Verhältnisbestimmung zur Moderne. Sondern es geht auch darum, ob diese Verhältnisbestimmung so Bestand hat, dass ein alles relativierender Pluralismus ausgeschlossen bleibt. Das von Joseph Ratzinger/ Benedikt XVI. immer wieder angemahnte Thema von Freiheit und Wahrheit[7] ist im Bewusstsein zu halten, soll nicht ein Beliebigkeitspluralismus im Raum der Kirche greifen. Dann aber ist zu fragen, was das Konzil gewollt hat, wie die Texte und die dort betriebene Verhältnisbestimmung zur Moderne zu interpretieren sind.

II. Probleme mit der Konzilsinterpretation

Die Auseinandersetzung um die Interpretationshoheit über das Zweite Vatikanische Konzil und damit um die Frage, welche Konzilsinterpretation rezipiert werden und in der Gestaltung der Zukunft leitend sein soll, ist so alt wie das Konzil selbst. Wenn nun unisono in den innerkirchlichen Auseinandersetzungen eine Anerkennung des Konzils gefordert wird, so bestätigt dies nur, dass seine Interpretation offen ist. Denn was es bedeutet, dass das Zweite Vatikanische Konzil ohne Abstriche anzuerkennen sei, scheint sehr unterschiedlich akzentuiert zu werden. Während sich für die einen die Anerkennung des Konzils primär an Prinzipien wie der Öffnung zur Welt, der Anerkennung der Religionsfreiheit, der Verpflichtung auf interreligiöse und ökumenische Dialoge, summa summarum in einer Verpflichtung auf den „Geist des Konzils"

---

[6] Vgl. Gaudium et spes 44. Zum Entwurf von GS 44 schrieb ein Konzilsvater erbost: „Omne bonum ab ecclesia!" Darum müsse der ganze Abschnitt gestrichen werden. Vgl. A. Grillmeier, Kirche und Welt. (Zum IV. Kapitel der Pastoralkonstitution „Gaudium et spes" des Vaticanum II), in: ThPh 43 (1968) 161–190, 187. Zur Bedeutung von GS 44 vgl. weiter unten.
[7] Vgl. J. Ratzinger, Freiheit und Wahrheit, in: IKaZ Communio 24 (1995) 527–542.

festmacht[8], so zeigt sich für die andern der wahre Geist des Konzils in ganz anderen Aussagen: der Betonung der Unfehlbarkeit des Bischofs von Rom, des Absolutheitsanspruchs des Christentums, der Anerkennung der kirchlichen Sexualmoral etc.[9] In den Augen der Lefebvristen bestätigt diese anhaltende Diskussion um den wahren Geist des Konzils, was sie zur Ablehnung des Konzils führte: Die Schwächung der päpstlichen Autorität durch eine Demokratisierung der Kirche, wobei natürlich zu fragen ist, wie sich die teils heftig-polemische Kritik an den Päpsten seit Pius XII. ihrerseits legitimiert. Gehört es zur Selbstdefinition der Moderne, dass ihre Individuen autonom über das entscheiden, was sie für richtig halten, so liegt bei der Piusbruderschaft insofern ein typisches ‚Modernitätsphänomen' vor, als auch in ihr das Prinzip einer vorbehaltlosen Anerkennung von Autorität nicht mehr gilt. Denn welche Tradition der Kirche Anerkennung findet, ist offensichtlich auch in der Piusbruderschaft nicht mehr allein dem jeweiligen Papst zur Entscheidung vorbehalten. Paradoxerweise handelt es sich deshalb bei der Piusbruderschaft, dem Zentrum des gegenwärtigen Antimodernismus in der Kirche, um ein Phänomen der ‚realisierten Moderne'. Da es sich aber um kein Phänomen reflexiver Moderne handelt, pocht die Piusbruderschaft auf Autorität. Faktisch stellt sie einen in sich gespaltenen normativen Antagonismus dar. Sie beansprucht Prinzipien der Moderne, die sie zugleich bekämpft.

---

[8] Vgl. etwa die Petition „Für die uneingeschränkte Anerkennung der Beschlüsse des Zweiten Vatikanischen Konzils". Erstunterzeichnung am 29.01.2009, jetzt in: W. Beinert (Hg.), Vatikan und Pius-Brüder, 234–236.
[9] R. Spaemann, Was heißt ‚Das Zweite Vatikanum annehmen'?, in: Deutsche Tagespost, 28.04.2009. Wie leicht sich die Autorität eines Konzils herunterspielen lässt, zeigt sich auch bei A. Kissler, Der Anfang eines Anfangs. Schlangenlinien: Die Akten des Zweiten Vatikanischen Konzils, in: Süddeutsche Zeitung. 24. März 2009, 14. Kissler meint lapidar konstatieren zu können, dass „die meisten Texte (des Konzils, M.S.) nur noch archäologisch von Belang" seien – „ebenso wie die Texte des Ersten Vatikanischen Konzils oder des Konzils von Trient." Die heutige Gegenwart lasse „sich mit den Begriffen von damals nicht aufschließen." Das sei „das Schicksal jeder Haltung, die auf der Höhe ihrer Zeit argumentiert." Man ist sich nicht sicher, was Kissler mit diesem Kommentar bezweckt. Will er mit der hermeneutischen Grundeinsicht, dass ein jedes Verstehen zeit- und kontextgebunden ist, die Bedeutung von Texten grundsätzlich relativieren? Geht er davon aus, dass es auch ein nichtzeitgebundenes Argumentieren gibt? Wenn aber ja: Wie unterscheidet man kriteriologisch ausgewiesen zeitgebunden von nichtzeitgebunden? Wer definiert die Kriterien? Angesichts der Nonchalance, mit der Kissler die Bedeutung der Texte des Zweiten Vatikanischen Konzils relativiert – kein Wunder, dass wieder einmal Gaudium et spes ins kritische Visier gerät und gleichzeitig konstatiert wird, dass aus den „Texten zur Liturgie und zur Kirche keineswegs jene bilderstürmende Haltung, die zu erwarten wäre", spreche –, könnte man sich zu der These versteigen, dass sich die Auslegungshoheit inzwischen in den Feuilletonkatholizismus verflüchtigt hat.

Der Staatsrechtler Carl Schmitt hätte diesen innerkirchlichen Streit der Interpretation um die Konzilshermeneutik und in eins damit um die Zukunft der Kirche vermutlich als Bestätigung seiner These gelesen, dass der Ausnahmezustand der Normalzustand, auch in der auf den freien Diskurs setzenden Moderne, ist – was umgekehrt bedeutet: Die zumindest relative Befriedung normaler Konfliktivität zeigt, dass es immer auch Autorität gibt, die es nicht nur vermag, die Konflikte zu befrieden, sondern dies mit dem Anspruch von Legitimität tut. Schmitts Politische Theologie reduzierte den Grund von Legitimität faktisch darauf, über den Ausnahmezustand entscheiden zu können: „Souverän ist, wer über den Ausnahmezustand entscheidet."[10] Carl Schmitt erkannte bekanntlich die historischen Wurzeln politischer Theologie in der Selbstinterpretation des römischen Katholizismus. Freilich reduziert sich die hier beanspruchte Legitimität nicht darauf, *faktisch* Autorität ausüben zu können. Vielmehr wird diese Autorität als Autorität göttlichen Ursprungs gedacht. Allerdings sind die Modalitäten der Ausübung einer solchen, theologisch legitimierten Autorität komplex austariert. Das Zweite Vatikanische Konzil hat zwar unmissverständlich den Lehr- und Jurisdiktionsprimat des Papstes betont, diesen aber zugleich an das Kollegium der Bischöfe und an die Kirche insgesamt gebunden.

Dies hat Konsequenzen sowohl für die Frage, wie über eine angemessene Konzilshermeneutik zu entscheiden ist und wer darüber entscheiden kann, als auch für die Frage, wann und unter welchen Bedingungen das päpstliche Lehramt überhaupt aus sich selbst heraus souverän agieren kann. Es könnte sein, dass die Ausübung dieses Lehramtes – und zwar insbesondere in der ordentlichen Form – dann, wenn es sich auf der Linie des Zweiten Vatikanischen Konzils vollzieht und sich, von diesem dazu aufgefordert, unter Modernitätsbedingungen reflektieren sollte, sich an prozessuale Reflexions- und Verständigungsformen bindet, die es hörend und rezeptiv werden lässt. Es ist das Bewusstsein, wie komplex die menschlichen Wissensbedingungen sind, das zumindest in der Pastoralkonstitution *Gaudium et spes* das Verhältnis von Kirche und Welt neu gestaltet. Man kann auch sagen: Die Kirche findet zurück in einen Prozess, der bereits in der Antike und im Mittelalter zu greifen ist. So übersieht eine undifferenzierte Hellenisierungsthese, dass es dem Glauben um die notwendige Selbsterfassung nach innen und seiner Vertretungsmöglichkeit nach außen in den Kulturen der Antike ging. Und auch die Synthesen, die der Glau-

---

[10] C. Schmitt, Politische Theologie, München ²1934, 11.

be mit dem Aristotelismus einging, aber auch dann mit der nominalistischen Wendung der Denkungsart verdanken sich dieser geschichtlich immer wieder neuen Forderung, die eigene Vernünftigkeit zu demonstrieren. Das Zweite Vatikanische Konzil ist mit seiner Öffnung auf die Moderne hin in diese große Linie der Kirche zurückgekehrt. Mit dieser Hypothese steht die Frage nach einer Hermeneutik des Konzils im Raum. Um die Anatomie der die Kirche immer wieder erschütternden Krisen verstehen zu können, wird im Folgenden ein Bogen gespannt werden müssen, der nicht nur ein historisches Verstehen des Konzils umfasst. Die Erschütterungen, die die Katholische Kirche rund um die Aufhebung der Exkommunikation der Bischöfe der Piusbruderschaft ereilte, deuten vielmehr auf das prekäre Verhältnis zumindest des kirchlichen Lehramtes zur modern gewordenen Welt hin. Wie sich zeigen wird, ist das Konzil einen historisch notwendigen Schritt auf die Moderne zugegangen. Aber die Konstellation könnte von einer ganz anderen Komplexität sein. Und es könnte sein, dass dies im Pontifikat Papst Benedikts XVI. nur besonders augenfällig wird.

III. Konfliktstoff Moderne – oder:
Immer wieder der „Geist des Konzils"

Die über Jahrzehnte anhaltende kommentierende Hermeneutik von Einzeldokumenten des Konzils, aber auch des immer wieder angeführten „Geist des Konzils" durch Joseph Ratzinger[11] kann hier nicht in allen Stufen rekonstruiert werden. Allerdings wird man es auch kaum als Zufall werten können, dass Joseph Ratzinger zeitlich eng verknüpft mit dem Beginn seines Pontifikats mit einer kaum anders denn als Grundsatzrede zu wertenden Ansprache „Aus dem Zweiten Vatikanischen Konzil große Kraft schöpfen für die stets notwendige Erneuerung der Kirche" anlässlich des Weihnachtsempfanges für das Kardinalskollegium und die Mitarbeiter der Römischen Kurie am 22. Dezember 2005 wiederum in den schwelenden Konflikt der Interpretationen um das Konzil eingriff.[12] Die Rede ist nicht nur deshalb interessant, weil

---

[11] Zum theologischen Denken J. Ratzingers insgesamt vgl. die Darstellungen von H. Verweyen, Joseph Ratzinger – Benedikt XVI. Die Entwicklung seines Denkens, Darmstadt 2007 und K.-H. Menke, Der Leitgedanke Joseph Ratzingers. Die Verschränkung von vertikaler und horizontaler Inkarnation (Nordrhein-Westfälische Akademie der Wissenschaften. Vorträge G 415), Paderborn u. a. 2008.

[12] Aus dem Zweiten Vatikanischen Konzil große Kraft schöpfen für die stets notwendige Erneuerung der Kirche. Ansprache von Papst Benedikt XVI. am 22. Dezember

Benedikt XVI. in der Frage einer „Hermeneutik der Reform" beziehungsweise einer „Hermeneutik der Diskontinuität und des Bruches" in ihr Stellung bezieht.[13] Sondern sie ist auch deshalb von zentraler Bedeutung, weil er sich darin nochmals dezidiert zum Phänomen der Moderne und in eins damit zum Problem der Religionsfreiheit äußert. Eine der angemahnten Aufgaben der Erneuerung der Kirche besteht offensichtlich darin, in ein angemessenes Verhältnis zur modern gewordenen Welt zu gelangen. Ein einfaches Zurückgehen hinter die Zeit des Konzils ist jedenfalls nicht intendiert. Bereits im Jahr 1975 hatte Joseph Ratzinger dies unterstrichen. Es gehe nicht darum, „daß das Konzil selbst zurückgenommen werden"[14] müsse. Eine Rückkehr zum Syllabus von 1864 könne es nicht geben.[15] Ratzinger ging damals so weit, den vielleicht umstrittensten Text des Konzils *Gaudium et spes* in Verbindung mit den Texten über die Religionsfreiheit und den Weltreligionen als „eine Revision des Syllabus Pius' IX., als eine Art Gegensyllabus"[16] zu bezeichnen. Aber auch wenn Ratzinger keinen Zweifel daran aufkommen ließ, dass seines Erachtens diese Neupositionierung der Kirche notwendig war[17], so zeigt er sich bereits früh ernüchtert über die nachkonziliaren Entwicklungen. Die Kirche des letzten Jahrzehnts, so Ratzinger 1975, sei nicht durch das Konzil,

---

2005 auf dem Weihnachtsempfang für das Kardinalskollegium und die Mitarbeiter der Römischen Kurie, in: L'Osservatore Romano. Deutsche Ausgabe 36 (2006), 13. Januar 2006, 9–11. Folgende Seitenzahlen im Text beziehen sich auf diese Rede.
[13] Benedikt XVI., Aus dem Zweiten Vatikanischen Konzil große Kraft schöpfen für die stets notwendige Erneuerung der Kirche. Weihnachtsempfang für das Kardinalskollegium und die Mitarbeiter der Römischen Kurie, 10. Zur Konzilshermeneutik Ratzingers vgl. auch die Ausführungen von K. Müller, Die Vernunft, die Moderne und der Papst, in: StZ 227 (2009) 291–306, bes. 297–300.
[14] J. Ratzinger, Theologische Prinzipienlehre, München 1982, 408.
[15] Ebd., 409.
[16] Ebd., 398.
[17] An der Notwendigkeit bestimmter Korrekturen hat Benedikt XVI. auch in der erwähnten Weihnachtsansprache im Jahr 2005 keinen Zweifel gelassen: „Das Zweite Vatikanische Konzil hat durch die Neubestimmung des Verhältnisses zwischen dem Glauben der Kirche und bestimmten Grundelementen des modernen Denkens einige in der Vergangenheit gefällte Entscheidungen neu überdacht oder auch korrigiert (!, M.S.), aber trotz dieser scheinbaren Diskontinuität hat sie ihre wahre Natur und ihre Identität bewahrt und vertieft." Ebd., 11. Zu grundlegenden Neuorientierung der Katholischen Kirche in ihrem Verhältnissen zu den Menschenrechten und insbesondere zum Recht auf Religionsfreiheit vgl. E.-W. Böckenförde, Der säkularisierte Staat. Sein Charakter, seine Rechtfertigung und seine Probleme im 21. Jahrhundert, in: F.J. Bormann/B. Irlenborn (Hg.), Religiöse Überzeugungen und öffentliche Vernunft. Zur Rolle des Christentums in der pluralistischen Gesellschaft (= QD 228), Freiburg 2008, 325–345, bes. 331.

sondern durch „die Verweigerung seiner Aufnahme" verwüstet worden. Die Aufgabe laute daher nicht „Aufhebung des Konzils, sondern Entdeckung des wirklichen Konzils und Vertiefung seines wahren Wollens im Angesicht des jetzt Erfahrenen."[18] Worauf sich der damals geäußerte Verdacht, eine gegen das wahre Wollen gerichtete Auslegung des Konzils, die zu den behaupteten Verwüstungen in der Kirche geführt habe, genau richtet, ist hier nicht die Frage. Die Vermutung liegt nahe, dass es nicht zuletzt Entwicklungen in der Praxis der Liturgie waren[19], aber auch neue Politisierungen der Theologie[20], die Ratzinger bereits zehn Jahre nach dem Ende des Konzils zu dieser schroffen Aussage motivierten. Mich interessiert die grundsätzlichere Frage, *wie die Moderne* und noch mehr: *welcher Begriff von Moderne* bei Joseph Ratzinger/Benedikt XVI. in den Blick kommt.[21]

---

[18] J. Ratzinger, Theologische Prinzipienlehre, 409.
[19] Vgl. J. Ratzinger, Aus meinem Leben. Erinnerungen (1927–1977), München 1988, 64: „Deswegen habe ich zu Beginn des Konzils den Entwurf der Liturgie-Konstitution, der alle wesentlichen Erkenntnisse der Liturgischen Bewegung aufnahm, als einen großartigen Ausgangspunkt für die Kirchenversammlung angesehen ... Daß die negativen Seiten der Liturgischen Bewegung hernach verstärkt wiederkehren und geradezu auf die Selbstzerstörung der Liturgie hindrängen würden, habe ich nicht vorauszusehen vermocht." Ratzinger scheint die nachkonziliare Liturgie vor allem im Verdacht zu haben, dass sie den Selbstmachbarkeitswahn der Neuzeit – so jedenfalls sein Grundbegriff der Neuzeit – wiederhole. So schreibt Ratzinger mit Bezug auf Romano Guardini (Von der Liturgie zur Christologie. Romano Guardinis theologischer Grundansatz und seine Aussagekraft, in: ders. (Hg.), Wege zur Wahrheit. Die bleibende Bedeutung Romano Guardinis, Düsseldorf 1985, 126), „die Bedrohung des religiösen Aktes in der sekundären Welt des Selbstgemachten hat ihn immer tiefer berührt". Als Gegenpol scheint Ratzinger eine von historischer und von menschlicher Kontingenz freie, aus sich selbst heraus ihren göttlichen Ursprung verbürgende Liturgie vor Augen zu haben. Vgl. entsprechend J. Ratzinger, Zur Lage des Glaubens. Ein Gespräch mit Vittorio Messori, München u. a. 1985, 130f. Die modernespezifische, historischem Denken verpflichtete Frage, ob dieser Sprung aus der Gegenwart heraus in eine Ursprünglichkeit nicht nur nicht ideologieverdächtig sein könnte, sondern nur das als ursprünglich und das heißt in diesem Fall: als nicht selbstgemacht gelten lässt, was dem eigenen Begriff von nicht selbstgemacht entspringt, bleibt außen vor.
[20] Zu seiner Kritik an der Befreiungstheologie vgl. vor allem ders., Die Theologie der Befreiung. Voraussetzungen, Probleme und Herausforderungen, in: Die Neue Ordnung 38 (1984) 285–295; vgl. auch J. Ratzinger, Europa in der Krise der Kulturen, in: M. Pera/J. Ratzinger, Ohne Wurzeln. Der Relativismus und die Krise der europäischen Kultur (ital. Original: Mailand 2004), Augsburg 2005, 62–85, 65: „Der politische Moralismus, wie wir ihn erlebt haben und erleben, öffnet nicht den Weg zur Regeneration, er verbaut ihn. Dasselbe gilt daher auch für ein Christentum und für eine Theologie, die die Mitte der Botschaft Jesu, das ,Reich Gottes' auf die ,Werte des Reiches' reduziert, diese Werte mit den großen Schlagworten des politischen Moralismus gleichsetzt und zugleich als die Synthese der Religionen verkündet, dabei aber Gott selbst vergisst, der doch das Subjekt und der Grund von Gottes Reich ist. Stattdessen bleiben große Worte (und Werte), die jedem Missbrauch offenstehen."
[21] Vgl. hierzu U. Ruh, Joseph Ratzinger – der Kritiker der Moderne, in: F. Meier-

Allerdings ist diese Frage auch nicht ausschließlich auf ihn zu konzentrieren. Schon bezogen auf das Konzil selbst ist die Frage zu stellen, welchen Begriff von Moderne es in seinem Annäherungsversuch an die Moderne hatte. Handelt es sich um einen historischen Epochenbegriff? Oder aber handelt es sich um einen Reflexionsbegriff vernünftiger Selbstverständigung, der sich zwar in einer bestimmten historischen Epoche durchsetzt, bei präziserer Betrachtung aber eine Form der Selbstreflexion und Selbstreflexivität vernünftigen Denkens meint, die in kritischer Selbstinversion immer wieder neu ihre Möglichkeiten und Grenzen in den Blick zu bekommen sucht? Eine Reflexionsform des Denkens, die sich zur Zeit des Konzils schon längst nicht mehr nur der transzendentalphilosophischen oder auch der phänomenologischen Methodik bediente, sondern auch der genealogischen Methode, um sich so für die geschichtliche Kontingenz ihrer Begriffe zu sensibilisieren? Es ist das Kennzeichen der Moderne, die heimlich wirkenden Diskurse in den Blick zu bekommen, die das menschliche Verstehen bestimmen. Das Verstehen ist grundsätzlich eingebunden in Diskurspraktiken. Ohne diese gäbe es kein Verstehen. Diese Diskurse sind aber immer auch durch Ökonomien der Macht bestimmt.[22] Deshalb geht es jedoch trotzdem nicht um die Abschaffung von Normativitätsdiskursen, sondern im Gegenteil, indem dieses aufgedeckt wird, um deren Eröffnung. Ob Menschen jemals vollständig autonom gegenüber geschichtlich generierten Machtansprüchen im Haus ihrer Begriffswelt werden, ist zweifelhaft. Aber es macht das Projekt der Moderne aus, die Arbeit daran immer wieder neu anzusetzen – und zwar im Interesse einer Freiheit, die diesen Namen verdient.

Es kann nicht ausgeschlossen werden, dass das Konzil im Vergleich zum Projekt der Moderne einen verkürzten Begriff von Mo-

---

Hamidi/F. Schumacher (Hg.), Der Theologe Joseph Ratzinger (= QD; 222), Freiburg u. a. 2007, 119–128.

[22] Dass sich – in diesem Fall bei Michel Foucault – die Dechiffrierung der Macht herrschender Diskurse im Interesse der Freiheit vollzieht, arbeitet P. Veyne eindrucksvoll belegt heraus. Vgl. ders., Foucault. Der Philosoph als Samurai, Stuttgart 2009 (Paris 2008), bes. 119. Vgl. auch J. Butler, Kritik der ethischen Gewalt. Erweiterte Ausgabe, Frankfurt 2007, 27: „Es ist ... an der Praxis der Kritik, die Grenzen des historischen Rahmens, mithin den epistemologischen und ontologischen Horizont offen zu legen, vor dem überhaupt Subjekte entstehen." Aber, ebd. 29: „Weder bringt die Norm das Subjekt als ihre notwendige Wirkung hervor, noch steht es dem Subjekt völlig frei, die Norm zu missachten, die seine Reflexivität in Gang setzt; unweigerlich ringt man mit den Bedingungen seines Lebens, die man sich nicht hätte aussuchen können." Von einem Determinismus kann mithin auch bei Butler keine Rede sein. Es geht vielmehr darum, insofern das Projekt Aufklärung fortzuschreiben, als die Politik historisch generierter Diskurse offengelegt werden muss, um allererst in die Möglichkeit selbstbestimmter Freiheit gesetzt zu werden.

derne im Blick hatte. Angesichts der zeitlichen Verzögerung, mit der sich die Katholische Kirche nach der strikt antimodernistischen Ausrichtung auf das Modernephänomen einließ, kann dies nicht verwundern. Dem historischen Blick zeigen sich Ungleichzeitigkeiten in der Debattenlage um den Beginn der Neuzeit, die von der voranschreitenden Moderne längst radikalisiert wurden. Deshalb kann auch nicht ausgeschlossen sein, dass sich die Kirche insgesamt noch viel entschiedener auf die Moderne einzulassen hat, als das Konzil dies vermochte, will sie tatsächlich in der Zeit ankommen. Der heftige Streit um die Piusbruderschaft ist vielleicht nur ein Symptom dafür, dass das Konzil vielleicht doch nur der Beginn eines Anfangs war. Um dies aber auch nur erfassen oder gar auf mögliche Konsequenzen für das Verhältnis von Glaube und Vernunft, Glaube und modern gewordener Welt diskutieren zu können, muss klarer werden, was unter dem Begriff der Moderne zu verstehen ist oder besser noch: jeweils verstanden wird.

IV. Wahrnehmung der Moderne bei Joseph Ratzinger/ Benedikt XVI.

Analysiert man die Weihnachtsansprache aus dem Jahre 2005, fällt eine Entscheidung, wie der Begriff der Moderne überhaupt gebraucht wird, schwer. Dort heißt es: „Wenn jemand erwartet hatte, daß das grundsätzliche ‚Ja' zur Moderne alle Spannungen lösen und die so erlangte ‚Öffnung gegenüber der Welt' alles in reine Harmonie verwandeln würde, dann hatte er die inneren Spannungen und auch die Widersprüche innerhalb der Moderne unterschätzt; er hatte die gefährliche Schwäche der menschlichen Natur unterschätzt, die in allen Geschichtsperioden und in jedem historischen Kontext eine Bedrohung für den Weg des Menschen darstellt. Diese Gefahren sind durch das Vorhandensein neuer Möglichkeiten und durch die neue Macht des Menschen über die Materie und über sich selbst nicht verschwunden, sondern sie nehmen im Gegenteil neue Ausmaße an: Dies zeigt ein Blick auf die gegenwärtige Geschichte sehr deutlich."[23] Unzweifelhaft ist die Neuzeit von einer Dialektik durchkreuzt, die unendlich viel Blut gekostet hat. Allerdings ist auf diese Dialektik hingewiesen zu haben nicht Alleinstellungsmerkmal der Kirche. Dass es nicht ein Dokument der Kultur gibt, das nicht zugleich eines der Barbarei ist, hatte Walter Benjamin bereits formuliert, bevor das Ungeheu-

---

[23] Benedikt XVI., Aus dem Zweiten Vatikanischen Konzil große Kraft schöpfen, 11.

erliche der Naziverbrechen vollends ans Tageslicht kam.[24] Und wenn Theodor W. Adorno die Katastrophe der ersten Natur, sinnbildlich geworden im Erdbeben von Lissabon, überschaubar nennt im Vergleich zu der „zweiten, gesellschaftlichen, die der menschlichen Imagination sich entzieht, indem sie die reale Hölle aus dem menschlich Bösen bereitete"[25], so kann man die gefährliche Schwäche der menschlichen Natur kaum drastischer beschreiben. Überdies weist Adorno auf die Verzweiflung der Überlebenden, die „drastische Schuld der Verschonten"[26], hin. Die Möglichkeit, wahrnehmen zu können, wozu der Mensch in der Lage ist, ja nicht nur dies: dies so moralisch sensibel wahrnehmen zu können, dass das Geschehene auch noch zur eigenen ‚Schuld' wird, ist kein moralisches Privileg der Kirchen oder auch der Gottgläubigen. Neben den Abscheulichkeiten, die die Moderne hervorgebracht hat, hat sie auch eine moralische Sensibilität hervorgebracht, die sich ausschließlich aus der Vernunft speist. Und es ist keineswegs ein moralisches Privileg der Christgläubigen oder auch anderer Religiöser, das komplexe Phänomen der Schuld als eigene Schuld definieren und übernehmen zu können; vielmehr ist dies in die Möglichkeit des Menschen überhaupt gelegt. Es mag zwar sein, dass religiöse Überlieferungen einen wesentlichen Anteil daran haben, dass eine moralische Sensibilität eingeübt wird. Und dennoch bleibt die Überzeugung, so Herbert Schnädelbach, dass man die Religion brauche, „damit hienieden nicht alles aus dem Gleis laufe", dass dann, „wenn Gott tot" ist, „alles erlaubt" sei, falsch. Und Schnädelbach weiter: „Dass die Würde des Menschen unantastbar ist, gründet weder in einem göttlichen Gebot noch in der Autorität unserer Überlieferung, sondern in unserer Selbstachtung und gegenseitigen Anerkennung als menschliche Wesen."[27] Die

---

[24] W. Benjamin, Über den Begriff der Geschichte, in: ders., Illuminationen. Ausgewählte Schriften. Ausgewählt von S. Unseld, Frankfurt 1977, 251–261, 254: „Es ist niemals ein Dokument der Kultur, ohne zugleich ein solches der Barbarei zu sein. Und wie es selbst nicht frei ist von Barbarei, so ist es auch der Prozeß der Überlieferung nicht, in der es von dem einen an den anderen gefallen ist." Dazu J. Habermas, Der philosophische Diskurs der Moderne. Zwölf Vorlesungen, Frankfurt 1988 (1985), 21–26, 26: „Die anamnetische Wiedergutmachung eines Unrechts, das sich zwar nicht ungeschehen machen, aber durch Eingedenken wenigstens virtuell versöhnen lässt, bindet die Gegenwart in den kommunikativen Zusammenhang einer universalen geschichtlichen Solidarität ein. Diese Anamnese bildet das dezentrierende Gegengewicht gegen die gefährliche Konzentration der Verantwortung, die das moderne, allein in die Zukunft gerichtete Zeitbewußtsein einer problematischen, gleichsam zum Knoten geschürzten Gegenwart aufgebürdet hat."
[25] Th. W. Adorno, Negative Dialektik, Frankfurt 1981, 354.
[26] Ebd., 356.
[27] H. Schnädelbach, In der Höhle des Löwen. Zur Diskussion zwischen Jürgen

sich selbst zum Maß nehmende Freiheit, die sich dann ganz bei sich selbst weiß, wenn sie dem anderen Menschen moralisch achtsam begegnet, bildet den Kristallisationspunkt neuzeitlicher moralischer Selbstreflexion. Entscheidend hierfür ist die schroffe, aber völlig berechtigte Polemik Kants gewesen, dass ein in moralischer Hinsicht „ein Nichtswürdiger" sei, wer andere Gründe brauche, um sich moralisch in Anspruch genommen zu wissen, als die Moral selbst.[28] An dieser Begründungsstruktur ändert sich auch dann

---

Habermas und Kardinal Ratzinger. Ein Nachtrag, in: ders., Religion in der modernen Welt, Frankfurt 2009, 147–152, 150f.

[28] Vgl. I. Kant, Kritik der Urteilskraft A 421: „Gesetzt also: ein Mensch überrede sich, teils durch die Schwäche aller so sehr gepriesenen Argumente, teils durch manche in der Natur und Sinnenwelt ihm vorkommende Unregelmäßigkeiten bewogen, von dem Satze: es sei kein Gott: so würde er doch in seinen eigenen Augen ein Nichtswürdiger sein, wenn er darum die Gesetze der Pflicht für bloß eingebildet, ungültig, unverbindlich halten, und ungescheut zu übertreten beschließen wollte." Dieser Ausdeutung der europäischen Kultur seit den Zeiten der Aufklärung steht die J. Ratzingers konträr entgegen. Vgl. etwa ders., Europa in der Krise der Kulturen, 66. Ihm zufolge hat Europa im Zuge seiner Ausprägung einer wissenschaftlichen Rationalität „eine Kultur entwickelt, die in einer bisher nirgendwo in der Menschheit gekannten Weise Gott aus dem öffentlichen Bewußtsein verbannt, sei es, daß er ganz geleugnet, sei es, daß seine Existenz als unbeweisbar, unsicher und daher eben dem subjektiven Entscheiden zugehörig als jedenfalls öffentlich irrelevant eingestuft wird. Diese rein funktionale Rationalität, wie wir sie nennen können, hat zugleich eine Erschütterung des moralischen Bewußtseins mit sich gebracht, die gleichfalls im Vergleich mit allen bisherigen Menschheitskulturen neu ist: Vernünftig ist danach nur, was im Experiment nachgewiesen werden kann. Da das Moralische sich aber auf einer ganz anderen Ebene bewegt, verschwindet es als eine eigene Kategorie und muß auf eine veränderte Weise neu gesucht werden, da es ja zugegebenermaßen ganz ohne Moral nicht geht. In einer auf Berechnung abgestellten Weise entscheidet das Kalkül der Folgen darüber, was als moralisch angesehen werden soll. Die Kategorie des Guten, wie Kant sie noch so nachdrücklich herausgestellt hatte, verschwindet damit. Nichts ist in sich gut und nichts ist in sich schlecht – alles hängt von den Folgen ab, die sich bei einer Handlung voraussehen lassen." Und etwas weiter heißt es: „Was man kann, das darf man auch – ein vom Können abgetrenntes Dürfen gibt es nicht mehr." (ebd., 75). So fasst der damalige Kardinal die Konsequenz einer Kultur zusammen, die „die eigenen historischen Wurzeln" abschneide und sich damit „der Quellkräfte" beraube, „aus denen sie selber kam, sozusagen jener grundlegenden Erinnerung der Menschheit, ohne die die Vernunft orientierungslos wird." (ebd., 74f) Deshalb dürfe auch „Gott nicht aus dem Blickfeld verschwinden", „wenn die Menschenwürde bleiben soll" (ebd., 78). Zur Gesamtcharakteristik der neuzeitlichen Freiheitsgeschichte durch J. Ratzinger vgl. ders., Freiheit und Wahrheit, 536: „Im Grund steht hinter den radikalen Freiheitsverlangen der Neuzeit ganz klar die Verheißung: Ihr werdet sein wie Gott. Auch wenn Ernst Topitsch glaubte, feststellen zu können, kein vernünftiger Mensch wolle heute mehr gottähnlich oder gottgleich sein, so muß man bei näherem Zusehen das genaue Gegenteil behaupten: Das implizite Ziel aller modernen Freiheitsbewegungen ist es, endlich wie ein Gott zu sein, von nichts und niemand abhängig, durch keine fremde Freiheit in der eigenen beschränkt." Und Ratzinger fährt fort: „Wenn man erst einmal diesen versteckten theologischen (!, M.S.) Kern des radikalen Freiheitswillens sichtet, dann wird auch der fundamentale Irrtum sichtbar, der sich selbst da noch auswirkt, wo solche Radikalismen direkt nicht gewollt, ja abge-

nichts, wenn in den Augen der Gläubigen die Würde eines jeden Menschen selbstverständlich auch im Willen Gottes unbedingte Geltung erfährt.

Joseph Ratzinger/Benedikt XVI. begegnet einem solchen Konzept von moralischer Selbstbestimmung mit tiefer Skepsis. Es ist die von ihm stets neu erinnerte gefährliche Schwäche der menschlichen Natur, die den Ausgangspunkt seiner Anthropologie bildet. Sie rührt daher, dass sich der Mensch von seinem göttlichen Ursprung abgekoppelt hat. Es ist diese Schwächung, die er sich immer wieder neu austoben sieht, in der er gar den Ursprung des Terrors entdeckt und die ihn mit einer tiefen Skepsis gegenüber religionsneutralen Gesellschaften erfüllt.[29] Eine sich nicht in Gott festmachende Vernunft ist für ihn defizitär, krank. Sie bedarf deshalb der Reinigung durch den Glauben, näherhin eines christologisch grundgelegten Glaubens: Jesus habe „das ganze Gesetz erfüllt, nicht einen Teil davon, und es so vom Grund her erneuert." Er selbst, „der alle Schuld durchlitten hat", sei deshalb auch „Sühne und Vergebung zugleich und darum auch der ein einzig verlässliche und immer gültige Grund unserer Moral." Und Ratzinger schließt sein Argument mit dem apodiktischen Satz: „Man kann die Moral nicht von der Christologie ablösen, weil man sie nicht von Sühne und Vergebung trennen kann."[30] Kann dies etwas anderes bedeuten, als dass es Moral als autonome gar nicht geben kann? Bedeutet dies nicht in letzter Konsequenz, dass faktisch Moralität nur da möglich wird, wo der Mensch neu zu sich selbst vermittelt wird, und zwar nur durch die Kirche, weil hier in der Logik Ratzingers die christologische Wahrheit über den Menschen gegenwärtig ist und vermittelt wird?

Entsprechend gestaltet sich auch der Weltauftrag der Gläubigen: „Der Gläubige, der selbst Hilfe für die Vernunft empfangen hat, muß in das Ringen um die Präsenz der Vernunft und des Vernünftigen eintreten – das ist gegenüber der schlafenden oder kran-

---

lehnt werden." Als die eigentliche Triebfeder des neuzeitlichen Willens der Freiheit zu sich selbst ist damit die Sünde ausgemacht. In ihrem Wesen spielt sich in dieser ausdrücklich als theologisch qualifizierten Ausdeutung der Neuzeit nichts anderes als das Seinwollen wie Gott ab.

[29] Vgl. J. Ratzinger, Über die Wurzeln des Terrors in Deutschland, in: D. Froitzheim/A. Wienand (Hg.), Almanach für das Erzbistum Köln. Zweite Folge, Köln 1982, 99–103, 101: „Die eigentliche Unterscheidungslinie der Moral ist zuletzt doch der Glaube an Gott. Wenn es Gott gibt, dann verfügen wir nicht souverän über die Mittel. Dann gibt es die unantastbare Würde der Wahrheit, der Reinheit, des menschlichen Lebens."

[30] J. Ratzinger, Zur Gemeinschaft gerufen. Kirche heute verstehen, Freiburg u. a. 1991, 142f

ken Vernunft eine Verpflichtung, die ihm für das Ganze der menschlichen Gemeinschaft auferlegt ist."[31] Die Vernünftigkeit dieser Verpflichtung der gläubigen Vernunft, auf die diese aber in der Logik Joseph Ratzingers – wenn ich es recht sehe – wegen der krankhaften Schwäche einer jeden menschlichen Vernunft nur durch die geschichtlich vermittelte Gnade Gottes kommen kann, wird mit dem Argument begründet, dass die menschliche Vernunft sich andernfalls nicht in ihrem letztlich tragenden Grund reflektiert. Dass und wie das gesamte Denken Joseph Ratzingers/Benedikts XVI. von dieser Hintergrundannahme lebt, wird noch zu zeigen sein. Sie bringt ihn in einen Gegensatz zur Neuzeit, welcher unter den Bedingungen eines immer radikaler selbstreflexiv werdenden Denkens von Subjektivität und Vernunft der letzte Grund aller Wirklichkeit strittig wird. Zugleich erklärt sich aber auch, warum er Neuzeit und Moderne in letzter Konsequenz nur als radikalisierte geschichtliche Übersetzung des ursprünglichen Sündenfalls der Menschheit in den Blick bekommen kann. Gegen die Neuzeit setzt er deshalb ein „Wissen aus der Taufe"[32], das – so Klaus Müller – „darin wirksam wird, dass der Mensch sich seiner Eigenmacht entreißen und in den Leib Christi, also die Kirche einfügen lässt, weil ihm, dem geschichtlich gefallenen Wesen, auch nur wieder geschichtlich aufgeholfen werden kann."[33] Hier vollzieht sich auch die Weichenstellung im Verständnis von Kirche und Amt bei Ratzinger. Denn soll die Kirche diese reinigende Funktion in der Geschichte übernehmen können, so muss auch die Kirche als rein gedacht werden, also in ihrer Idealität von der real existierenden Kirche unterschieden bleiben. Dann darf sie auch nur eine Kirche der Sünder, nicht aber eine sündige Kirche sein.[34] Ist das „Wissen

---

[31] J. Ratzinger, Eine nichtkonfessionelle christliche Religion? Reflexionen im Anschluss an den Vorschlag von Staatspräsident Pera, in: M. Pera/J. Ratzinger, Ohne Wurzeln, 115 145, 140.
[32] J. Ratzinger, Theologische Prinzipienlehre, 347. Vgl. zu diesem leitenden Gedanken der Theologie Ratzingers P.G. Sottopietra, Wissen aus der Taufe. Die Aporien der neuzeitlichen Vernunft und der christliche Weg im Werk von Joseph Ratzinger, Regensburg 2003.
[33] K. Müller, Die Vernunft, die Moderne und der Papst, in: StZ 227 (2009) 291–306, 300.
[34] Wenn ich es recht sehe, hat J. Ratzinger diese Unterscheidung bereits in seiner Dissertation Volk und Haus Gottes in Augustins Lehre von der Kirche (= MThS, S 7), München 1954 getroffen und systematisch durchgehalten. Vgl. etwa ebd., 60f: „Die Kirche *ist* communicatio corporis Christi, ja sie ist ‚corpus christi' – aber nicht in jenem verschwommenen Sinn, in dem die erwachende Kirchentheologie unseres Jahrhunderts dieses Wort wieder aufgriff, sondern in dem streng konkreten, sakramental-rechtlichen Sinn, in dem wir dies ... zu entwickeln versuchten." Zu den Konsequenzen dieser ekklesiologischen Zentralbestimmung vgl. O. Fuchs, Ist der Papst

aus der Taufe" das eigentlich wahre Wissen, so wird in seinem Licht selbstverständlich auch das Verhältnis von Staat und Religion beziehungsweise präziser von Staat und der geschichtlichen Größe, die diese reinigende Funktion übernehmen kann[35], der Kirche, dann das Verhältnis der Kirche zum Prinzip der Religionsfreiheit, das Problem der Hierarchie der Religionen etc. geklärt. Bezogen freilich auf die Frage, welcher Begriff von Moderne bei Joseph Ratzinger/Benedikt XVI. in den Blick kommt, kann schon jetzt festgehalten werden, dass er diese als historische Epoche begreift – und zwar als ein Kapitel der Verfallsgeschichte, die ihren Grund im Verlust der Mitte hat.

V. Kant als Prüfstein

Explizite Bezugnahmen Joseph Ratzingers/Benedikts XVI. auf die Philosophie der Neuzeit sind zwar eher sporadisch. Aufschlussreich in dem Sinn, dass sie die bisherige These zu bestätigen mögen, sind sie aber dennoch, und zwar besonders dann, wenn es um das Erbe Kants geht. Eher unglücklich war das Kant-Zitat in der Regensburger Vorlesung.[36] An anderer Stelle scheint er freilich

---

ein Neuplatoniker?, in: C.-F. Geyer/D. Schneider-Stengel (Hg.), Denken im offenen Raum. Prolegomena zur einer künftigen postmetaphysischen Theologie, Darmstadt 2008, folgendes Zitat 181, mit Bezug auf die Eröffnungsrede zur V. Generalversammlung der Bischofskonferenz von Lateinamerika und der Karibik in Aparecida (in: L'Osservatore Romano. Deutsche Ausgabe, 2007, 5f): „Hatte Papst Johannes Paul II. seinerseits für die Verbrechen der Kirche an den lateinamerikanischen Urbevölkerung und an den aus Afrika importierten Sklaven um Vergebung gebeten, so kommt diesbezüglich nunmehr nichts über die Lippen des neuen Papstes. Er hat es ja auch nicht nötig, weil er das, wofür man sich entschuldigen müsste, gar nicht bzw. nur als Akzidenz wahrnimmt. Wenn der Papst dann einige Tage nach seiner Rückkehr nach Rom bezüglich der aufgekommenen Kritik an seiner Rede in Brasilien verlauten ließ, er habe keine historischen, sondern theologischen Aussagen treffen wollen, dann zeigt dies einmal mehr das Grundproblem: denn es gibt schlechthin keine Theologie, die nicht, indem sie von Gott spricht, immer auch vom Menschen und seiner Geschichte und seinen Geschichten spricht. Ansonsten könnte man die ganze Offenbarungsstruktur an den Nagel hängen."
[35] Es ist zwar überhaupt nicht daran zu zweifeln, dass Joseph Ratzinger an dieser Trennung immer festgehalten hat; allerdings ist die Frage, mit welchen Gründen er an ihr festgehalten hat. Bei näherem Hinsehen ergibt sich in seiner Logik ein striktes Beziehungsgeflecht. Zwar gibt es die Autonomie des Weltlichen, ja die Kirche muss um ihrer selbst und damit um ihrer Reinheit willen streng unterschieden bleiben vom Weltlichen. Aber angesichts der gefährlichen Schwäche der menschlichen Natur greift sie dann doch ein: über die Reinigung der Vernunft des Menschen. In die unmittelbare Politik greift die Kirche dann ein, wenn sie naturrechtlich argumentierend etwas als ethischen Missstand konstatiert.
[36] Benedikt XVI., Glaube, Vernunft und Universität. Erinnerungen und Reflexionen,

Kant weit entgegenzukommen, wenn es nämlich heißt: „Kant hatte die Erkennbarkeit Gottes im Bereich der reinen Vernunft bestritten, aber Gott, Freiheit und Unsterblichkeit als Postulate der praktischen Vernunft dargestellt, ohne die seiner Einsicht nach konsequenterweise sittliches Handeln nicht möglich schien."[37] Einen Gottesbeweis hat Kant sich zwar auch im Kontext seiner Grenzreflexionen praktischer Vernunft strikt verboten. Aber dass das „Dasein Gottes" aus Gründen der moralischen Selbstbestimmung notwendig zu postulieren sei, ist ihm zufolge die notwendige Konsequenz, wenn es einer Vernunft nicht gleichgültig sein kann, ob das praktisch Intendierte in Erfüllung geht oder nicht.[38] Moralität gibt es nur in der Form der Unbedingtheit, und ein sich formal unbedingt bestimmender Wille setzt sich keine Grenze: Deshalb erhofft er sich einen Gott, dem es nicht „an Möglichkeit mangelt"[39] – theologisch gesprochen: der allmächtig ist. Erstaunlich ist aber, wie Ratzinger sich diese Grenzreflexion praktischer Vernunft zu Eigen macht. Was sich zunächst als Zustimmung zu Kant liest, entpuppt sich bei näherem Hinsehen als dessen Karikatur. Der gerade zitierte Text fährt fort: „Gibt uns nicht die Weltlage von heute Anlaß dazu, neu nachzudenken, ob er (Kant, M.S.) nicht recht hatte? Ich will dasselbe noch einmal anders formulieren: Der zu Ende geführte Versuch, die menschlichen Dinge unter gänzlicher Absehung von Gott zu gestalten, führt uns immer mehr an den Rand

---

in: ders., Glaube und Vernunft. Die Regensburger Vorlesung. Vollständige Ausgabe. Kommentiert von G. Schwan, A. Th. Khoury und K. Kardinal Lehmann, Freiburg u. a. 2006, 11–32, 24. Vgl. auch zur grundsätzlichen Kant-Kritik J. Ratzingers ders., Glaube und Philosophie, in: ders., Glaube und Zukunft, München ²1971, 65–106, 65f: „Seit Kant ist diese Einheit des philosophierenden Denkens" – gemeint ist eine „Metaphysik, die von Gott als dem Schöpfer aller Dinge, als dem geistigen und planenden Grund des Weltalls sprach und damit der Vorstellung von einem sprechenden und sich offenbarenden Gott eine entsprechende Basis im Denken sicherte" (ebd., 67) – „immer mehr zerbrochen und vor allen Dingen die vertrauensvolle Gewißheit, der Mensch könne in überzeugend begründbarer Weise sich hinter die Bereiche der Physik vortasten auf das Wesen der Dinge und auf ihren Grund hin, fast ganz verschwunden. Natürlich gab und gibt es immer wieder Denker, die eine solche Metaphysik nach wie vor für möglich halten, in scharfsinnigen Auseinandersetzungen mit Kant und seinen Nachfahren ihr dennoch weiterhin Raum im menschlichen Bewußtsein sichern wollen. Aber eines können auch diese Denker nicht mehr rückgängig machen: daß ihre Ansichten nicht mehr einfach ‚die Philosophie' sind, die jedermann als solche akzeptiert ... Es gibt keine Philosophie mehr, sondern nur noch Philosophien." Die Gründe, die Kant zu seiner Kritik an der klassischen Metaphysik bewogen haben, kommen nicht in den Blick.
[37] J. Ratzinger, Europa in der Krise der Kulturen, 82.
[38] Vgl. I. Kant, Kritik der praktischen Vernunft (= Werke; VII; hg. von Weischeldel), Frankfurt 1974, Zitat A 226.
[39] S. Kierkegaard, Die Krankheit zum Tode, Düsseldorf, 1954, 35.

des Abgrunds – zur Abschaffung des Menschen hin. Sollten wir da nicht das Axiom der Aufklärer umkehren und sagen: Auch wer den Weg zur Bejahung Gottes nicht finden kann, sollte doch zu leben und das Leben zu gestalten versuchen *veluti si Deus daretur* – als ob es Gott gäbe. Das ist schon der Rat, den Pascal dem ungläubigen Freund gegeben hat; es ist der Rat, den wir auch heute unseren ungläubigen Freunden geben werden. Da wird niemand in seiner Freiheit beeinträchtigt, aber unser aller Dinge finden einen Anhalt und ein Maß, deren wir dringend bedürfen."[40]

So wie Joseph Ratzinger Kant hier beansprucht, ist Kant nicht zu beanspruchen. Zwar war Kant alles andere als naiv, wenn es um die Realität menschlicher Freiheit ging. Nicht von ungefähr hat er im Lehrstück vom „radikal Bösen" versucht, die abgrundtiefe Hinneigung des Menschen zum Bösen zu denken. Der Vorwurf der Geschichtsblindheit, der gegenüber dem transzendentalphilosophischen Denken immer wieder einmal zumal von theologischer Seite formuliert wird, operiert denn meistens auch ohne Quellennachweise. Aber auch wenn die Realität menschlicher Freiheit alles andere als optimistisch stimmt, so hat Kant von seiner Grundeinsicht, dass Moralität um ihrer selbst willen zu geschehen hat, wenn sie den Namen verdient, und der Geltungsgrund moralischen Sollens deshalb im Subjekt selbst aufzusuchen ist, nicht Abstand genommen. Gott ist nicht deshalb zu postulieren, weil die menschliche Freiheit zu schwach ist, sie angesichts ihrer Schwäche doch wieder göttlichen Imperativen zu unterwerfen ist, sondern weil sie sich als begrenzt in ihren Möglichkeiten weiß und dennoch von der Sehnsucht nicht lassen will, dass der Tod nicht das letzte Wort über den Menschen hat: Dass Gott vollende, was der Mensch begonnen hat, und dass Gott da Gerechtigkeit und Versöhnung möglich werden lasse, wo Menschen einander die Achtung schuldig geblieben sind oder die Würde des Menschen gar mit Füßen getreten haben. Wer so denkt, reduziert Gott nicht auf eine Lückenbüßerfunktion. Schon bei Kant trifft dies nicht zu. Der berühmte Beschluss der Kritik der praktischen Vernunft weist nicht nur auf das moralische Gesetz hin, dass das Gemüt mit Bewunderung erfüllt, sondern auch auf den „bestirnte[n] Himmel"[41] über uns. Kant spielt hier unter anderem auf die faktische Zweckmäßigkeit an, die in der Welt bezogen auf die Möglichkeit freien Seinkönnens anzutreffen ist. Zwar liefert diese Zweckmäßigkeit wie auch die Schönheit des Naturerhabenen nicht die Möglichkeit

---

[40] J. Ratzinger, Europa in der Krise der Kulturen, 82.
[41] I. Kant, Kritik der praktischen Vernunft A 289.

eines Gottesbeweises.[42] Aber die Bewunderung dieser Zweckmäßigkeit öffnet die staunende Vernunft auf die Möglichkeit eines weisen Welturhebers, der zugleich als Garant himmlischer Glückseligkeit erhofft wird. Diese nur kursorischen Hinweise mögen belegen, dass Kant jedenfalls nicht so zu interpretieren ist, wie Joseph Ratzinger dies beansprucht. Allerdings findet sich bei ihm noch ein Argument, das es zu prüfen gilt.

VI. ‚Schöpferische Vernunft' versus Transzendentale Dialektik

Es ist kein Unverdächtigerer als Theodor W. Adorno gewesen, der in seiner Negativen Dialektik das Diktum prägte, dass „wohl eine jede Philosophie" um den ontologischen Gottesbeweis kreise.[43] Ob dies tatsächlich auf alles Philosophieren zutrifft, darf dahingestellt bleiben. Vermutlich kreist nur das Philosophieren um den ontologischen Gottesbeweis, welches sich verstört weiß durch die Nöte

---

[42] I. Kant, Kritik der Urteilskraft. Hg. v. W. Weischedel, Frankfurt ²1977, A 325.

[43] Th. W. Adorno, Negative Dialektik, 378. Adorno erwähnt im Kontext dieser Stelle ausdrücklich Kant: „Daß keine innerweltliche Besserung ausreiche, den Toten Gerechtigkeit widerfahren zu lassen; dass keine ans Unrecht des Todes rührte, bewegt die Kantische Vernunft dazu, gegen alle Vernunft zu hoffen. ... Genötigt von der Konvergenz aller Gedanken in einem Absoluten, beließ er es nicht bei der absoluten Grenze zwischen dem Absoluten und dem Seienden, die zu ziehen er nicht minder genötigt war. Er hielt an den metaphysischen Ideen fest und verbot dennoch, vom Gedanken des Absoluten, das einmal so sich verwirklichen könne wie der ewige Friede, überzuspringen in den Satz, das Absolute sei darum." Vgl. zur Interpretation dieser Stelle D. Henrich, Bewusstes Leben und Metaphysik, in: ders., Bewusstes Leben. Stuttgart 1999, 194–216; K. Müller, Zum Rationalitätskonzept der Fundamentaltheologie. Analytische Rationalität und Letztbegründung aus der Theorie der Subjektivität (unv. Manuskript). Zu Joseph Ratzinger ist zu bemerken, dass seine theologische Ausdeutung der abgründigen Menschheitsgeschichte von einer eigentümlichen Spannung durchprägt ist. In seiner Rede als Papst Benedikt XVI. hat Ratzinger in Auschwitz vor allem die bleibenden Fragen an Gott aufgezählt, die den Gläubenden im Herzen brennen: „Wo war Gott in jenen Tagen? Warum hat er geschwiegen? Wie konnte er dieses Übermaß von Zerstörung, diesen Triumph des Bösen dulden?" Vgl. Benedikt XVI., Dazu bin ich heute hier, die Gnade der Versöhnung zu erbitten, Ansprache im Konzentrationslager Auschwitz-Birkenau am 28. Mai 2006, in: Freiburger Rundbrief NF 13 (2006) 273–277, 274. Aber es finden sich im Werk Ratzingers auch Ausführungen, die fragen lassen, ob es für ihn ein Theodizeeproblem überhaupt gibt. Vgl. etwa ders., Zur Gemeinschaft gerufen, 145f: „Eine Weltanschauung, die nicht aus dem Schmerz Sinn geben und ihn kostbar machen kann, taugt nichts. Sie versagt gerade da, wo der Ernstfall der Existenz auftritt. Diejenigen, die zum Leid nichts anderes zu sagen haben, als daß man es bekämpfen müsse, betrügen uns. Natürlich muß man alles tun, um das Leid der Unschuldigen zu mindern und um den Schmerz zu begrenzen. Aber menschliches Leben ohne Leiden gibt es nicht, und wer das Leid nicht anzunehmen vermag, versagt sich den Reinigungen, die allein uns reif werden lassen. In der Gemeinschaft mit Christus wird der Schmerz sinnvoll …"

der Existenz und die Abgründe der Geschichte, welches sich dem unverrechenbaren Individuellen verpflichtet weiß. Die Logik des ontologischen Gottesbeweises bildet zwar immer auch eine intellektuelle Spielwiese. Nachhaltiges Interesse wird er aber wohl nur finden, solange das Philosophieren seine motivierenden Gründe aus der Not menschlicher Existenz empfängt.

Ratzingers ontologisch-theologisches Interesse ist zwar, wie bereits gesehen, nicht über die antinomische Struktur praktischer Vernunft motiviert, sondern über ethische Verbindlichkeitsfragen. Eine Verknüpfung von Sinnoptionen und Gottesaufweisargumenten findet sich aber auch bei ihm. In die Entscheidung wird von ihm die Frage getrieben, „ob die Welt aus der Unvernunft kommt und die Vernunft nur ein Unterprodukt – vielleicht sogar ein schädliches – ihrer Entwicklung ist, oder ob die Welt aus der Vernunft kommt und daher Vernunft ihr Maß und Ziel ist." Der christliche Glaube stehe für die zweite These ein und habe „damit auch rein philosophisch wahrhaftig keine schlechten Karten, auch wenn die erste These heute von vielen als allein ‚vernünftig' und modern angesehen" werde. Aber, so fährt Ratzinger fort: Die „Vernunft, die aus dem Unvernünftigen entstanden und daher letztlich selbst unvernünftig ist, ist keine Lösung unserer Probleme. Nur die Vernunft, die schöpferisch ist und sich im gekreuzigten Gott als Liebe gezeigt hat, kann uns wirklich den Weg zeigen."[44] Die Begründungsstruktur dieser Sätze ist zumindest klärungsbedürftig. Könnte man zunächst den Eindruck gewinnen, hier läge ein rein funktionales Religionsverständnis in dem Sinne vor, dass Gott als Garant ethischer Verbindlichkeit bemüht würde,

---

[44] J. Ratzinger, Europa in der Krise der Kulturen, 80. Ähnlich argumentiert Benedikt XVI. auch im Kontext der Auseinandersetzungen zwischen Evolutionstheorie und Schöpfungsglaube. Vgl. ders., Diskussionsbeitrag, in: Schöpfung und Evolution. Eine Tagung mit Benedikt XVI. in Castel Gandolfo. Hg. im Auftrag des Schülerkreises von Papst Benedikt XVI. von St. Otto und S. Wiedenhofer, Augsburg 2007, 149–152, hier 152. Nach der Feststellung, dass es „zum einen eine Rationalität der Materie selbst gebe", fügt er hinzu, dass es ihm zum anderen scheine (!), „dass auch der Prozess als Ganzer eine Rationalität" habe. Und schließt dann: „Diese doppelte Rationalität, die sich wiederum unserer menschlichen Vernunft korrespondierend erschließt, führt zwangsläufig zu einer Frage, die über die Wissenschaft hinausgeht, aber doch eine Vernunftfrage ist: Woher stammt diese Rationalität? Gibt es eine ursprüngliche Rationalität, die sich in diesen beiden Zonen und Dimensionen von Rationalität spiegelt? Die Naturwissenschaft kann und darf darauf nicht direkt antworten, aber wir müssen die Frage als eine vernünftige anerkennen und es wagen, der schöpferischen Vernunft zu glauben und uns ihr anzuvertrauen." Vgl. auch Benedikt XVI., Gott und die Vernunft. Aufruf zum Dialog der Kulturen, Augsburg 2007, 88f sowie 41: „… kann eigentlich die Vernunft auf die Priorität des Vernünftigen vor dem Unvernünftigen, auf die Uranfänglichkeit des Logos verzichten, ohne sich selbst aufzuheben?"

so insinuiert der erstzitierte Satz doch mehr. Denn ein Gott kann diese Funktion selbstverständlich nur dann einnehmen, wenn er auch existiert – was heißt: wenn seine Existenz rational und intersubjektiv kommunikabel nachweisbar ist oder es zumindest keine gravierenden Gründe gibt, an seiner Existenz zu zweifeln. Die gebrauchte Formulierung, dass der christliche Glaube mit seiner Überzeugung, dass die Welt aus der Vernunft komme, „auch rein philosophisch wahrhaftig keine schlechten Karten" habe, hinterlässt freilich eine gewisse Ratlosigkeit. Soll damit angedeutet werden, dass die menschliche Vernunft die Existenz Gottes mit hinlänglicher Sicherheit erkennen kann? So dass die Behauptung der Nichterkenntnis der Existenz Gottes entweder aus individuellem Unvermögen oder aber aus schuldhafter Verweigerung einer an sich möglichen und letztlich immer bereits vollzogenen Erkenntnis stammt? Oder aber will die Formulierung andeuten, dass zwar Gründe für die Denkbarkeit der Existenz eines freien Gottes, der sich selbst als Liebe offenbar macht, beizubringen sind, die klassischen Gottesbeweisprogramme aber dennoch als gescheitert angesehen werden müssen?

Die Fragen spielen auf grundsätzliche Probleme des Gottesdiskurses an, wie sie unter den Bedingungen eines selbstreflexiv gewordenen Denkens generiert wurden. Nicht nur ist in ihnen das Problem der Existenz Gottes angesprochen, sondern auch das der Eigenschaftslehre Gottes. Wobei zunächst einmal stimmt, dass, solange der Begriff Gott überhaupt rational verständigt werden können soll, ihm Bedeutung zugeschrieben sein muss. Dies gilt für die biblischen Redeweisen von Gott, selbstverständlich aber auch unter vernunftkritischen Bedingungen. Bei Kant gewinnt der postulierte Gott eine klar anthropogene Semantik, wobei diese auf weite Strecken analog zu der Rede von Gott zu biblischen Zeiten verläuft. Was in einem strikt die Würde des Menschen akzentuierenden Denken Ansprüche auf den Menschen erheben kann, muss mit der Anerkennung der Würde dieser Freiheit einhergehen. So kann es nicht verwundern, dass Israel, das ganz im Bann seiner Gottesnarrationen groß vom Menschen dachte, seinen Monotheismus streng ethisierte.[45] So wie die Regeln des menschlichen Zu-

---

[45] Insbesondere im Buch Amos. Der Begriff „Ethisierung der Religion" ist vor allem durch Max Weber bekannt geworden. Vgl. M. Weber, Wirtschaft und Gesellschaft. Grundriss der verstehenden Soziologie. Tübingen ^{5}1972. 261ff, 703f. Vgl. H. Tyrell: Antagonismus der Werte – ethisch, in: H. G. Kippenberg/M. Riesebrodt (Hrsg.), Max Webers „Religionssystematik". Tübingen 2001. 315–333, 320: „Die Ethisierung der Religion – mit dieser Thematik ist ein roter Faden benannt, der sich durch die Webersche Religionssoziologie allenthalben und ununterbrochen hindurchzieht."

sammenlebens dem Gott zu entsprechen hatten, der Gerechtigkeit und Barmherzigkeit in den konkreten Verhältnissen will, so wird auch die Gerechtigkeitsforderung an Gott selbst immer intensiver. Bis dahin, dass im Kontext dieser Forderung eine Auferstehungshoffnung thematisiert wird.[46]

Diese wenigen Hinweise mögen zeigen, dass unter den Bedingungen eines vernunftkritischen Denkens nicht zwangsläufig die Semantik Gottes wegbricht. Der Gott im Gottespostulat Kants ist ein Gott der Gerechtigkeit. Da der Begriff dieses Gottes im Rahmen einer Grenzreflexion auf die Antinomie praktischer Vernunft gewonnen wird, ist in ihm der Gerechtigkeitswille notwendig mitgedacht. Denn diese Antinomie besteht darin, dass die endliche Vernunft nicht realisieren kann, was sie in ihrer Unbedingtheit als Sinn – gedacht im „höchsten Gut" als das Ideal praktischer Vernunft – zu setzen und zu hoffen vermag.[47] Das Gottespostulat Kants folgt damit der Reflexionslogik Israels. Was dagegen wegbricht, ist die unhinterfragte Gewissheit, dass dieser Gott existiert. Bei Kant und Schelling finden sich die vielleicht subtilsten Erörterungen hierzu. Beide begreifen die Vernunft als Selbstvollzug der Freiheit, und da diese als Freiheit auf das Unbedingte hin orientiert ist, weitet sie sich in ihrem Fragen auf die Frage nach dem letzten Grund aller Wirklichkeit. Dabei erkennt sie auch, dass sie notwendig etwas denken muss, dass insofern notwendig existiert, als es keine Ursache kennt. Allerdings vermag sie nicht zu entscheiden, was dieses notwendige Existierende an sich selbst ist, sprich – auf das Interesse an einem ethisch motivierten monotheistisch zu denkenden freien Seinsgrund aller Wirklichkeit bezogen: ob der freie Gott dieser Grund ist. Kant und Schelling[48] sahen sehr genau, dass es ein existentielles Interesse ist, das den Menschen immer wieder in die Frage treibt, wie der letzte Grund aller

---

Die Verknüpfung von Monotheismus und Ethisierung findet sich schon vor Weber. Vgl. z. B. M. Joel, Der Mosaismus und das Heidentum, in: Jahrbuch für jüdische Geschichte und Literatur 7 (1904) 35–90, 62: Der Monotheismus dränge „notwendig zur Ethisierung auch der ursprünglich monolatrischen Gottesverehrung".

[46] Vgl. H. Kessler, Sucht den Lebenden nicht bei den Toten. Die Auferstehung Jesu Christi in biblischer, fundamentaltheologischer und systematischer Sicht, Düsseldorf ²1987, bes. 54–67.

[47] I. Kant, Kritik der praktischen Vernunft, A 226: „Folglich ist das Postulat der Möglichkeit des höchsten abgeleiteten Guts (der besten Welt) zugleich das Postulat der Wirklichkeit eines höchsten ursprünglichen Guts, nämlich der Existenz Gottes."

[48] F.W.J. Schelling, Philosophie der Offenbarung. Bd. 1. Unv. Nachdruck der aus dem handschriftlichen Nachlaß hg. Aufl. v. 1858, Darmstadt 1990, 6: „diese Welt der Geschichte bietet ein so trostloses Schauspiel dar, daß ich an einem Zwecke, und demnach an einem wahren Grunde der Welt vollends verzweifle."

Wirklichkeit zu bestimmen sei. Die Details dieser bis heute für die philosophische Grundlegung der Gottesfrage nicht ausgeloteten Debattenlage können hier nicht referiert werden. Der strittige Punkt dieser Debatte lautet, ob das notwendig zu denkende notwendige Existierende, in dem der Grund aller Wirklichkeit gedacht ist, notwendig als der freie Gott, als der „Herr des Seyns"[49] gedacht werden muss, oder ob dies eine Bestimmung ist, in die bereits Annahmen systematischer Theologie eingehen. Es ist also nicht die Frage, ob dieser notwendig existierende Grund notwendig gedacht werden muss. Vollzieht sich die Vernunft als Vernunft, so drängt sie auch auf das Denken des letzten Grundes aller Wirklichkeit. Die Frage ist lediglich, ob sie ihn hinreichend nachgewiesen als den freien Gott, in der Sprache der Theologie: als den Schöpfergott denken kann. Es scheint so zu sein, als ob die Alternative, diesen letzten Grund aller Wirklichkeit subjektlos denken zu können, jedenfalls nicht auszuschließen ist.[50] Es wäre dann ein eschatologischer Wille, nicht anders als ohne die Hoffnung auf Gott existieren zu wollen, der den Menschen dazu brächte, den Glauben an den „Herrn des Seyns" als letzten Grund aller Wirklichkeit zu riskieren. Und das würde dann auch bedeuten, dass der Ausdeutung des Lebens Jesu als Selbstoffenbarung Gottes, als Gottes endgültig offenbar gewordenem Versprechen seiner Schöpfungstreue, eine Setzung zugrunde liegt.

Ratzinger scheint in seinem philosophisch-theologischen Denken unberührt von der seit Kants Kritik des ontologischen Arguments schwelenden Diskussion um das Ende der Metaphysik zu bleiben. Eine abwägende Auseinandersetzung mit Kants Kritik findet sich nicht. Seine Neuzeitkritik ist stattdessen als Vorwurf formuliert. „Die Verdunkelung des Schöpfungsglaubens, die schließlich zu einer fast völligen Ausblendung führte, hängt mit dem Geist der Neuzeit aufs engste zusammen; sie ist ein grundlegender Teil dessen, was Neuzeit geistig ausmacht. Wir können geradezu sagen: Die Gründe der Neuzeit sind zugleich und als solche die Gründe für das Verschwinden von ‚Schöpfung' aus

---

[49] Vgl. vor allem die Passage F.W.J. Schelling, Philosophie der Offenbarung, 168f. Zur Interpretation vgl. F. Meier, Transzendenz der Vernunft und Wirklichkeit Gottes. Eine Untersuchung zur Philosophischen Gotteslehre in F.W.J. Schellings Spätphilosophie (= ratio fidei; 21), Regensburg 2004.
[50] Zu dem in eins damit angesprochenen Monismusproblem vgl. M. Striet, Antimonistische Einsprüche im Namen des freien Gottes Jesu und im Namen des freien Menschen, in: K. Müller/M. Striet (Hg.), Dogma und Denkform. Strittiges in der Grundlegung von Offenbarungsbegriff und Gottesgedanke (= ratio fidei; 25), Regensburg 2005, 111–129.

dem Gesichtskreis des die Entwicklung bestimmenden Denkens."[51] Statt sich auf eine argumentbezogene Kritik der Kritik Kants einzulassen, betreibt Ratzinger eine Politik des Ebenenwechsels. Die Erkenntnis Gottes wird zunächst als objektiv gegeben behauptet, verweigert sich der Mensch der Zustimmung, so findet ein schuldhaftes Versagen, sprich Sünde, statt. „Atheismus oder auch atheistisch gelebter Agnostizismus ist für Paulus keine unschuldige Angelegenheit. Er beruht für ihn immer auf einem Widerstand gegen eine Erkenntnis, die dem Menschen an sich offen steht, deren Bedingungen anzunehmen er sich aber verweigert. Der Mensch ist nicht zur Unwissenheit Gott gegenüber verurteilt. Er kann ihn ‚sehen', wenn er sich auf die Stimme seines Wesens, auf die Stimme der Schöpfung einläßt und sich davon führen läßt."[52]

VII. Toleranz oder Religionsfreiheit?

Die Tatsache, dass der letzte Grund aller Wirklichkeit – zumindest in der Reflexionslogik der hier vorgetragenen Überlegungen – strittig bleibt, hat auch prinzipielle Konsequenzen für das Verhältnis, welches der Staat zu den in einer faktisch weltanschaulich und religiös pluralisierten Gesellschaft zum Phänomen religiöser Überzeugungen einzunehmen hat. Heiner Bielefeldt spricht von einer notwendigen „Säkularität des Rechtsstaates", die „ihren positiven Grund im geschuldeten Respekt vor der Religionsfreiheit der Menschen"[53] habe. Bielefeld weist darauf hin, dass das als Menschenrecht formulierte Recht auf Religionsfreiheit sich klar „von der traditionellen religiösen Toleranz" unterscheide. Denn während „die Toleranz obrigkeitrechtlich gewährt (oder auch versagt) wurde, bezeichnet die Religionsfreiheit einen *unveräußerlichen* Rechtsanspruch der Menschen": „Wie alle Menschrechte ist auch die Religionsfreiheit Ausdruck des Respekts vor der *Menschenwürde*. Die Würde des Menschen soll dadurch politisch-rechtlich zur Geltung kommen, dass man dem Menschen freie Selbstbestim-

---

[51] J. Ratzinger, Konsequenzen des Schöpfungsglaubens (Salzburger Universitätsreden 68), Salzburg 1980, 7; wieder abgedruckt in ders., Im Anfang schuf Gott. Vier Münchener Fastenpredigten über Schöpfung und Fall, Freiburg 1996, 77–94.
[52] J. Ratzinger, Auf Christus schauen. Einübung in Glaube, Hoffnung, Liebe, Freiburg 1989, 28.
[53] H. Bielefeldt, Bedrohtes Menschenrecht. Erfahrungen mit der Religionsfreiheit, in: Herder Korrespondenz 60 (2006) 65–70, 68. Vgl. auch ders., Menschenwürde. Der Grund der Menschenrechte, Berlin 2008.

mung zuerkennt."[54] Selbstredend kann das Menschenrecht auf Religionsfreiheit, wenn es überhaupt anerkannt wird, auch nur universal gedacht werden.

Im Vergleich dazu könnte die Begründung des Rechts auf Religionsfreiheit bei Joseph Ratzinger/Benedikt XVI. kontrastreicher nicht sein. Zwar betont auch er dieses Grundrecht des Menschen immer wieder, und zwar nachdrücklich. Aber die von ihm vorgelegte Begründungsstruktur dieses Rechts ist eine klar andere. Die Weihnachtsansprache aus dem Jahr 2005 ist diesbezüglich aufschlussreich. Dezidiert hält Benedikt XVI. am Prinzip der Religionsfreiheit und des Gebots der religiösen Toleranz fest. Analysiert man freilich die Passage zur Religionsfreiheit genauer, so zeigt sich, dass eine ausschließlich durch den Respekt vor der unveräußerlichen Menschenwürde begründete Religionsfreiheit nicht in den Blick kommt. Stattdessen konzentriert Benedikt XVI. das Thema der Religionsfreiheit sogleich auf das Relativismusproblem. Wenn, so Benedikt XVI., „die Religionsfreiheit ... eine Unfähigkeit des Menschen, die Wahrheit zu finden, zum Ausdruck bringen" solle und „infolgedessen dem Relativismus den Rang eines Gesetzes verleiht", wenn sie „von der Ebene einer gesellschaftlichen und historischen Notwendigkeit auf die ihr nicht angemessene Ebene der Metaphysik erhoben und so ihres wahren Sinnes beraubt" werde, habe das zur Folge, „daß sie von demjenigen, der glaubt, daß der Mensch fähig sei, die Wahrheit Gottes zu erkennen und der aufgrund der der Wahrheit innewohnenden Würde an diese Erkenntnis gebunden" sei, „nicht akzeptiert werden" könne. Etwas ganz anderes sei es dagegen, „die Religionsfreiheit als Notwendigkeit für das menschliche Zusammenleben zu betrachten oder auch als eine Folge der Tatsache, daß die Wahrheit nicht von außen aufgezwungen werden kann, sondern daß der Mensch sie sich nur durch einen Prozeß innerer Überzeugung zu

---

[54] H. Bielefeldt, Bedrohtes Menschenrecht, 67. Auch in dem bereits zitierten Artikel von R. Spaemann, Was heißt ‚das Zweite Vatikanische Konzil annehmen'?, ist keineswegs von einer solchen Religionsfreiheit die Rede. Weil der „religiös homogene Staat ... seinen Status als ‚societas perfecta' längst verloren" habe und wir faktisch in einer „multireligiösen Weltgesellschaft lebten", „weltanschauliche Homogenität ... nicht mehr möglich" sei, heißt es dort, gelte das Toleranzprinzip. Aber eben „für eine solche Gesellschaft". Mit anderen Worten: Toleranz gegenüber religiös Andersgläubigen ist den Realitäten geschuldet, keinem anderen Prinzip. Deshalb kann Spaemann auch folgern: „Die Differenz zur Pius-Bruderschaft kann sich nicht mehr um das Ob, sondern nur noch um das Warum der Religionsfreiheit drehen – Religionsfreiheit personalistisch begründet oder aus den Erfordernissen des Gemeinwohls." Die Differenz zu einem neuzeitlichen Menschenrechtsethos, welches das Recht auf freie Religionsausübung ausschließlich in der Würde der menschlichen Person begründet, ist damit klar markiert.

eigen machen kann." Das Zweite Vatikanische Konzil habe deshalb mit dem Dekret über die Religionsfreiheit „einen wesentlichen Grundsatz des modernen Staates anerkannt und übernommen und gleichzeitig ein tief verankertes Erbe der Kirche wieder aufgegriffen".[55] Wiederentdeckt ist mit dem Konzil, dass die Freiheit ein substantielles Verhältnis zum gläubigen Bekenntnis selbst einnimmt, der Glaube nur als freier vollzogen werden kann und eine unbedingte Achtung der menschlichen Freiheit impliziert. Dies impliziert einen normativen Begriff des Gemeinwohls. Nur die Gesellschaft kann in dieser Logik legitim sein, die ihren Ankerpunkt in der Anerkennung der egalitären Freiheitsrechte aller hat, welche in der Menschenwürde gründet.

Die Begründung für das Recht auf Religionsfreiheit bei Benedikt XVI. ist im Vergleich zu der von Bielefeldt anders nuanciert. Ausschließlich auf die Würde des Menschen und der mit ihr gegebenen Rechte rekurriert sie nicht. Denn das Thema der Religionsfreiheit wird strikt zusammengebunden mit dem Thema der Erkenntnis Gottes. Allerdings ist die Begründung in ihrer inneren Logik oder präziser: in ihren epistemischen Geltungsansprüchen nicht ganz leicht festzulegen. Man könnte sie dahingehend verstehen, dass es eine glaubensunabhängige Erkenntnismöglichkeit Gottes gibt. Dies deckte sich mit den bisherigen Befunden. Der Staat hätte mithin nur deshalb das Recht auf Religionsfreiheit zu gewährleisten, weil es dem Wesen der Wahrheit entspräche, dass der Mensch sie frei in sich hervorbringt und affirmiert. Andererseits betont Benedikt XVI., dass das Recht auf Religionsfreiheit seinen Grund nicht in der behaupteten Metaphysikskepsis habe und deshalb auch von denen, die *glauben*, Gottes Wahrheit erkennen zu können, nicht akzeptiert werden könnte. Nur schwer zu entscheiden ist, ob das *glauben* eine epistemische Ursache hat, und, wenn ja, wie diese zustande kommt. Sollte das *der glaubt* einer Selbstreflexivität der Vernunft geschuldet sein, der immer eindringlicher ihre Möglichkeiten, aber eben auch ihre Grenzen bewusst werden, so wäre die Notwendigkeit von Religionsfreiheit auch dadurch begründet, dass der letzte Grund aller Wirklichkeit philosophisch strittig ist und bleibt. Gegen diese Interpretation spricht freilich, dass Benedikt XVI. die Religionsfreiheit als gesellschaftliche und historische Notwendigkeit denkt. Dann aber müss-

---

[55] Benedikt XVI., Aus dem Zweiten Vatikanischen Konzil große Kraft schöpfen, 11. Zu *Dignitatis humanae* vgl. den die Hintergründe der Entstehung dieser Erklärung sehr erhellend aufarbeitenden Kommentar von R. Siebenrock, in: Herders Theologischer Kommentar zum Zweiten Vatikanischen Konzil. Bd.4. Hg. v. P. Hünermann/ B.J. Hilberath, Freiburg u. a. 2005, 125–218.

te man so interpretieren, dass die Erkenntnismöglichkeit Gottes eigentlich gegeben und also durch den Menschen gestört ist. Dies würde sich mit der bereits herausgearbeiteten These Benedikts XVI. decken, dass nur die Vernunft wahrhaft Vernunft sei, die sich in ihrer selbstverschuldeten Unmüdigkeit reinigen lässt. Da diese Reinigung aber geschichtlich zu geschehen hat, gibt es eine bleibende Zuordnung von Kirche und Staat. Religionsfreiheit ist dann nicht mehr als faktisch zu gewährende Toleranz. So wie die faktisch existierende religiöse Pluralität konsequent zu Ende gedacht dann als babylonische Sprachverwirrung infolge der Sünde des Menschen zu bestimmen ist, so ist Toleranz in einer säkularisiert pluralen Gesellschaft gegenüber dem in der Logik des Glaubens irrenden Gewissen deshalb zu gewähren, weil die an sich geschichtlich wieder möglich gewordene Einsicht verweigert wird.

Nun ist zwar unstrittig, dass es tatsächlich eine gesellschaftliche Zwangssituation war, die zur Trennung von Religion und Staat und im Anschluss daran zur Etablierung des Rechtes auf Religionsfreiheit führte.[56] Die nicht enden wollenden Konfessionskriege zwangen zu dieser Trennung. Aber selbst wenn die historischen Bedingungsverhältnisse so zu rekonstruieren sind, ist damit noch nicht ausgeschlossen, dass es philosophisch gravierende Gründe für die strikte Religionsneutralität des Staates gibt. Der sich entfaltenden Moderne ist Gott nicht mutwillig problematisch geworden, sondern aus den bereits benannten philosophischen Gründen. Der letzte Grund aller Wirklichkeit ist strittig geworden. Die große Offenheit vieler Menschen für eine religiös und weltanschaulich immer stärker pluralisierende Gesellschaft mag zwar auch mit einer unbedingten Abneigung gegenüber alles Unbedingte zu tun haben.[57] Die ironische Lebensart ist schon von Kierkegaard als Freiheitsverweigerung beschrieben worden.[58] Und dieser Verweigerung wohnen versteckte Formen von Gewalt inne. Denn in diesen

---

[56] W. Pannenberg, Die christliche Legitimität der Neuzeit, in: ders., Gottesgedanke und menschliche Freiheit, Göttingen ²1978, 114–128, 126; E.W. Böckenförde, Die Entstehung des Staates als Vorgang der Säkularisation (1967), in: ders., Recht, Staat, Freiheit. Studien zur Rechtsphilosophie, Staatstheorie und Verfassungsgeschichte, Frankfurt ⁴2006, 92–114.
[57] Vgl. H.-J. Verweyen, Der Weltkatechismus: Therapie oder Symptom einer kranken Kirche?, Düsseldorf 1993, 109.
[58] Vgl. S. Kierkegaard, Über den Begriff der Ironie mit ständiger Rücksicht auf Sokrates. Düsseldorf/Köln 1961, 263, 267: „Für die Ironie wird alles ein Nichts ... In der Ironie ist das Subjekt negativ frei; denn die Wirklichkeit, welche ihm Inhalt geben soll, ist nicht vorhanden, das Subjekt ist frei von der Gebundenheit, in welcher die gegebene Wirklichkeit das Subjekt hält, aber es ist negativ frei und als solches in der Schwebe, weil nichts da ist, das es hielte."

Strudel der Ironisierung muss schließlich nicht nur der ethische Monotheismus, sondern das Ethische überhaupt geraten. Aber selbst wenn dies so sein sollte, so macht dies die philosophische Einsicht in die bleibende Strittigkeit des Begriffs des Absoluten nicht falsch. Die Alternative lautet nicht Ironisierung der Existenz oder Pflicht, die Wahrheit zu suchen; die Ironisierungsstrategie lässt sich leicht als Fehlform menschlicher Freiheit durchschauen. Sondern die Frage lautet, mit welcher notwendigen Evidenz eine sich dem Gewissen unterstellende Vernunft die Wahrheit zu erkennen vermag. Ratzinger räumt zwar ein, dass man dem irrenden Gewissen folgen müsse, aber: Dass man sich überhaupt irren kann, wird auf eine primäre Schuld des Menschen zurückgeführt. „Die Reduktion des Gewissens auf subjektive Gewissheit bedeutet zugleich den Entzug der Wahrheit. Wenn der Psalm in Vorwegnahme der jesuanischen Sicht von Sühne und Gerechtigkeit um Befreiung von unbewußter Schuld bittet, so weist er auf diesen Zusammenhang hin: Gewiß, dem irrenden Gewissen muß man folgen. Aber der Entzug der Wahrheit, der vorausgegangen ist und der sich nun rächt, ist die eigentliche Schuld, die den Menschen in falsche Sicherheit wiegt und ihn am Schluß in der weglosen Wüste allein läßt."[59] Dass mithin der letzte Grund aller Wirklichkeit strittig ist, womöglich hierin der eigentliche Grund religiöser und weltanschaulicher Pluralität gekommen ist und wohl auch weiterhin kommen wird, kommt in dieser Logik nicht in den Blick. Die Geschichte in ihrer radikalen Kontingenz bleibt ausgeblendet, wird enggeführt auf eine Hermeneutik, die ihren Angelpunkt in der Sünde des Menschen hat. Allerdings ist auch zu betonen, dass das Argument von der bleibenden Strittigkeit des letzten Grundes aller Wirklichkeit weder dazu angetan ist, den Menschen aus der Verpflichtung zu entlassen, die Wahrheit zu suchen, noch aber den Grund für den geschuldeten Respekt vor der Religionsfreiheit des Menschen abgeben darf. Dieser Respekt wird ausschließlich um der Würde des Menschen willen geschuldet und darf deshalb auch nicht religiös begründet werden. So dass er auch dann noch geschuldet bleibt, wenn sich religiöse Überzeugungen im öffentlichen Diskurs von religiösen und agnostischen Bürgern einer auf Freiheit setzenden Zivilgesellschaft in ihren ethischen Implikationen befragen und womöglich auch kritisieren lassen müssen.

---

[59] J. Ratzinger, Gewissen und Wahrheit, in: M. Keßler u. a. (Hrsg.), Fides quaerens intellectum, Beiträge zur Fundamentaltheologie, Tübingen/Basel 1992, 293–309, 299.

VIII. Historisierungsverweigerung – Wiedergewinnung des Geschichtlichen. Oder: Das Zweite Vatikanische Konzil als der Anfang vom Anfang

Es ist hier nicht der Ort, nochmals in die Debatte um das Jesus-Buch des Papstes einzusteigen. Dass seine Stoßrichtung auf weite Strecken auf die Neuzeit, näherhin auf das von Benedikt XVI. so interpretierte Wesen der Neuzeit zielt, habe ich an anderer Stelle aufzuzeigen versucht.[60] Hier bleibt zu konstatieren, dass das Jesus-Buch konsequent die theologische Qualifizierung der Neuzeit als Sündenfall der Vernunft weitertreibt. Nicht zuletzt ist es der Wille zur Historisierung von überlieferter Tradition und Autorität, das heißt zu einer geschichtlichen Reflexion überlieferter Tradition und Autorität, an dem dieser Sündenfall festgemacht wird. Allerdings wird man unterscheiden müssen. Es ist darauf zu bestehen, dass der Kern des Christentums ein geschichtliches Datum ist, der christliche Glaube konstitutiv an Geschichte gebunden ist, weil der Gott Jesu Christi ein Gott der Geschichte ist, und das Wesentliche dieses Glaubens, die unbedingte Zuwendung Gottes, in der Geschichte geschehen musste, um erfahrbar, ja um überhaupt für uns Wirklichkeit zu werden. In der Logik des Glaubens ist damit zugleich das Ende einer negativen Theologie markiert, die sich der Tradition griechischer Begriffsoperation am absoluten Grund aller Wirklichkeit verdankt. Negative Theologie akzentuiert in der Logik des Glaubens das Vermissen Gottes angesichts der Zustände der Schöpfung. Sie behauptet aber keine prinzipielle Nicht-Bestimmbarkeit des Göttlichen.[61] Hielte der Glaube daran nicht fest, dass Gott sich in die geschichtliche Kontingenz hinein geoffenbart *hat*, so transferierte er sich in einen Rationalismus des spekulativen Begriffs, dem nicht nur die Singularität des Christusereignisses, sondern überhaupt die Dimension der Geschichte verloren ginge.

Aber selbst wenn anerkannt ist, dass der christliche Glaube sein konstituierendes Moment in einem geschichtlichen Ereignis hat, so ist damit die Reichweite der Notwendigkeit, seine Überlieferungsgestalten immer wieder neu zu historisieren, dadurch in die Distanz und somit in die Kritikmöglichkeit zu bekommen, noch

---

[60] M. Striet, Subtext Neuzeitkritik. Zur Jesus-Wahrnehmung Joseph Ratzingers, in: J.-H. Tück (Hg.), Annäherungen an „Jesus von Nazareth". Das Buch des Papstes in der Diskussion, Mainz 2007, 129–142.
[61] Vgl. M. Striet, Grenzen des Nicht-Sprechens. Annäherungen an die negative Gottesrede, in: A. Halbmayr/ G.M. Hoff (Hg.), Negative Theologie heute? Zum aktuellen Stellenwert einer umstrittenen Tradition (= QD; 226), Freiburg u. a. 2008, 20–33.

nicht ausgelotet. Es mag eine Historisierungswut geben, die das Ärgernis des Glaubens an einen Mensch gewordenen und grausam hingerichteten Gott beseitigen möchte. Aber es gibt auch einen Willen zur Historisierung, der deren Notwendigkeit aus der Gestalt des Glaubens selbst heraus begründet. Denn es gehört zur Gestalt dieses Glaubens, dass er nicht nur insofern kontingent ist, als er in der unverfügbaren Freiheit Gottes gründet, es ihm „in seiner Güte und Weisheit gefallen" hat, „sich selbst zu offenbaren und das heilige Geheimnis seines Willens bekannt zu machen" (DV I,2): Dass es ihm, dem „unsichtbare[n] Gott" gefallen hat, „aus dem Übermaß seiner Liebe die Menschen als Freunde" anzureden und in der Gestalt eines Menschen mit ihnen zu verkehren. Sondern es gehört auch zur Gestalt dieses Glaubens, dass die Bedeutung dieses Glaubens in geschichtlicher Kontingenz angeeignet und immer wieder neu unter sich verändernden Erfahrungskontexten und Wissensbeständen ergründet werden will. Damit besitzt der Glaube ein Moment dynamischer Offenheit, welches unabschließbar ist, und zwar ohne dass damit in der Logik des Glaubens das Vertrauen aufs Spiel gesetzt würde, dass Gott seine Entschiedenheit für den Menschen endgültig offenbar gemacht hat.

Um freilich den Glauben so ausloten zu können und auf diese Weise immer wieder neu die Synthese von Glaube und Vernunft zu suchen, muss notwendig historisiert, müssen alle verfügbaren hermeneutischen Instrumente kritischer Selbsterfassung eingesetzt werden. Denn nur so lassen sich die historischen Kontingenzen aufdecken, die den geschichtlichen Aneignungsprozess des Glaubens mit derselben Notwendigkeit begleiten. Und zugleich wird es damit zu einer hermeneutischen Notwendigkeit, die pluralen Kontexte des Glaubens als loci theologici zu entdecken. Denn niemand kann dann a priori ausschließen, dass es hier zu Neuentdeckungen des Glaubens kommt. Es geht also nicht nur darum, den Glauben mit den differenten Kontexten zu versöhnen, in denen er gelebt wird, sondern in ihnen und vermittelst ihrer die Bedeutung des Glaubens zu erschließen,

Man kann darüber streiten, ob die bis heute vielleicht umstrittenste Konstitution des Zweiten Vatikanischen Konzils *Gaudium et spes* in ihrer Methodologie ausgereift war.[62] Aber dass diese Konstitution mit Ausschließungspraktiken bricht, in den „Zeichen

---

[62] Vgl. hierzu H.-J. Sander, Theologischer Kommentar zur Pastoralkonstitution über die Kirche in der Welt von heute *Gaudium et spes*, in: Herders Theologischer Kommentar zum Zweiten Vatikanischen Konzil. Hg. v. P. Hünermann/B. Hilberath. Bd. 4, Freiburg u. a. 2005, 581–886, 650–663.

der Zeit" eine Erneuerung des Dogmas als „eine Sprache des Glaubens in der Auseinandersetzung mit der Geschichte der Menschen, der Geschichte Gottes und der Geschichte Gottes mit den Menschen"[63] anzielt, kann nicht bestritten werden. Die Dynamik des Konzils selbst verifiziert diese These. Will die Kirche aber diesem neu gefassten Selbstverständnis gerecht werden, die „Zeichen der Zeit" lesen, so hat sie sich auch der Realität der funktionalen Ausdifferenzierung der Gesellschaft und damit der entfalteten Moderne zu stellen. Wenn sich *Gaudium et spes* für die Kirche, um sich überhaupt als Kirche vollziehen zu können, von der Welt Hilfe erhofft[64], so hat diese Konstitution – womöglich noch nicht bis ins Letzte theoretisch eingeholt, aber immerhin – den entscheidenden Schritt in die Moderne vollzogen. Abwegig ist es, diese Konstitution wegen ihres Optimismus der modernen Welt gegenüber relativieren zu wollen. In vielem atmet sie selbstverständlich den Fortschrittsoptimismus ihrer Zeit. Aber daraus ist kein grundsätzliches Argument gegen die ekklesiologische Überzeugung abzuleiten, dass sich Kirche nur in der Welt, und das heißt für die Gegenwart: in der entfalteten Moderne zu vollziehen vermag, wenn sie in einem Lernverhältnis zu und mit der Welt steht. Und dazu gehört es dann auch, sich auf das methodische Inventar der Selbstreflexivität eines Denkens einzulassen, wie es für die Moderne kennzeichnend ist. Dies bedeutet keineswegs, sich nun kritiklos an den Zeitgeist anzupassen. Kritisiert man aber, so hat man sich substantiell in die herrschenden Standards selbstreflexiven Denkens einzuschreiben.[65]

---

[63] Ebd., 693.
[64] GS 44.
[65] Deshalb basiert die von J. Ratzinger, Theologische Prinzipienlehre, 59, erhobene Mahnung, dass ein Christentum, „das seine Aufgabe nur noch darin sieht, sich allenthalben fromm auf der Höhe der Zeit zu erweisen, ... nichts zu sagen und nichts zu bedeuten" habe, auf einer falschen Alternativstellung. Es geht nicht um Anpassung, sondern in der Moderne mit allen Menschen guten Willens für eine humane Zukunft zu streiten und dabei die Ideologieanfälligkeit auch der eigenen tradierten Ansichten nicht selbstverschuldet zu vergessen.

Ein persönliches Schlusswort

> Deus, qui per adoptionem gratiae,
> lucis nos esse filios voluisti,
> praesta quaesumus,
> ut errorum non involvamur tenebris,
> sed in splendore veritatis
> semper maneamus conspicui.

Die einander ergänzenden Analysen und Argumentationen der vorgelegten Quaestio Disputata und das erneute Bedenken des ganzen Vorganges der Aufhebung der Exkommunikation der vier Bischöfe der Piusbruderschaft haben in mir einen eigentümlichen, mich persönlich tief berührenden Eindruck wachgerufen. Im Wintersemester 1949/50 habe ich das Theologiestudium begonnen. Was mir in der traditionalistischen Theologie der Priesterbruderschaft begegnet, ist nichts anderes als auf die Spitze getriebene, isoliert gesetzte und zurückgeschrumpfte neuscholastische Theologie. Die neuscholastische Theologie, welche mir damals bereits begegnete, erschien mir – und ich weiß mich eins mit meinen damaligen Kommilitonen – als Relikt einer „Vorzeit", die aufzuarbeiten und zu erneuern war im Hinblick auf die Lebendigkeit des Glaubens und der Kirche. Joseph Kleutgen war der Vorkämpfer dieser Philosophie und Theologie der Vorzeit, welche gegen zerstörerische, aus der Reformation zur Französischen Revolution führende Tendenzen alle Versuche verurteilte, Philosophie und Theologie im Dialog und in der Auseinandersetzung mit der Zeit, mit zeitgenössischer Philosophie und Theologie zu treiben, und zwar in der Offenheit für die ganze Tradition. Diese uns damals, vor dem II. Vatikanum vorgetragene neuscholastische Theologie war allerdings durchsetzt mit einer Reihe von Durchbrüchen und Aufbrüchen eines lebendigen und neu einsetzenden theologischen Fragens und Denkens. Aber es existierten damals noch genügend alte, in Vorlesungen vorgetragene Handbücher, in denen der Typus dieser Theologie in seiner Enge und Starre zutage trat. Das reichte vom dogmatischen Sakramenten- und Eucharistietraktat über die Amtstheologie bis hinein in den Gnadentraktat und seinen begrenzten Begriff vom Heilsratschluss Gottes oder der fundamentaltheologischen Darstellung des Offenbarungsbegriffs und der Konzeption von Ekklesiologie. Das machte sich vor allem in einem Gottesbegriff vorstellungsmäßiger Art fest.[1] Es war eine Theologie, die sich zwar auf Trient berief, aber weder den geschichtlichen Horizont des Konzils im Blick hatte noch die reichen unterschiedlichen geschichtlichen Ansätze, die in der Theologie des Konzils zusammen-

---

[1] Vgl. dazu etwa die dogmatischen Traktate von Heinrich Lennerz.

flossen. Es war eine Theologie mit einem engen begrifflichen Instrumentarium, ein vorgeblich thomistisch geprägtes Denken, das aber die thomanischen Gedanken durch den Filter der Wolffschen Aufklärungsphilosophie geseiht hatte.[2]

Zugleich entdeckten wir die geistigen Ursachen der „Krisis der europäischen Wissenschaften"[3], entdeckten bei Karl Jaspers eine tiefgreifende Kritik der traditionellen Metaphysik in ihren unterschiedlichen Gestalten und ein neues Buchstabieren des Transzendierens. Es ging uns die Tiefe des modernen Umbruchs in der technischen Rationalität der Neuzeit auf, ihre Verwurzelung in der abendländischen Metaphysiktradition und die onto-theologische Verfassung der Theologie.[4] Wir sahen die immensen Herausforderungen, welche sich der Kirche und dem modernen Menschen zugleich stellten, die vertrauten Glaubensinhalte in neuer Weise zur Sprache zu bringen. In dieser Arbeit für das Evangelium, die Kirche, die Menschen, in diesem Ringen um das Wort Gottes in der Geschichte, fanden wir Vorbilder in Theologen wie Bernhard Welte, Karl Rahner, Yves Congar, um einige wenige zu nennen, die mir besonders nahestanden.

Im Rückblick auf das zurückliegende Jahrhundert, angesichts der öffentlichen Prozesse, in denen die Grunderfahrungen des gegenwärtigen Denkens in der Öffentlichkeit angekommen sind, und der tiefgründigen geistigen Auseinandersetzungen, welche ja mit den genannten Denkern, mit Husserl, Jaspers, Heidegger nicht zu Ende gegangen sind, mutet es mehr als abenteuerlich an, wenn die Krise der Kirche heute von Gruppen wie der Pius-Bruderschaft, aber auch von römischen Autoritäten, auf das II. Vatikanische Konzil zurückgeführt wird. Es mutet mich aberwitzig an, wenn die von Kleutgen verteidigte Philosophie und Theologie der Vorzeit – die unter Matthias Joseph Scheeben bereits mit seinen „Mysterien des Christentums" auf weitere Horizonte hin geöffnet wurde – nun in nochmals eng geführter Weise in der „Theologie der Piusbruderschaft" auftritt und als Heilmittel für die gegenwärtige Glaubenskrise, die Not der Menschen im geistigen Bereich, angeboten wird. Denn die theologischen und philosophischen Reflexionen Kleutgens wirken neben den programmatischen Ausführungen Erzbischof Lefebvres und den veröffentlichten „Studien der Piusbruderschaft" geradezu weitläufig wie ein klassizistisches Herrenhaus.

Es ist eine „Theologie", die sich in Erzbischof Lefebvre in einem längeren Schrumpfungs- und Eindampfungsprozess herausbildete, sonst hätte er die Konzilsdokumente bei allem Bedenken nicht unterschrei-

---

[2] Vgl. Bernhard Casper, Der Systemgedanke in der späten Tübinger Schule und in der deutschen Neuscholastik, in: Philosophisches Jahrbuch 72 (1964/65) 161–179.
[3] Vgl. Edmund Husserl, Die Krisis der europäischen Wissenschaften und die transzendentale Phänomenologie, Belgrad 1936.
[4] Vgl. die Ausführungen Martin Heideggers, in: Was ist Metaphysik? Vor allem das 1943 geschriebene Nachwort.

ben können. Diese Theologie ist Ergebnis eines Erstarrungsprozesses, der durch die historischen Schockwellen von 1968 in ihm nochmals beschleunigt wurde und zu holzschnittartigen, undifferenzierten, durch Wiederholungen simplifizierten Formeln führte, die von der Generation der Lefebvre-Schüler zu immer wieder repetierten „Katechismus"-Formeln gestanzt wurden. Der im Auftrag der Oberen der Piusbruderschaft herausgegebene „Katholische Katechismus zur kirchlichen Krise" repräsentiert eine solchermaßen ideologisierte Theologie, dass es einem den Atem raubt.

Da heißt es bereits in Katechismusfrage 5: „Worin unterscheidet sich die heutige Krise von früheren Kirchenkrisen? Die gegenwärtige Kirchenkrise unterscheidet sich von früheren Krisen vor allem dadurch, dass es die höchsten Autoritäten selbst sind, die diese Krise mit ausgelöst haben, sie unterstützen und wirksame Gegenmaßnahmen verhindern".

Frage 30 lautet: „Welches sind die Hauptirrtümer des Konzils?" Die Antwort: „Die beiden verderblichsten Irrtümer des Konzils sind die Religionsfreiheit und der Ökumenismus. Diese werden darum in den beiden folgenden Kapiteln ausführlich behandelt. Dazu kommt noch die Lehre von der Kollegialität der Bischöfe. Erschreckend ist aber auch die naive Fortschrittsgläubigkeit und Bewunderung der modernen Welt, die in manchen Konzilstexten zum Ausdruck kommt".

Frage 51 lautet: „Wie muss das Religionstreffen von Assisi beurteilt werden?" Die Antwort: „Das Religionstreffen in Assisi am 27. Oktober 1986 war ein einzigartiger Skandal, eine Irreführung der Seelen und ein Verstoß gegen das erste Gebot Gottes".

Frage 91 lautet: „Darf man Sakramente in den neuen Riten empfangen?" Wegen der genannten Mängel soll man die Sakramente nicht in den neuen, sondern nur in den alten Riten empfangen, da diese allein würdig und sicher gültig sind. „Es ist normalerweise nicht erlaubt, die Sakramente in einer Form zu empfangen, die in irgendeiner Weise zweifelhaft ist. Eine Ausnahme ist nur bei den Sterbesakramenten zu machen, wenn es im Notfall unmöglich ist, rechtzeitig einen der Tradition treuen Priester zu rufen".[5]

Mit den ohne Vorleistung von der Exkommunikation gelösten Bischöfen der Pius-Bruderschaft soll ab dem Herbst 2009 über die authentische Auslegung des II. Vatikanischen Konzils im Sinne der Tradition verhandelt werden.

Der Herr sei seiner Kirche, dem Papst und seinen Ratgebern, dem Episkopat, gnädig.

Tübingen, am 13. Sonntag im Jahreskreis,
28. 6. 2009 *Peter Hünermann*

---

[5] Alle Zitate aus: Katholischer Katechismus zur kirchlichen Krise, Rex Regum Verlag 1997, Verein der Freunde der Bruderschaft St. Pius X.